グローバル化と
法の変容

山元　一
横山美夏
髙山佳奈子

◆編著

日本評論社

はしがき

　今から数えて7年前2011年の初め頃に、われわれ三人は、現在の日本を揺り動かしているグローバル化が日本の法学のあり方をも大きく揺るがしはじめており、この問題に立ち向かうためには学際性を重視する法学研究者のゆるやかな形態の研究者組織を作ることが有意義なのではないか、との共通認識で一致した。そこで、われわれが共同の呼びかけ人となって今日まで、種々さまざまな勉強会・研究会・ワークショップなどを継続的に開催してきた。約30人の各専門分野の教員・院生が集まって2013年4月に開催された第1回のワークショップの呼びかけ文にわれわれの共通の問題意識がよく示されているので、以下に引用する。

　「法学とそれを取り巻く近年の環境は、日本国内に限っても、大きく変わっています。法科大学院の創設は、なかでも重要な要因ということができるでしょう。世界に目を向ければ、グローバル化は、法のみならず、法学研究および教育の分野にも及んでいます。世界の有力大学が、国際的な提携促進により、まさにグローバルな規模での優秀な学生の獲得競争を繰り広げているのは、その一例といえましょう。

　このような中で、日本の法学者は、誰に向かって、何を語るべきなのでしょうか。そもそも、われわれは、誰に向かって何を語ってきたのでしょうか。翻って、日本の現状を省みますと、法学あるいは法学に携わる者の間には、構造的ともいえる特質ないし体質が存在することに気づきます。たとえば、年齢・地位・肩書きなどの序列による人間関係の垂直性の強さと水平性の欠如、穏やかな支配従属関係による抑圧移譲、研究者相互の序列意識、研究領域の蛸壺化などです。これらの要素は、あるいは、われわれ法学者が法学コミュニティを相手にして語っていることの現れなのかもしれません。

　他方で、現在、法学は様々な問題に直面しています。グローバル化が日

本の法にどのような影響をもたらしうるのか、そもそもグローバル化とは何か、が大きな問題であることはもちろん、世界的視点に立つならば、日本の法と法学が、世界にどのような貢献をできるのかは、日本の法学の将来を考察するうえで重要な課題となっています。また、身近なところでは、法科大学院制度のもとでの法学研究者の養成は重大な問題です。さらに、最近における法学部入学希望者の顕著な減少は、法学教育の目的・内容・方法に関する再考を迫っているといえます。」

本書は、このような継続的な研究会活動を通じて知り合い、また議論を行う機会のあった研究者を中心とする共同作業の結果として、生み出されたものである。具体的には、法律時報誌に2015年4月号から2017年7月号まで原則として隔月で連載された諸論文（ただし、このうち一論文については、著者の意向により掲載が見送られた）、そして2016年7月号に掲載された小特集「グローバル化社会における法学教育」で掲載された諸論文からなっている。また、単行本化にあたり初出のものとして、近藤圭介氏（京都大学）が本書のために執筆した論説が加えられている。連載の柱は、①グローバル化による法源論の変容、②グローバル化の下での主権国家の地位低下と法学の課題、③グローバル化による法学研究の変容と学問共同体の課題、④グローバル化社会における法学教育、という四つの柱からなっている。

本書を手にとっていただくとわかるように、法のグローバル化といっても分野ごとにまた論者ごとに多様なイメージが喚起され、またそこから多種多様な問題意識を生み出すものとなっている。社会のグローバル化が決して一過性の現象ではなく、これから長期間に亘ってわれわれの生きる社会の構造を変容させていくのだとすれば、今後のグローバル法理論の発展のために、現段階では性急な形で整理をするよりもあえて多種多様な言説を紡ぎ出していくことは決して無益なことではない、と信じている。

本書の刊行にあたり、以下の謝辞を述べさせていただきたい。

第一に、われわれの研究活動に対して、科学研究費から継続的にいただいてきた財政的支援に心から感謝をしたい。具体的には、「基盤研究（C）憲法学と各法学分野の役割分担・再考」（2012-2014年度）および「基盤研究（B）グローバル化に伴う領域横断的法学研究・教育の課題と可能性」（2015-2017

年度）〔研究代表者は、いずれも山元〕の二つである。

　第二に、我々を結びつけるきっかけとなり、また法のグローバル化に関わる研究活動を鼓舞する役割を果たしてきてくれたミカイル・クシファラス（Mikhaïl Xifaras）シアンスポ（パリ政治学院）ロースクール教授に心から感謝したい。彼とわれわれとの出会いがなければ、このような形で研究者ネットワークが生まれることはなかったであろう。彼には、本書のために「フランスにおける法律家の養成について」と題する共著論文を訳出することを認めてもらった。

　第三に、これまで研究活動に関する雑務を引き受けてくれた上田将由氏（慶應義塾大学大学院法学研究科博士課程）と橋爪英輔氏（同）に、お礼を申し上げたい。

　第四に、「グローバル化と法の変容」という研究テーマ、そして本書を刊行する学術的意義を理解して下さり、日本評論社の企画としてこのような形で出版することを実現してくれた上村真勝・法律時報編集長に、心から感謝を申し上げる。法律時報誌との関係では、当時山元と髙山が同誌の編集委員を務めていたこともあり、2012 年 5 月号の憲法特集に「憲法の射程」というテーマの下で、われわれに加えて「グローバル化と法の変容」研究会に参加している 5 名の研究者に、憲法を補助線として引いたグローバル化に関わる諸問題について共同で研究成果を発表する貴重な機会が与えられた。また、2014 年 10 月号では、われわれ 3 名に加えて、2 名の研究者が「グローバル化による法の変容」と題する座談会を行い、その成果を上記連載のいわばキックオフ企画として掲載していただくことができた。これらのことについて、改めて感謝を申し上げたい。

　2018 年 5 月

山元　　一
横山　美夏
髙山佳奈子

目　次

はしがき　　i

第 1 部　グローバル化による法源論の変容

「国憲的思惟」vs「トランスナショナル人権法源論」……………… 3
山元　一
1　最高裁違憲決定の国境を越える視線
2　近時の憲法学における平等論の展開
3　憲法学説の批判的視線
4　「国憲的思惟」への批判的視線
5　「トランスナショナル人権法源論」のもつべき視線

グローバル化と比較法……………………………………………… 24
松本英実
1　100 年前のグローバル化と比較法
2　混合法の 100 年
3　慣習法問題
4　結　語

国際法における法源論の変容……………………………………… 38
──そのプロブレマティーク
齋藤民徒
1　はじめに
2　国際法の法源論と ICJ 規程 38 条 1 項
3　国際法の法源論と「ソフトロー」
4　おわりに

第2部　グローバル化の下での主権国家の地位低下と法学の課題

グローバル化社会と憲法 ……………………………………………… 53
棟居快行

1　憲法学はグローバル化を語りうるか？
2　「グローバル化社会」が憲法と対峙するということの意味
3　憲法学における主権国家 vs. グローバル化の一局面
　　──樋口モデルと新無効力説

グローバル化社会と「国際人権」 ……………………………………… 69
──グローバル人権法に向けて
江島晶子

1　はじめに──「国際人権」とは
2　日本における国際人権条約の国内実施
3　2013年最高裁違憲決定における外国法と国際人権法
　　──国際人権条約の国内法的効力
4　トランスナショナル人権法源論の検討
5　多層的人権保障システムの実践例──問題を持続的に「循環」させる
6　おわりに

グローバル化社会と行政法 ……………………………………………… 83
──グローバル・ガバナンスへの日本の学説の対応
興津征雄

1　はじめに
2　行政法の国際化
3　国際的行政法
4　グローバル行政法
5　おわりに

グローバル化のなかの「国際人権」と「国内人権」 ………………… 98
──その異なる淵源と近年の収斂現象・緊張関係
小畑　郁

1　はじめに

vi

　2　「国際人権」の淵源——「国内人権」との相違
　3　「国際人権」の変容——「国内人権」への接近
　4　おわりに

法哲学の問題としてのグローバル化……………………………………… 111
　——その方法論上の含意について
　近藤圭介
　1　はじめに
　2　グローバル化をめぐる法哲学の対応
　3　グローバル化と従来の法哲学の困難
　4　グローバル化と今後の法哲学の指針
　5　グローバル化に向き合う法哲学の進め方
　6　おわりに

第3部　グローバル化による法学研究の変容と学問共同体の課題

グローバル化時代の市民生活と民法学……………………………… 125
　横山美夏
　1　はじめに
　2　グローバル化と市民生活——「民泊サービス」を例として
　3　グローバル化と民法——「物」に対する権利の再考
　4　おわりに

グローバ化社会と国際私法……………………………………………… 138
　——国際家族法の視点から
　西谷祐子
　1　はじめに
　2　グローバルな規範形成とその展開
　3　グローバル・ガヴァナンスの可能性
　4　おわりに

グローバル化と開発法学 ………………………………………………… 159
　　──マルチラテラルな法形成への法学の対応
　　松尾　　弘
　　1　はじめに──グローバル化と開発法学の接点
　　2　法整備支援（協力）を通じた法形成のマルチラテラル化
　　3　法整備支援（協力）における国益の対立
　　4　地域統合が法形成に与える影響
　　5　各国に固有の事情を織り込んだ法形成の要請
　　6　法整備支援（協力）を通じた制度変化の可能性と方法
　　7　おわりに──法整備支援（協力）へのコミットメントと
　　　　協力行動の普遍化

ある現地法人法務課長の体験が語るもの ……………………………… 174
　　──米国住友商事事件
　　齊藤真紀
　　1　はじめに
　　2　事　案
　　3　若干のコメント

「法の帝国」を再想像する ………………………………………………… 193
　　船越資晶
　　1　はじめに
　　2　帝国の構造
　　3　帝国法の思考
　　4　帝国法をめぐる攻防
　　5　おわりに

刑事法学における学問共同体の課題 …………………………………… 206
　　松田岳士
　　1　本稿の課題
　　2　刑訴法学における「比較法研究」の現状
　　3　（刑訴）法学における学問共同体の課題

viii

第4部　グローバル化社会における法学教育

グローバル化社会における法学教育 ……………………………………… 223

　高山佳奈子

　1　問題の提示

　2　比較法研究に臨む姿勢

　3　学術交流のダイナミズム

　4　おわりに

法学教育における理論と実務 ……………………………………………… 237

　　──グローバル化する臨床法学教育と日本

　須網隆夫

　1　はじめに

　2　日本の社会科学研究・教育の実務軽視

　3　法曹養成制度改革と実務教育──大学に期待される役割の変化

　4　法学教育と実務──臨床法学教育のグローバル化

　5　理論教育と実務教育の統合

　6　最後に──グローバル化と法学教育・研究

九州大学におけるグローバル・ローヤー育成の
22年とこれから ……………………………………………………………… 251

　　──多様性の中の普遍性を求めて

　五十君麻里子

　1　九州大学大学院法学府国際コース（法律学）のあゆみ

　2　九大 LL.M. の特徴

　3　「進化」する九大 LL.M.

　4　法分野におけるグローバル人材──グローバル・ローヤー

　5　学部との連携──GV プログラム

　6　多様性のなかの普遍性を求めて

フランスにおける法律家の養成について ································· 264
　　──検討のための序章
　クリストフ・ジャマン　ミカイル・クシファラス
　（訳）金塚彩乃
　1　私たちの大学で行われていること
　2　新たな天職？
　3　法学課程を2年間で？
　4　支配的モデルの力

第1部

グローバル化による法源論の変容

「国憲的思惟」vs
「トランスナショナル人権法源論」[1]

山元　一

1　最高裁違憲決定の国境を越える視線

　「グローバル化による法の変容」という視角に取り組むことが、これから
の日本法学の発展にとって最も重要な視角だと考える筆者が、本稿で取り出
したい主題は、グローバル化世界の下で営まれている憲法裁判における法思
考のあり方についてである。この主題との関係で最も注目に値する日本の司
法によって下された最近の法的判断が、婚外子法定相続分規定に関する最高
裁の違憲決定（最大決 2013・9・4 民集 67 巻 6 号 1320 頁、以下本決定と呼ぶ。）
にほかならない。周知のとおり、本決定は、それまでの時点で下級審によっ
て提示されていた民法 900 条 4 号ただし書前段についての違憲判断（東京高
決 1993・6・23 高民集 46 巻 2 号 43 頁、東京高判 1994・11・30 判時 1512 号 3 頁）
を退けて表明し、18 年にわたって君臨することになった 1995 年の自らの合

---

1)　本稿は、もともと「『憲法的思惟』vs『トランスナショナル人権法源論』」（法律時報 87 巻 4
　号（2015 年）74 頁以下）として公表した論文に、その後公表した小論「『国憲的思惟』vs『トラ
　ンスナショナル人権法源論』」ジェンダーと法 13 号（2016 年）23 頁以下、の一部を利用して再
　構成したものである。本稿の校正段階で、大野悠介氏（慶應義塾大学法務研究科助教）の助力を
　得ることができたことについて、記して謝意を表する次第である。

4　第1部

憲判断（最大決 1995・7・5 民集 49 巻 7 号 1789 頁）に対して態度変更を行うものであった。すなわち、その後に生起した「種々の事柄の変遷等」に着目することによって、同規定についての法的判断を変更し、日本の最も基本的な法典の規定の違憲性を国会に対して全員一致で宣告し、それを受けて国会は速やかにその削除を行ったのであった（2013 年 12 月 11 日法律 94 号）。

　本稿の見地からは、本決定が、違憲判断を導く過程において、それを支える論拠の一部として、国境を越えた法的事象に視線を差し向けて、①「本件規定の立法に影響を与えた諸外国の状況」、②国際人権規範とその下で設置された委員会の判断、に少なくないスペースを割いたことが、刮目に値する（このような視線は、すでに国籍法・最高裁違憲判決[2]（2008 年 6 月 4 日民集 62 巻 6 号 1367 頁）において控えめな形で現れていた。）。すなわち、①については、「これらの国〔「諸外国、特に欧米諸国」を指す。〕の多くで、子の権利の保護の観点から嫡出子と嫡出でない子との平等化が進み、相続に関する差別を廃止する立法がされ、平成 7 年大法廷決定時点でこの差別が残されていた主要国のうち、ドイツにおいては 1998 年（平成 10 年）の『非嫡出子の相続法上の平等化に関する法律』により、フランスにおいては 2001 年（平成 13 年）の『生存配偶者及び姦生子の権利並びに相続法の諸規定の現代化に関する法律』により、嫡出子と嫡出でない子の相続分に関する差別がそれぞれ撤廃されるに至っている。現在、我が国以外で嫡出子と嫡出でない子の相続分に差異を設けている国は、欧米諸国にはなく、世界的にも限られた状況にある」、とした。②については、「我が国は、昭和 54 年に『市民的及び政治的権利に関する国際規約』（昭和 54 年条約第 7 号）を、平成 6 年に『児童の権利に関する条約』（平成 6 年条約第 2 号）をそれぞれ批准した。これらの条約には、児童が出生によっていかなる差別も受けない旨の規定が設けられている。また、国際連合の関連組織として、前者の条約に基づき自由権規約委員会が、後者の条約に基づき児童の権利委員会が設置されており、これらの委員会は、上記各条約の履行状況等につき、締約国に対し、意見の表明、勧告等をすることがで

---

2)　本判決については、私の判例解説『平成 20 年度重要判例解説「憲法 4」』（2009 年）13 頁を参照されたい。本判決についての法社会学からの研究として、秋葉丈志『国籍法違憲判決と日本の司法』（信山社、2017 年）がある。

きるものとされている。（改行）我が国の嫡出でない子に関する上記各条約の履行状況等については、平成5年に自由権規約委員会が、包括的に嫡出でない子に関する差別的規定の削除を勧告し、その後、上記各委員会が、具体的に本件規定を含む国籍、戸籍及び相続における差別的規定を問題にして、懸念の表明、法改正の勧告等を繰り返してきた。最近でも、平成22年に、児童の権利委員会が、本件規定の存在を懸念する旨の見解を改めて示している」、としたのであった。

　この点に関連して、筆者は、本決定が出される以前の2011年の時点で、「将来、最高裁において、多数意見と少数意見がいれかわった場合には、国際人権規範がそのような変化を促す要因の一つとなったと評価することができるのではなかろうか」と指摘していた[3]。その時点の筆者には本決定が全員一致による違憲決定となることまでは予測できなかったが、司法が国境を越えたことがらに視線を向けたことが、本決定が下される重要な要因として機能したことは、確かであろう[4]。

　ところで、現在の日本憲法学における一般的な思考によれば、憲法典が自らを「最高法規」として定義することを前提として、一国の全法体系は、憲法典から湧き出る諸価値の具体化プロセスとして観念される。すなわち、「理念的には、一国の憲法制定に際して、そもそも『国民』は、外部からの強制や内部の圧力から完全な自由を享受し、無限の決定可能性が開かれていなければならず、それによって初めて、自らの作品としての『憲法』を生み出すことができる」[5]、ということになる。そうだとすれば、「最高法規」としての憲法を頂点に戴く憲法秩序は、主権国家に固有の法秩序である以上は、国

3）　山元一「ジェンダー関連領域における国際人権法と国内裁判」芹田健太郎ほか編集代表『講座国際人権法3　国際人権法の国内的実施』（信山社、2011年）388頁。

4）　齊藤笑美子も、最高裁国籍法違憲判決（最大判2008・6・4民集62巻6号1367頁）が「人の移動という事実上のグローバル化が基礎にある」のに対して、「婚外子相続分は、事実としてのグローバル化というよりも、むしろ国内的問題に影響を及ぼす法規範のグローバル化に関係している」、と指摘している。齊藤笑美子「婚外子相続分区別と憲民関係」法律時報85巻5号（2013年）47頁。

5）　高見勝利「実定憲法秩序の転換と『八月革命』言説」『岩波講座　憲法6　憲法と時間』（岩波書店、2007年）126頁。

6   第1部

際社会に対して高度の自律性を保持しているべきことが当然であって、主権国家の同意が存在しないところで国家が法的に拘束されることがあってはならないのが本則である、ということになる。本報告が問題と考える従来の憲法学の思考を根底で規定しているのは、国家と憲法をめぐるこのような思考様式であり、本報告ではそれを、「国憲的思惟」と呼ぶこととする。

　以下ではまず、本論に入る前に上記違憲決定の特徴を同定するために最近の憲法判例・憲法学における平等論の現況についてごく簡単に瞥見しておこう。

2　近時の憲法学における平等論の展開

(1)　最近の憲法判例における平等論の重要性の高まり

　まず、憲法判例の全体的傾向としては、従来支配的であった広範な立法裁量論に対する厳しい見方への転換が見られる。まず、議員定数不均衡問題に関して、最高裁 2011 年 3 月 23 日判決（民集 65 巻 2 号 755 頁）においていわゆる「一人別枠方式」への否定的評価が示され、「『投票価値の平等』の拘束力の強化」[6]がなされた。そして、婚外子差別については、最高裁 2008 年 6 月 4 日の国籍法違憲判決（集民 228 号 101 頁）で示された否定的評価が、本違憲決定にそのまま継承された。後者の系列において、かつて平等問題における判断枠組みとして判例法理と考えられていた目的手段審査[7]は採用されず、もっぱら「手段的側面たる区別の合理性」[8]を対象として、〈①区別自体、②区別に基づく別異取り扱いの程度（いかなる権利や地位の違いもたらされているのか）、についての審査を行う〉、という枠組みが採用されたのであった[9]。この点、従来の学説の主流は、アメリカ憲法に由来する違憲立法審査基準論

---

6)　巻美矢紀「公共領域における『地位の平等』の象徴的宣言」『憲法理論叢書 23　対話と憲法理論』（敬文堂、2015 年）78 頁。

7)　最高裁 1995 年 7 月 5 日決定（民集 49 巻 7 号 1789 頁）における法廷意見および反対意見は、引き出した結論は対照的であったが、どちらも目的手段審査を行った。

8)　飯田稔「判例研究　非嫡出子相続分差別規定違憲決定」亜細亜法学 49 巻 1 号（2014 年）66 頁。

9)　井上典之「婚外子相続分違憲最高裁大法廷決定・憲法の立場から」論究ジュリスト 8 号（2014 年）98 頁以下。

であり、(a) 14条後段列挙事由か否か、(b)規制対象となっている権利・自由が重要なものか否かによって、異なった違憲審査基準論を適用するべきだと考えてきた。この点、本事件を担当した最高裁調査官が「最高裁が憲法適合性の判断基準につき、事柄の性質に応じた合理的な根拠に基づくか否かという以上に一般論を明確にしないことは、憲法14条1項違反が問題となる事案の多様性も踏まえた、優れて実務的な発想に基づくものといえよう。」[10]、とする指摘が興味深い。確かに、機械的な図式で裁判官の裁量を厳格に縛るのでは、問題の実践的な解決に結びつかないのではないか、と考えることができるからである。

　また、本決定の特徴としては、立法事実の変化の強調したことを指摘できる。このような手法には、過去の判例との整合性を保ちつつ、現在の立法府の懈怠・不作為を批判することができる点にメリットがある。本決定は、戦後社会の歩みの中で家族生活の場面での「個人の尊重」という「考え」が次第に確立されてきた、とした。

　また、本決定が違憲判断を導き得たのは、広範な立法裁量に属する相続制度全体の設計の問題から婚外子の相続分に関わる本件規定の問題を切断したからであった。本決定では、「個人の尊重」の毀損があるかどうかが重要とされ、制度適合性は問題とされなかった。吉田克己は、本判決が「制度論的思考」（もし、この思考に立てば、制度適合的であれば合憲性が導出されるので、審査基準が緩和する。）を採用せず、「総合判断アプローチ」を採用したものとして捉えた。吉田は「制度論的思考」の長所に注目しつつ、「総合判断アプローチ」を克服する中で「法律婚という制度の存在意義の再定義の可能性」を検討するべきだとする[11]。なお、本決定において「個人の尊重」という観念が大きな役割を演じたことについて、後述するように強い警戒感を隠さない憲法学[12]と肯定的に受け止めた原告代理人の反応[13]の対称性が興味深い。

---

10)　伊藤正晴「時の判例」ジュリスト1460号（2013年）90頁。
11)　吉田克己「婚外子差別と裁判・立法・行政」ジェンダー法研究1号（2014年）157頁以下。

8　第 1 部

⑵　憲法学における平等論の新傾向

　現在の日本の憲法学の平等論をリードする安西文雄[14]によれば、従来から憲法学が問題化してきた「反別異」の視点（「権利・義務等の公正な配分をどうすべきか」）に加えて、「反従属」の視点（「地位のレベルにまで関わる問題か」、スティグマに関わる次元の問題）の二つ問題が自覚的に区別され、後者も重視されるべきだとする。このような見地からすれば、上で見た二つの最高裁による憲法判断が、立法目的にこだわらずに「区別事由」と「区別がかかわる権利・義務等」についてそれぞれ立法裁量に対して厳しい見方をするようになってきていることは、好意的に捉えられることになる。というのも、2013年決定では、2009年判決で問題となった国籍とはまったく異なり、従来の憲法学の枠組みでは重要なものとして位置づけることの難しい相続財産の配分が問題となっていたからである。

　本稿の見地から重要だと考えられるのは、「区別事由」と「区別がかかわる権利・義務等」の双方の重大性や深刻性をどのように評価するか、という問題である。実は、国内法的視野からだけでは、それぞれの事項に関わる重大性・深刻性にかかわる問題を的確につかみ取ることができないのではないだろうか。すなわちたとえば、〈なぜ婚外子の別異取り扱いが問題なのか〉、〈なぜ夫婦が別々の姓を名乗ることが承認されるべきなのか〉、という問題は国民の間にアモフルに存在する社会通念からは問題性を析出しにくい構造を有するのではないだろうか。この問題に関連して、安西[15]は、「従来、判例の合理的区別論に対して、学説はアメリカの判例理論における基本的権利型平等問題、疑わしい差別型平等問題を紹介しつつ批判を加えてきた。本件国籍法違憲判決は、基本的権利が関わる場合や疑わしい差別の要素がある場合、

---

12)　本決定について、〈結論は妥当であるが論証過程が杜撰だ〉、と批判するのが憲法学における支配的傾向であったように思われるが、むしろ本決定を、アメリカ憲法判例史上燦然と輝く「ブラウン判決」と比肩しうる決定だとする注目すべき見解として、巻美矢紀「平等と自由──婚外子法定相続分差別違憲決定の記念碑的意味」全国憲法研究会編『日本国憲法の継承と発展』（日本評論社、2015年）368頁以下、がある。

13)　榊原富士子「婚外子差別撤廃に関する裁判に関わって」国際人権26号（2015年）63頁。

14)　安西文雄ほか『憲法学読本〔第2版〕』（有斐閣、2014年）102頁［安西・執筆分担］。

15)　安西・前掲注14）106頁。

差別問題の要注意度が高まる、という比較憲法的知見を取り入れつつ、しかしそういったことがらを審査密度の設定の際に考慮すべきファクターとして位置づけることにより、日本流の平等審査の枠組みを提示するものとなっている。」、とする。安西がメンションするのは、「比較憲法的知見」であるが、本報告からすれば、何がそもそも差別問題か、についての自覚的意識化のプロセスが重要であり、それについてはトランスナショナルな視点が求められるのではないか、と考えられるのである。いいかえると、平等問題は、実際的には、抽象的に理論操作をしても差別があるかどうかは判断することは難しく、国内外の状況の変化における平等意識の変化、そしてそれにともなう差別解消の具体的実践の動向を重要な徴表として判断される性質を帯びている。木村草太も、「（国際人権条約機関による筆者注）勧告は、市民の認識に影響を与え得る。日本は、非嫡出子の数・割合が少なく、日本社会の内部の視点に留まると、本件規定の問題に気付きにくくなる。この点で、社会の外から、『それは差別ではないか』と指摘された影響は大きかっただろう」[16]、という。市民に対してだけではなく法律家に対しても大きかった、といえるであろう[17]。

3　憲法学説の批判的視線

　さて、本判決に対する評価としては、従来から本規定に対する違憲論の主張を積極的に展開してきた民法学説からは、「遅きに失したとはいえ、……まさに画期的といえる決定である」[18]との評価が与えられている。これに対して、「違憲説でほぼ一致している」[19]と見られてきた憲法学説における評価は、違憲決定という結論そのものに異論は見られないものの、決して芳しいものではない。

　たとえば、同規定の補充性の意義について1995年決定と本決定の論旨の

---

16)　木村草太「非嫡出子相続分違憲決定はどう読まれるべきか？」国際人権26号70頁。
17)　まったく別の問題であるが、〈死刑が残虐な刑罰か〉という問題は、実は本質的にグローバルな要素を含んでおり、国際的文脈（グローバル・スタンダード）を無視して、抽象的に残虐かどうかについて論ずることができないのではないだろうか。

10 第1部

違いを納得しうる理由によって説明を加えていないこと[20]や、1995年決定
では引き合いに出されていた「立法理由」としての「法律婚の尊重」という
論拠が消失するなかで、「『具体的な判断枠組み』を提示しないまま、『立法
事実の変化』をたどる『総合的考慮』で、14条1項適合性の実体審査が可
能であったのか」[21]について、批判が寄せられているところである。より厳
しい見解として、山崎友也は、「本決定の本件規定を違憲と判断する論拠や
その論理展開は、……近時の最高裁判決の中でも最悪の脆弱性を示している」
と批判し、「なぜあえて判例の実質的変更＝違憲判断に踏み切ったかは法解
釈学の範疇を超えてもはや法社会学・政治学の分析対象というべきかもしれ
ない。本決定においても顕著に表れているところの、近時進行しつつある最
高裁判例の『総合考量』志向が今後どのような判例を生んでいくのか一層注
視していく必要があろう」、とこれ以上ないほどの厳しい指摘を行ってい
る[22]。また、蟻川恒正は、「実体憲法論」の観点から、本決定についての平
等の違憲審査の判断のあり方と「個人の尊厳」の観念を中心にして徹底的な
クリティークを繰り広げている[23]。

　「グローバル化による法の変容」という問題視角から本決定をとりあげる
本稿からすると著しく興味深いのは、本決定に厳しい批判を差し向ける山崎
や蟻川が、本決定が示して見せた「法規範のグローバル化」が引き起こして

---

18)　二宮周平「婚外子相続分差別を違憲とした最高裁大法廷決定を学ぶ」戸籍時報703号（2013年）
　　2頁。これに対して、このような立場と対立する民法学説は、本決定にかかわる論点は、民法上
　　の「婚姻制度」と「相続制度」であるが、これらの制度は民法上の制度なのであるから、「憲法
　　が民法に対してどのように力を及ぼすかという問題でもある」ところ、「仮にこれらの制度論が、
　　最高裁の判断を左右する主張な論点ではなかったとすると、そのこと自体に、民法学の観点から
　　は、最高裁の大きな限界を感じる」、と慨嘆されている。水野紀子「婚外子相続分差別違憲決定」
　　法律時報85巻12号（2013年）1頁。
19)　伊藤正晴「時の判例」ジュリスト1460号（2013年）89頁。
20)　野坂泰司「憲法4」平成25年度重要判例解説（2014年）16頁。
21)　糠塚康江「婚外子法定相続分最高裁違憲決定」法学教室400号（2014年）86頁。
22)　山崎友也「《判例研究》民法が定める非嫡出子相続分区別制を違憲とした最大判平成25年9
　　月4日について」金沢法学56巻2号（2014年）189頁。
23)　蟻川恒正「婚外子法定相続分最高裁違憲決定を読む」法学教室397号（2013年）102頁以下、
　　同「婚外子法定相続分最高裁違憲決定を書く(1)」法学教室399号（2013年）132頁以下、同「同
　　(2)」法学教室400号（2014年）132頁以下、同「最高裁判例に現われた『個人の尊厳』」法学
　　77巻6号1頁以下。

いる国境を越える法的事象についての叙述について、「法的推論」（蟻川）にとっての次元を異にする事象として捉えているようにみえることである。実際、山崎は、「他国の立法例や国際機関の見解がいかなる過程を経て本件規定の『合理性』に影響を及ぼすのかも不明である。条約等の遵守を義務付ける憲法 98 条 2 項を意識しているのかもしれないが、明示的言及はない」、と批判している[24]。蟻川はより明確に、「国民の意識の変化をはじめとする様々な事情の変化は、どこまでも『事実問題（quaestio facti）』であり、『事実問題』である限り、憲法判断という『法的問題（quaestio juris）』の論拠とすることはできないものというべきである」、と指弾する[25]。本件決定について、「同決定が否み難く帯びる法論理の弱さを目立たせなくするための化粧業に余念がない」[26]と形容する蟻川からみれば、おそらく本決定における違憲性の論証過程における国境を越える法的事象への言及は、法学の初学者が初歩の初歩から弁えなければならないはずの「事実問題」と「法的問題」の区別を意図的に混同させることを通じて行われた、〈舶来品を用いた化粧業〉の例にほかならない、ということになるのであろう。

4　「国憲的思惟」への批判的視線

　3 で垣間見た蟻川の法思考（＝「国憲的思惟」[27]）は、人権問題をドメスティックな憲法問題へと純化させ、純化作業の結果落ちこぼれる事象から「法

---

24)　山崎・前掲注 22）181 頁。
25)　蟻川・前掲注 23）「婚外子法定相続分最高裁違憲決定を書く（2）」133 頁。
26)　蟻川・前掲注 23）「最高裁判例に現われた『個人の尊厳』」77 頁。
27)　蟻川が読み抜いたアメリカ最高裁判事 Robert Jackson その人は第二次世界大戦後の国際的民主主義思想（＝戦後レジーム）の一環をなすニュールンベルク裁判の主任検事を務めたのであって、このことは、蟻川の思考の範型をなす Jackson の思想における個人は、ドメスティックな個人であるどころか、まさに国家を越える「国際社会の形成の定点」になるべき個人であった。蟻川恒正『憲法的思惟』（創文社、1994 年）275 頁以下。しかし、その個人観念はそもそも近代主権国家モデルと抱合的関係にあったのであり、この意味で、そのような個人が近代主権国家の観念的な呪縛下にあったのではないか、というのが筆者の見地である。この点について参照、山元一「〈「自由」の共和国〉の憲法思想」石川健治編『学問／政治／憲法』（岩波書店、2014 年）122 頁。

12 　第 1 部

的問題」としての資格を完全に剥奪して、それをひとしなみに「事実問題」
へと還元させる思考法を露呈している。本稿は、そのような思考法に基づい
てなされる批判に対して、もとより本決定が違憲決定を導出するにあたって
優れた憲法解釈論を展開した、と主張するものではない。だが、グローバル
化世界に、おそらく日本の憲法学説よりも切実に直面している日本の最高裁
が行った婚外子問題についてのそれなりに評価しうる法的回答であった、と
する主張を対置させたい。すなわち、本決定が、上で見た批判に晒されるよ
うな法的論理展開を行うについてはそれなりの理由があるのであって、むし
ろそれを激しく批判する「国憲的思惟」の方に、事実／法の二元論的思考と
いう問題性が孕まれているのではないか、と考えるのである。

　現在進行中の法のグローバル化は、既存の法的パラダイムをどのように変
容させるのか？　この点について、たとえば、従来の法的パラダイムが領域
に固執する思考であり、今やその揺らぎを直視しなければならないと考える
Cathrine Brölmann は、次のような指摘を行う[28]。少なくとも 18 世紀以降
定着した一定の領域に限定された主権国家というユニットを大前提として国
内法と国際法の峻別を考える思考は、まさに法と政治の権威性についての領
域的な捉え方に基礎づけられてきた。しかし現に繁茂しつつある国際的レジ
ームにおいては、領域よりもむしろ非領域的な機能に結びつけられたレジー
ムが大きな役割を果たすようになってきている。こうして、国家から独立し
た規範形成機関が国際法における脱領域化を推進している。とりわけ人権の
領域において見られる特徴は、機能的に分化したレジームが単一の規範形成
機関を想定するのではなく、国際的地域的な諸条約が重層的に形成され、し
かも地域的な条約は裁判機関までも有しているところに特徴がある。国際法
は慣習法・実定法・宣言的法およびソフト・ローの集合体へと変化を遂げつ
つある。そこで問題となるのは、このような重層的なレジーム間の相互接続
性（interconnectedness）をどのように調整・確保するかという課題である、と。

---

28)　Cathrine Brölmann, Deterritorialization in international law : Moving away from the divide
　　between national and international law, in Janne Nijman and André Nollkaemper（edited by）,
　　New perspectives on the divide between national & international law, Oxford University Press,
　　2007, p. 84 ff.

まさにこのような問題意識を人権問題の裁判的解決に接続させた議論を展開させようとするカナダの法学者 Mayo Moran である。彼女は、主に国際人権規範を念頭に置きつつ、「法についての伝統的な領域化されたモデル（the traditional spatialized model of law）」が強調してきた、ある法的ルールが法的効力を有するかどうかに固執する考え方を批判して、以下のような考え方を提示した[29]。伝統的な思考において一般的であった、裁判官が法的判断を下す際に援用する法カテゴリーとして観念されてきた、「拘束的権威（binding authority）」〔＝その文言が当該事案に対して直接に適用される法的ルール〕と「説得的権威（persuasive authority）」〔＝当該事案に適用されるわけではないが、当該事案の解決の参考となる法的ルール〕の二分論を克服することにある。すなわち、彼女は、法的空間の領域的把握の揺らぎにともない、国際法と国内法および憲章とコモン・ローの間の境界の動揺化により法源のあり方やそれと法的判断との関係が加速度的に複雑化していることに鑑みて、現在二分論的思考は限界に直面しており、そうであるがゆえに、従来「説得的権威」として観念されてきたものの再考が必要である。すなわち従来「説得的権威」として位置づけられてきた法の中には、それにも「拘束的権威」にも還元できない「影響的権威」と呼ぶべき別異の法カテゴリーの存在を認めなくてはならない。Moran によれば、たとえ当該ルールが「法的効力（force）」を有しないとしても、「影響的権威」として当該事案の解決に「効果（effect）」を及ぼすことを承認しなければならない。「影響的権威」は「義務的性格を

---

29)　Moran の議論については、すでに紹介する機会があった。参照、山元一「グローバル化世界と人権法源論の展開」小谷順子ほか編『現代アメリカの司法と憲法』（尚学社、2013 年）350 頁以下。cf. M. Moran, Authority, influence and persuasion: Baker, Charter Values and the puzzle of method, in David Dyzenhaus (edited by), *The Unity of Public Law*, Hart Publishing, 2004, p. 389 ff., M. Moran, Influential authority and the Estoppel-like effect of international law, in Hilary Charlesworth et alii (edited by), *The fluid state*, Federation Press, 2005 (University of Toronto legal studies series, Research paper, No. 03-05 http://ssrn.com/abstract=785545), M. Moran, Inimical to constitutional values: complex migration of constitutional rights, in Sujit Choudhry (edited by), *The migration of constitutional ideas*, Cambridge University Press, 2006, p. 233 ff., M. Moran, Shifting boundaries: The authority of international law, in J. Nijman and A. Nollkaemper, *supra* note (28), p.163 ff., Mayo Moran, Recourse to International Human Rights: Challenges to the Traditional Paradigm, in Russell A. Miller and Rebecca M. Bratspies (edited by), *Progress in international law*, Martinus Nijhoff Publishers, 2008, p. 723 ff.

14   第1部

有する（mandatory）」のであって、それが直接に権利や義務を創設することできないとしても、また法的推論の結論を左右するとは限らないとしても、裁判所がそれを無視する際には、「説得的権威」を無視する場合とはまったく異なった法的批判が行われるべきこととされる。裁判官がこのような「影響的権威」を重視しなければならない根本的理由は、市民は公権力が立憲主義的秩序の中核的価値と整合的に行使されるべきである、という正当な期待を有しているからである。そして戦後憲法秩序は、それ以前の秩序とは異なって国際人権規範を不可欠の法源としてとらえる、とする[30]。

　このような見地からするならば、本決定において、なるほど法的拘束力が欠如しているとはいえ、条約が創設した機関が規範形成を行った法的要請（自由権規約委員会による「懸念の表明」や「法改正の勧告」）を「事実問題」に押しやるのではなく、「義務的性格を有する」「影響的権威」のひとつとして処遇しなければならないであろう。

　グローバルな法思考を Moran と共有する Jeremy Waldron は、アメリカ憲法を考察の対象としながら外国法そのものが国内裁判に及ぼす一定の規範的性格を強調する[31]。Waldron は、「その傾向が収斂しつつある外国法令・憲法規定・外国先例は、時に私たちに対して固有の要求を有する法の一群となる。それは、万民法ないし *ius gentium* である。これは、何らかの特定の管轄権に属する法だからではなく、単に法として私たちに適用されるのだ。」、と主張し[32]、各国に固有の法と並んで、まさに普遍的規範としての法の存在

---

30)　このような思考に立つ Moran は、コモン・ロー解釈の際にカナダ憲章が及ぼすべき「客観的価値システム」（＝「人間が社会の中で発展する自由」の保障）の「効果」を強調する。こうして、このような価値は、国際人権規範の保障する内容と重層的に作用し、全方位的法命題として、法の世界に君臨することになる。蟻川は、このような考え方（本決定では、「個人の尊重」や「個人の尊厳」がそれに相当しよう。）の拡大化を強く警戒するが、筆者の立場からすると、そのような懸念に対しては、国際人権法・比較法的プラクシスと現実の日本の具体的問題状況を視線の往復をしながら、適切な法的解決を模索することが重要な課題となろう。cf. M. Moran, Authority, influence and persuasion: *Baker*, Charter Values and the puzzle of method, *supra* note (29), p. 425 ff.

31)　Jeremy Waldron, *Partly laws common to all mankind: Foreign law in American courts*, Yale University Press, 2012. Waldron の所説について、より詳しくは、山元・前掲注29) 353 頁以下、を参照されたい。

32)　J. Waldron, *supra* note (31), p. 3.

を措定している。実際に彼が *ius gentium* として想定している内容は、具体的には、Roper v. Simmons（543 U.S. 551（2004））で争点となった死刑制度をめぐる規範的要求（未成年時の犯行に対する死刑の禁止）だけではない。死刑をめぐる他の規範的要求（子ども・心神喪失者・妊娠中の女性に対する死刑執行の禁止、人間の尊厳に反するような執行方法の禁止）をはじめとして、デュープロセス、民商法の基本原理、刑法および憲法における比例原則の考え方、法の支配の基本要素、正当な自己防衛、各国の憲法が有するべき内容についての広範で包括的なコンセンサス等々が念頭に置かれている。さらに、Waldron は、国際人権規範は、国内憲法の人権規範と「多層的に実定化されている（multiple positivization）」ものであり、それらの規範を調和させていくことは、規範的な要求なのである。そこにおいて重要なことは、人間人格の尊厳が、たまたま国内憲法規範という経路によって保障されているという認識を持つことである[33]。

　大変興味深いことに、Moran と Waldron の両者が参照するのが、「連鎖小説」の比喩で知られる Ronald Dworkin の「インテグリティーとしての法」という法イメージである[34]。Dworkin がドメスティックな政治共同体内部の裁判官の行うべき行為についてもっぱら過去志向的な見地から想定して構想した法イメージは、いまや国境を越えた人権共同体において、各国の裁判官がそれぞれ国内法と外国法・国際法との法的なインテグリティーを確保するための営為として再定位されるのである（最高裁の言及したフランスの立法例は、それまで姦生子の相続分について差別していた民法規定を条約違反とする2000年2月1日ヨーロッパ人権裁判所判決（*Mazurek v. France*）を直接の契機としていた点が重要である。）。

　このようにみてくると、本決定を練り上げていく際に最高裁判所裁判官た

---

33)　Waldron にとっては、この意味では憲法や国際人権規範の定める人権条項は、「理性」を体現する。cf. Jeremy Waldron, Foreign law and the modern *ius gentium*, *Harvard Law Review* 119, 2005, pp. 146-147. このような思考は、「憲法の条項を利用して、法秩序外の実践理性を呼び出し、面前の事案への実定法の適用を排除する」とする長谷部恭男の考え方と共通の志向性を帯びる。長谷部恭男「権利の機能序説」長谷部恭男ほか編『岩波講座現代法の動態　1法の生成／創設』（岩波書店、2014年）16頁。

34)　Ronald Dworkin, *Law's empire*, Harvard University Press, 1986, p. 176 ff.

16　第1部

ちは、決して〈舶来品を用いた化粧業〉に勤しんでいたのではない、といわなければならない。出身母体を相異にし、お互いに異質な価値観を有する「識見の高い、法律の素養のある」者たち（裁判所法 41 条）が、グローバル化世界からの規範的性格を帯びた法的要求を共に背中に厳しく受けて、当該規定の違憲性認定という結論で一致し、国会における削除作業が円滑に進行するように全員一致の判決となるように妥協を重ねていったものと推測される。「法社会学・政治学」の観点から観察するならば、有権者の大多数は嫡出家族系の者なのだから、自己の再選可能性を高めることに強い意欲を有する国会議員集団による自発的改正を期待することは難しい（しかも、2013 年当時の政治状況において保守系議員が両院で多数を占める中で、もしも同決定に反対意見がつけば改正案の成立の行方そのものが不透明にならざるをえない。）。グローバル化世界からの要求に最も強く晒されている裁判官、それに準じてそのような要求に晒されている官僚組織たる法務省が協力しながら、トランスナショナルなレベルにおける法的インテグリティーを確保するための法改革に成功したのである[35]。

5　「トランスナショナル人権法源論」のもつべき視線

筆者は、上で見た Moran や Waldron の主張に示唆を得つつ、「トランスナショナル人権法源」という考え方を提唱してきた[36]。このような立場から、日本における人権論を展望しようとする場合、どのような視線を差し向けなければならないであろうか？　ここでは、ごく簡単に二点に言及することで満足せざるをえない。

第一の視線は、日本憲法学のディシプリンとしてのあり方に関わる。グローバル化が既存の専門領域の分立構造の存立意義を揺り動かしていく中で、日本憲法学は、人権問題の裁判的救済に適切な仕方で貢献することができる

---

35)　もちろんこの問題以外に、グローバル化世界からの法的要求に積極的な対応をしていない、いくつもの例があることは、いうまでもない。死刑制度や夫婦同姓強制制度などが、その例である。

36)　参照、山元一「憲法解釈における国際人権規範の役割」国際人権 22 号（2011 年）37 頁以下。

のだろうか。人権問題を契機として、国境を越えた〈法の「インテグリティー」要求〉がこれから不可逆的に強化されていくとすれば、「国憲的思惟」が立論する如くドメスティックな憲法の次元に人権問題を縮減させてしまうことは望ましくない。これまで以上に憲法・国際人権法・比較法の連携・協働作業の必要性・重要性が強調されなければならない。こうして、それぞれ固有の歴史的発展をしてきた各人権関係ディシプリンが従来の境界線を越境した創造的関係を構築できるかが課題となろう[37]。また、日本憲法学は一段と海外発信能力を高め、国境を越えたトランスナショナルな次元の人権の理論と実践の質の向上に貢献することを通じて、グローバル化世界を生きるこの地球の様々な地域で生きる人々の人権状況の改善に奉仕しなければならない[38]。

　第二の視線は、「トランスナショナル人権法源論」の主張に内在する理論的問題に関わる。そのような主張は、結局のところ種々様々な固有の状況にある人々のありようを安易に捨象して、強制的にグローバル・スタンダードの押し付けを行うものではないのか、逆に、個々の事案についてグローバル・スタンダードからの逸脱をたやすく認めるのであれば、外国の法素材を単に「一つの重要な参考資料」（猿払事件・最大判 1974・11・6 刑集 28 巻 9 号 393 頁）として処遇しているだけではないか、との疑問が生じる[39]。「グローバル化

---

37)　「最高裁の人権判断の国際水準化のための方策」を具体的に提言する泉徳治・元最高裁判所判事の提言内容を強力にサポートする役割が求められるであろう。参照、泉徳治「グローバル社会の中における日本の最高裁判所とその課題」国際人権 25 号（2014 年）16 頁以下。泉の考え方について、さらに参照、泉徳治「グローバル社会への目線」慶應法学 30 号（2014 年）1 頁以下。筆者による泉の法思考の研究として、「"空前"の『司法官僚』─泉徳治の研究」工藤達朗ほか編『憲法学の創造的展開（下巻）』（信山社、2017 年）599 頁以下、がある。

38)　本決定の海外への発信として、cf. Akiko Ejima, Emerging transjudicial dialogue on human rights in Japan: Does it contribute to the protection of a hybrid of national and international human rights? in *Meiji Law School Review*, no 14, 2014, at p. 139 ff., Hajime Yamamoto, Foreign Precedents in Constitutional Litigation in Japan『高見勝利古稀・憲法の基底と憲法論』（信山社、2015 年）781 頁以下。

39)　この点について詳しくは、山本龍彦「憲法訴訟における外国法参照の作法」小谷ほか・前掲注 29）316 頁以下、とりわけ 342-343 頁の指摘、山元・前掲注 29）357 頁以下、山元一「BOOK REVIEW 松本和彦編『日独公法学の挑戦』」法律時報 87 巻 1 号（2015 年）113 頁以下、を参照されたい。

18　第1部

による法の変容」という状況の下において国境を越えた〈法の「インテグリティー」要求〉が、装いを新たにした西洋コロニアリズムの一形態に陥らないようにすることが重要な課題として浮上する。人権の本質を vulnerable な状況に置かれた者を実定法システムに抗して救済するところに見る筆者[40] にとって、比較法的および実質的に見て嫡出家族における妻（および子）の地位の保護が極めて不十分な状況の中で、婚外子の相続分を以前より増加させる法改正を行うことは、そのような別の vulnerable な人間を犠牲にする帰結を生み出す、とする水野紀子の指摘[41]は重要である。筆者は、水野の指摘にもかかわらず、本決定にかかわる問題については、婚外子の人生に決定的な仕方で負の刻印を与える当該規定の削除の方が、より深刻な vulnerable な立場に置かれた者に対する救済措置として優先されるべきである、と考えるが、「トランスナショナル人権法源論」が、〈舶来品のドグマ〉を振り回す事態にならないように、現に日本社会で起こっている具体的な状況についての多角的で深層に踏み入る分析をともなわなければ、むしろ有害な結果をもたらしかねないことを、水野の指摘ははっきりと教えてくれる。

＊　　　＊　　　＊

　本決定の2年後の2015年12月16日、最高裁判所は、大法廷回付の決定がなされかねてから注目を集めていたジェンダー平等に関わる二つの大法廷判決を下した。すなわち6ヶ月間の女性の再婚禁止期間を定めた民法733条1項と法律婚を選択したカップルに一律に同姓を強制する民法750条について、最高裁としてはじめての憲法判断を示し、大方の予想どおり、前者については100日を超える部分については違憲とし（最大判2015・12・16民集69巻8号2427頁）、後者については現行制度をそのまま合憲とした（最大判2015・12・16民集69巻8号2586頁）。最高裁は、前者の判決を下すことを通じて、憲法裁判機関としてのひとつの存在証明を行うとともに、後者の判決を下すことによって、現在の家族法秩序の中核部分のひとつについて憲法上の祝福を与え、存在証明のなされた憲法裁判機関としての貢献が、日本社会

---

40)　山元一「現代における人間の条件と人権論の課題」憲法問題23号（2012年）7頁以下。
41)　水野紀子「非嫡出子の相続分格差をめぐる憲法論の対立」法学セミナー662号（2010年）5頁。

に激震をもたらさない穏健なものに留まることをアピールするものであった、といえよう。筆者の見るところ、この二つの判決は、最高裁がトランスナショナルとドメスティックの間で動揺していることを示しているようにみえる。だが、これについて検討する紙幅はもはや残されていない[42]。

＊　　　＊　　　＊

〔補記〕筆者の提出した「トランスナショナル人権法源論」に対しては、いくつかの貴重なコメントを頂戴している。以下では、それに対してごく簡単な応答をしたく思う。

　まず、江島晶子[43]からは、「〈開かれた人権保障システム〉としての日本国憲法の運用という展望は魅力的である」との評価の下で、①そもそも「法源」という用語法は適切か？、②比較法と国際人権法の区別の相対化志向は妥当か？、③現実の裁判官の実態との乖離が激しいのでは？、④司法権（裁判的救済）中心の人権論は視野が狭いのでは？、⑤西洋コロニアリズムの進化形に過ぎないのでは？、との批判的コメントを頂戴した。

　①の法源をめぐる問題については、法源論が、〈ゴロッと転がっている規範の束〉であるどころか、「事態構築的（performative）な実践」であることを強調する齋藤民徒[44]の見解が示唆に富む。この考え方を敷衍すれば、私たちが目の前にある人権問題を解決するための法解釈・法適用に際して、主体的な立場から、私たちがその中に位置している法空間をどのように認識し、その中で何を法源と位置づけるか、という作業そのものが、とりもなおさず法そして人権とどのように向き合うか、という問いと深く結びついており、この点についての従来の基本的姿勢そのものが今まさにチャレンジを受けている、と筆者は考えるのである。トランスナショナルな法素材が法源のひとつとして明確に位置づけられない限りは、裁判実務における無視・軽視を容

---

42)　これらの二つの判決についての筆者のコメントとして、山元一「法律時評　トランスナショナルとドメスティックの間で揺れる最高裁」法律時報88巻3号（2016年）1頁以下、を参照されたい。

43)　江島晶子「グローバル化社会と『国際人権』——グローバル人権法に向けて」法律時報87巻13号（2015年）348頁以下。

44)　齋藤民徒「国際法における法源論の変容——そのプロブレマティーク」法律時報87巻9号（2015年）85、88頁。

易に正当化してしまうであろう。関連して、寺谷広司が、現在の日本の国際
法学で有力な「調整理論」を再検討することを通じて、「ある種の国際法規
範が、法的拘束力を完全な形では有しない一方で規範性をまったくもたない
単なる事実とも言い難い状態を積極的に位置づけることができる」ことを積
極的論証しようとしていることが、注目に値する[45]。

②については、確かに形式論に立つ限りは、人権条約は国法秩序のなかで
位置づけられるのに対して、比較法素材はそのような位置づけを持たないこ
とは、事実である。しかしたとえば、死刑が残虐な刑罰に当たるかについて、
たとえ日本が死刑廃止条約に加入していなくても、今日の国際社会を構成す
る圧倒的多くの国々が残虐であると考えているのであれば、やはりそのよう
な残虐性理解を「影響的権威」と認めるべきである。逆に、形式論に立てば、
人権条約委員会の「勧告」や「意見」等も法的拘束力のないことにおいては
比較法素材とまさに同断であり、そうだとすれば、江島の議論は、江島自身
の意図に反して、裁判実務における人権条約委員会の「勧告」や「意見」の
無視ないし軽視の正統化に奉仕してしまうおそれがあるのではなかろうか。

③については、まさにそうであるからこそ、現在の日本の法理論や法教育
をどのようにグローバル化するかが、私たちの課題として立ちはだかってい
る、といえよう[46]。

④については、伝統的保守的家族観がなお根強い日本社会の現状において、
婚外子相続分差別は司法による違憲判断がなければ是正されなかったという
のが、実際の経験論に裏付けられた重要な教訓ではないであろうか。この意
味で、「トランスナショナル人権法源論」は、高度に実践的な意義を有する。
そもそも政府は、1996年に婚外子相続分差別を解消する内容を含む法制審
議会の答申（『民法の一部を改正する法律案要綱』）が出されたのもかかわらず、
それを踏まえた改正法案を上程することができなかったのである。今後のグ
ローバル化の一層の進展は、今後ますます立法府を内向きのドメスティック

---

45)　寺谷広司「『調整理論』再考」『村瀬信也古稀・国際法学の諸相』（信山社、2015年）139頁。

46)　まさにこのような課題に対応するため、筆者の勤務する慶應義塾大学法務研究科は、2017年
　4月に従来の法曹養成専攻に加えて、すべての授業を英語で行うグローバル法務専攻（LL.M.
　Global Legal Practice）を設置した。

でナショナリスティックな主張に方向づけていく可能性が高いのではないか。この観点からは、司法権のリードが強く求められている、といえよう。

⑤については、上記の水野紀子への応答によって答えることとしたい。

また、宍戸常寿・曽我部真裕・山本龍彦を中心とする学際的共同研究『憲法学のゆくえ』でも筆者の議論に触れていただくことができた[47]。そこでは、宍戸からは「『法源論』と表現されるのは違和感がある」、また山本からも「法源という言葉の使い方が気になります。」との批判的反応が示されている。そして曽我部は、「トランスナショナル人権法源論」の主張の前提にある国際的な法律家共同体と日本の法律家集団の関係についての批判的コメントを受けた。宍戸の批判的コメントによれば、「裁判官が目の前にある事件を解決するに際して何がレレヴァントな、あるいは拘束的な『法源』であるかを取捨選択するための方法・手続が必要であろう」、「動態的な国内法プロセスにおいて、どの機関がいかなる手続で、国際的な人権動向をウォッチし、対応していくのが適切なのかという、機関適性と権力分立をめぐる問いの深化であるように思われる」、とされる。

「影響的権威」の考え方に共感する筆者の考え方からすれば、宍戸とは異なり、法源かどうかについて「取捨選択」するというのではなく、ひとまず「法源」としての法的拘束性を承認した上で、それがどの程度の重みをもつべきかについての方法・手続を洗練させていくことが課題となる。そしてその上で、グローバル化世界が日本の司法権に突きつけている課題に対して、まさに宍戸が指摘するように、司法権は日本の憲法構造が許す限りでできる限り積極的に対応するべきなのであり、このことは、立法権や行政権にとっても、*mutatis mutandis* に当てはまるといえよう。また、宍戸と山本は共通して、憲法学がこれまで前提としてきた民主主義論と「トランスナショナル人権法源論」との齟齬を問題としている。この点について筆者は、まさにこれまで憲法学が前提としてきた民主主義論の批判的再構築が求められているのではないか、と考えている[48]。しかしながら残念ながら、現時点ではこの論点を展開することができないので、別の機会を待ちたいと思う。

---

47) 宍戸常寿＝曽我部真裕＝山本龍彦『憲法学のゆくえ』（日本評論社、2016年）339頁以下。

さらに指摘したいことは、法源といういい方に対して生ずる「違和感」そのものについてである。「違和感」を持つかどうかは、筆者の視角からするならば、日本（憲）法学がどのような法空間認識を持つか、という問いと直結している。この点に関して日本国憲法成立以降暫くの間、憲法と条約の効力関係について、条約優位説が通説的であったことが想起される。これは、ポツダム宣言から日本国憲法体制の成立までを指導した「国際民主主義」論の帰結にほかならない[49]。このような学説状況が憲法優位説に転換するのは、1960年の安保条約改定をめぐる政治的緊張状況と深く関連している。この時期以降、日本憲法学においてはいわば一国主義的な傾向が強まり、そうであるからこそ「国憲的思惟」がこれまで安定的に通用してきたものと考えられる。このような状況の下において、条約優位説の主張は、憲法の最高法規性を根本から否定する思考として、「違和感」をもたらすであろう。このような法的環境で憲法教育を受け、その下で研究を積み重ねてきたほとんどの者が「トランスナショナル人権法源論」に「違和感」をもつことは不可避的な事態である。そして、グローバル化にともなう国家の構造的変容という問題状況の下で、そのようなmindsetを転換できるかが今まさに問われている、というのが筆者の見地にほかならない。

棟居快行[50]は、グローバル化の進展の展望として、日本社会における国家に対抗する社会の自律化（＝「国家なき社会」）とその実現のための司法権の転換（＝「司法の国法秩序からの解放」）の現実化可能性を検討する。その結果として棟居は、「契約正義などの美名の下で、近代法としての民法の価値中立性を歪める特別法的な介入を、実定法抜きで、裁判所限りで遂行してしまう危険も生じうる」（＝「民法のイスラム化」）、また「国際人権の、国法秩

---

48) この点、筆者の援用する「影響的権威」という考え方についての肯定的なコメントとして、新井誠「日本の国内裁判における国際人権法・比較憲法の参照」公法研究78号（2016年）219頁がある。

49) 「国際的民主主義」論について、第三代最高裁判所長官・横田喜三郎の法思考を照射しつつ論じたものとして、山元一「最高裁に舞い降りた『国際民主主義』者——横田喜三郎の法思考の形成と展開」樋口陽一ほか編『憲法の尊厳——奥平憲法学の継承と展開』（日本評論社、2017年）463頁以下、がある。本稿との関係ではとりわけ486頁以下、を参考されたい。

50) 棟居快行「グローバル化社会と憲法」法律時報87巻11号（2015年）121頁以下。

序を経ないストレートな裁判規範化も、同様に危険をはらんでいる」、と診断する。こうして棟居は、「トランスナショナル人権法源論」の展望する方向がとめどない司法裁量の拡大をもたらすことに警鐘を鳴らす。もちろん傾聴に値する見解であり、グローバルネットワークが司法裁量の拡大ではなく、司法権を含めた日本の諸権力の行使に対してより強い規範的拘束をもたらしうるための方策を攻究しなければならない。さらに棟居は、2013年の婚外子相続分差別違憲決定と1995年の同合憲決定の間には、単なる「裸の価値判断の相違」だけが存在するのであり、「法源のグローバル化を見て取るまでの必要もない」と断ずる。しかし、なぜそのような「価値判断」の変化が生じたのかといえば、それは、最高裁が、〈日本社会自体の価値観の一定の変化〉と〈諸外国の動向や国際社会の日本に対する持続的働きかけ〉との双方を同時に見据えたからこそ、相続分差別規定に対する評価を「180度転回」させることになったのではなかろうか。

グローバル化と比較法

松本英実

1   100年前のグローバル化と比較法

　日本がアメリカ合衆国による開国要求を契機として体制の変革、法の近代化を進めていく過程は、西洋による世界各地の支配の進行、それに伴った西洋法の支配と同時進行であった。日本の近代法の形成は、このような形での、当時の「グローバル化」の一環としてなされたといってよい。この「グローバル化」は長期で捉えれば大航海時代に始まったと考えることができるが、19世紀に至って産業化と帝国主義がこれを推し進め、新局面を生んだ。

　19世紀に目覚ましく進行した「グローバル化」の全体像を、20世紀の初頭に、法の観点から捉えようとした人物がいる。ロバート・ウォードン・リーは、のちにオクスフォード大学ローズ講座ローマン＝ダッチ・ロー教授となる[1]。セイロン（スリランカ）での英帝国官僚として出発したリーは、イギリスに先んじて同地を支配したオランダが残した法、すなわちローマン＝ダッチ・ロー Roman-Dutch Law に直面し、その後英国に戻ってこの研究に従事した[2]。17世紀オランダに花開き植民地に移植されていったオランダ＝

---

1)　Robert Warden Lee (1868-1958), Rhodes Professor of Roman-Dutch Law (1921-1956).

ローマ法（あるいはローマ＝オランダ法）が、本国オランダでは民法典導入（1838年）によって書き換えられていったのに対し、法典化以前にオランダの手を離れた植民地が、コモン・ローのイギリス支配下に入ることによって、かえって従来の法が維持された、という現象にリーは注目した。このような経緯を経た地域としては、セイロン、ガイアナ、そして南アフリカがある。これらの地域ではローマ法が維持されただけでなく、コモン・ローとの混合が生じた。さらに広く、同様の法の邂逅・混合を求めれば、オランダ法をはじめとする大陸法に基礎をおくスコットランド、フランス法やスペイン法の基礎の上に、コモン・ローの影響を受けて法制度が構築されたケベックやルイジアナ等が視野に入ってくる。リーはこれをシヴィル・ロー（大陸法）とコモン・ロー（英米法）の "Mixed Jurisdiction"（混合法域）というひとつのカテゴリーで捉えることを試みた。この着想に基づいた法の世界地図を見て頂きたい（図1）。これは、1915年にリーが発表した論文「シヴィル・ローとコモン・ロー──全世界調査」の冒頭に掲げられた図で、世界はコモン・ロー地域、シヴィル・ロー地域、そしてMixed jurisdictionに塗り分けられている[3]。西洋法の二大勢力が併存し競争する世界が、そして二つの法の間に生まれた混合法の存在が、表現されている[4]。

　この地図は、混合法を語る際によく参照される[5]が、その他の観点から、とくに「グローバル化」を考える際にも興味深い。さまざまな変化がこの地図の後の一世紀間に生じたが、概していえば法の世界地図はそれほど大々的な変更を受けていない。帝国主義の衰退とともに、この世界地図は無効となったかといえば、まったくそうではない。法の勢力は、帝国主義よりも持続性を持つ、といってもよい。西洋法二大勢力の競争は現在も進行中である。

---

2 ）　John W. Cairns, "Development of comparative law in Great Britain" in Mathias Reimann and Reinhard Zimmermann, *The Oxford Handbook of Comparative Law*, Oxford, 2006, p.149-151.

3 ）　R. W. Lee, "The Civil Law and the Common Law --- A World Survey", *Michigan Law Review*, Vol. XIV, No.2 (1915) p.88-101.

4 ）　Mixed jurisdiction あるいは Mixed Legal System （混合法）については、参照、松本英実「比較憲法の新たな視点」法律時報85巻5号（2013年）49-53頁。

5 ）　Kenneth Reid, "The idea of Mixed Legal Systems", *Tulane Law Review* 78 (2003) p.5-40.

[図1]

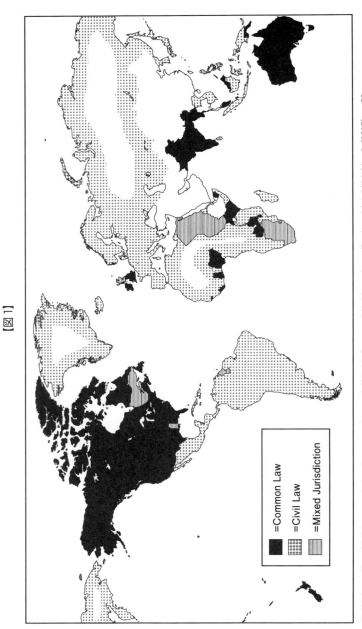

R. W. Lee, The Civil Law and the Common Law--A World Survey, *Michigan Law Review*, Vol. XIV, No. 2 (1915) p. 88. なお転載にあたり、図の縮小ほか、若干改変の上で掲載する。

2 混合法の100年

リーが世界地図を描いてから、一世紀を経ている。この間に、どのような変化が生じたか。近代法学としての比較法が発展した時期ともほぼ重なる100年の間に、リーの唱えた混合法に対する関心は大きく変化した。

(1) 孤児たちの出会い

シヴィル・ローとコモン・ローの混合が、Mixed Legal System あるいは Mixed Jurisdiction という概念で捉えられることとなり、ひとつのグループとして認識されるようになったのは、19世紀から20世紀への転換の頃である。支配者の変遷から生み出された「混合法」は、長い間、あたかも孤児のように、世界の片隅で、別の一隅に兄弟たちがいることも知らずにいた。その孤児たちがお互いを認め、アイデンティティを獲得していく。

1915年、すなわち前記論文を公表した年に、リーは『ローマン＝ダッチ・ロー入門』[6]の教科書も公刊しているが、当時、カナダ・マギル McGill 大学の教授として赴任したばかりであった。その背景には、ケベックという混合法域があり、ケベックとイギリス本土の間の、植民地支配を背景とした人的な往来、知的紐帯がある。リーの赴任は、南アフリカ[7]をはじめとするローマン＝ダッチ・ロー地域とケベックとの連携、参照関係が進行していることを表している。

リーの研究は、イギリス帝国の支配とその下で生じたさまざまな課題に発していたが、1910年の南アフリカ連邦発足に象徴されるような各地域の「独立」は、混合法とナショナル・アイデンティティを結び付けるさまざまな議

---

6) R. W. Lee, *An Introduction to Roman Dutch Law*, Oxford, 1st ed. 1915, 5th ed. 1953. もうひとつの参照すべき教科書は R. W. Lee, *Elements of Roman Law, with a translation of the Institutes of Justinian*, Sweet & Maxwell, London, reprinted with corrections, 5th impression 1990（1st ed. 1944）である。

7) レーナ・ファン・デン・ベルク（松本英実訳）「19世紀南アフリカにおけるローマン・ダッチ・ローの注目すべき存続について」19世紀学研究（新潟大学19世紀学研究所）8号（2014年）（特集1「法典化の19世紀―（ポスト）コロニアル・パースペクティヴ―」7-19頁。

論としても展開していった。たとえばシヴィル・ローを堅持し推進しようとする "purist" と、コモン・ローを容認する "pollutionist" の間の、各地にみられる熾烈な論争などはその例である。全体的な傾向としては、シヴィル・ローが劣勢で、セイロンでは、1821年以来のロー・リポートの継続がむしろオランダ法の維持に働いたにもかかわらず、オランダ語が用いられなくなるにつれ、シヴィル・ローは後退を余儀なくされた。1803年に英国支配下に置かれたガイアナでは1916年の立法を契機として、英コモン・ローの支配が決定的となる。こうした一般的な状況を踏まえ、スコットランドの T.B. Smith は、シヴィル・ローの終焉を告げる「12時の鐘はすでに打ち始めた」と述べた。

　このような混合法域の「危機的」状況は、基本的には混合法域プロパーの問題とされた。混合法域同士は、同じ課題を前に協力・共闘関係を結んだが、その他の地域にとって、混合法の動向は結局のところ他人事であった。

⑵　近時のグローバル化が混合法にもたらしたもの

　ところが、20世紀も終盤に近づくころ、このような状況に大きな変化が生じた。直接の契機は、ヨーロッパ統合であろう。イギリスをも含むことになった共同体では、経済的側面ばかりでなく、法的にも何らかの「統合」ないし「調整」harmonization を行う模索が開始された。このような法的新機軸にあって、問題はシヴィル・ローとコモン・ローの間でいかに折り合いをつけるか、である。具体的な方法を探る過程で、両法の要素を前提として法制度を構築してきた混合法各地域の経験は大変貴重な参考材料とされた。この際、とくに重要な役割を演じたのが、ラインハルト・ツィマーマンである。彼は、ヨーロッパ法のハーモナイゼーションの基礎としてユース・コムーネをベースとすべきこと、同時に混合法を参照すべきことを主張して、そのための理論の提供と各論的比較法研究プロジェクトを精力的に推進した。ツィマーマンは、教授としての最初の赴任地ケープタウンでローマン＝ダッチ・ローと出会い、若き日、このような理論的展開の出発点を得た[8]。

　かくして、現今の新しい「グローバル化」は、混合法研究に大きな変化をもたらした。新たな研究が生み出されて混合法論は活性化し、多くの共同研

究による成果が発表され[9]、概説書が誕生し[10]、国際学会が組織された[11]。混合法への新しい関心は、従来の比較法の方法、就中法系論の見直しをも迫っていった。世界の法をいくつかのグループに分類する法系論では、シヴィル・ローとコモン・ローがそれぞれにカテゴリーをなし、その両者の要素を併せ持つ法は、分類の困難を招来するか、一方に分類されてもそのグループの周縁に位置付けられた。混合自体を特徴とする一カテゴリーたる「混合法域」ないし「混合法系」の考え方は、各法系にいわば「純粋型」を措定する従来の発想を180度転換するものであった。

　混合法論の展開は、法系論における発想の転換（混合自体への着目）と新しい法系の提唱（「第三の法族」）のみにとどまらなかった。混合への着目は、あらゆる法は混合の産物である、という一般化へと発展したからである[12]。もはや、「純粋型＝非混合型」の傍らに「混合型」が存在する、という認識ではなく、ドイツ法も、フランス法も、そしてイングランドのコモン・ローも混合法である、と主張する途が開かれたのである。

3　慣習法問題

(1)　「日本法はシヴィル・ローと慣習法の混合法」か？

　伝統的な混合法論が、シヴィル・ローとコモン・ローの混合という狭い定義を採るのに対し、この二法に限らないさまざまな法の混合を混合法と呼ぶ、

---

8 ）　Reinhard Zimmermann, *Law of Obligations. Roman Foundations of the Civilian Tradition*, Juta（Cape Town）, 1990, Oxford, 1996, id., *Roman Law, Contemporary Law, European Law: The Civilian Tradition Today*, Oxford, 2001（ラインハルト・ツィンマーマン（佐々木有司訳）『ローマ法・現代法・ヨーロッパ法――シヴィル・ロー的伝統の現在』（信山社、2008 年））.

9 ）　たとえば R. Zimmermann, D. Visser, K. Reid（eds.）, *Mixed Legal Systems in Comparative Perspective*, Oxford, 2004.

10）　Vernon Palmer, *Mixed Jurisdiction Worldwide. The Third Legal Family*, 2nd ed., Cambridge, 2012（1st ed. 2001）.

11）　World Society of Mixed Jurisdiction Jurists（http://www.mixedjurisdiction.org/）2002 年発足。2002 年（Tulane）、2007 年（Edinburgh）、2011 年（Hebrew University, Jerusalem）2015 年 6 月（McGill）と総会が開かれている。

12）　あらゆる法は混合を免れないという認識自体は以前から表明されていた（Arminjon, Nolde, Wolff, *Traité de droit comparé*, LGDJ, 1950）が、分析の対象、分類の指標とはされなかった。

30 第1部

[図2]

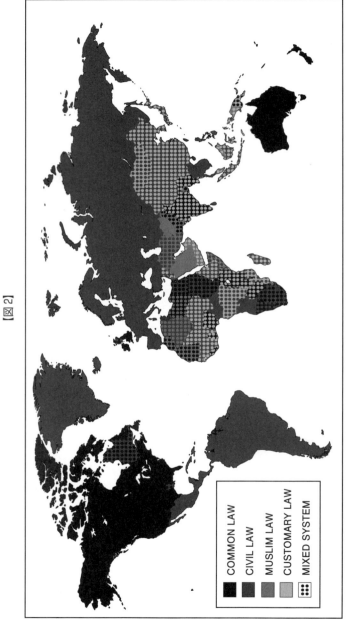

World Map. Juriglobe. University of Ottawa http://www.juriglobe.ca/eng/rep-geo/cartes/monde.php なお、カラーをモノクロに改めた。

より広義の定義が提案されるところとなった[13]。広義の混合法概念をとりつつ、世界の法を分類しようという、新たな法系分類が提案される。その一例として、オタワ大学の研究グループが発表した Juriglobe がある[14]（図2）。

ここでは、まず五つのグループに世界の法が分類されている：シヴィル・ロー、コモン・ロー、イスラム法、慣習法、混合法である。混合法には四つの法の組み合わせで、都合11のタイプが挙げられている（ユダヤ法につきやや変則的な扱いが見られる）。混合法の構成要素として西洋法以外の要素が挙げられていること、そこでは宗教（法）が重要な指標となっていることが注目される。興味深いのは日本法の分類である。日本法は「シヴィル・ローと慣習法の混合法」とされている。この分類に対しては、南アフリカ・ステレンボシュ Stellenbosch 大学の民法・比較法学者 J. デュ・プレッシが、ひとつのグループを構成するに十分な共通性があるか、という観点から、日本とスワジランドを同一類型に分類することの問題性を例として挙げ、批判している[15]。オタワの分類者も、慣習法の中には、ローカルな知恵に基づいた慣行（部族の慣行等）と、思想的・哲学的な法伝統（儒教的伝統等か）という異質要素が含まれる、としている[16]。

さて、日本の法律家はこの分類に対してどのような応答をすべきか。日本法への理解不足も甚だしいとして真面目に取り合わぬ向きもあろう。しかし、ここに露呈している問題は存外根深い。一方で分類者が日本法の何をもって「慣習法」と認識したか、他方で日本人法律家が何を日本の「慣習法」と考

---

13) E. Örücü, E. Attwooll, S. Coyle (eds.), *Studies in Legal Systems: Mixed and Mixing*, Kluwer Law International, 1996; Esin Örücü (ed.), *The Enigma of Comparative Law: Variations on a Theme for the Twenty-First Century*, Martinus Nijhoff, 2004; E. Örücü, D. Nelken (eds.), *Comparative Law. A Handbook*, Hart Publishing, 2007.

14) N. Mariani and G.Fuentes, *World Legal Systems*, Wilson & Lafleur, 2000; Juriglobe, University of Ottawa, http://www.juriglobe.ca/

15) この場合、両者の慣習法の中身 customary components が異なる、というのが批判の理由とされている。Jacques du Plessis, "Comparative law and the study of mixed legal systems" in M. Reimann and R. Zimmermann (eds.), *The Oxford Handbook of Comparative Law*, Oxford, 2006, p. 482-483.

16) "Custom can take on many guises, depending on whether it is rooted in wisdom born of concrete daily experience or more intellectually based on great spiritual or philosophical traditions."（上記ウェブサイト）

えているかが明らかにされねばならない。その解明に日本法学がどのような試みを重ねてきたかも説明されねばならない。分類者の情報源が限られていることも念頭におきつつ、日本人法律家の側に説明が求められるべき点は多い[17]。

「グローバル化」の時代に「慣習法」が問題とされることには、いささか意表を突かれるかもしれない。しかし、「慣習法」をめぐる彼我のギャップは、それ自体興味深い比較法の対象である。外から見た「日本の慣習法」と内から見た「日本の慣習法」との相違が問題となるからである。ここでは、比較における「視線」の意味、すなわちどちらから見て比較するか、が問われる。重要な点は、ここでの認識・比較は決してニュートラルなものになりえないことである。誤解は解かなければいけないにしても、内外のギャップを埋めること自体が目指されるべきかは疑問である。そもそも、一般に、中立的な比較はあり得るのか、ということが問われなければならない。

法系論や機能的比較では、この点が捨象されてきた。第三者的視点（神の目）から見た比較を集積することが、これまで目指されてきたのではなかったか[18]。

(2) 東洋のモンテネグロ？

このような観点から慣習法について接近するとき、日本法にとってのひとつの興味深い手がかりは、百年余り前の——グローバル化の中の——モンテネグロに求められる。

1904年、合衆国によるルイジアナ購入（1803年）の百周年を記念する博覧会が開かれ、招待を受けた穂積陳重は、セント・ルイスで開かれた万国法律家会議 Universal Congress of Lawyers and Jurists に出席し、完成間もない日本民法典を紹介して「英語、フランス語、ドイツ語、イタリア語で存在

---

17) Emi Matsumoto, "Searching for customary law in Japan: Is Japanese law a mixed system of civil law and customary law?", Southern African Society of Legal Historians, Conference "*ius est ars boni et aequi*", 14 May 2013, Kwa Maritane, South Africa.

18) このような中で、法文化論の見地からこれとは異なるアプローチを試み、海外からも注目されているのが、千葉正士の一連の研究である。

【図3】

Valtazar Bogišić 像（Cavtat）松本英実撮影（2014 年 5 月 1 日）

するあらゆる文明国の法典、法律、判例集」や国際条約を、草案も含め参考にして作られた「比較法学の果実である」と胸を張った[19]。その息子穂積重遠は、国際比較法学会 20 周年を祝うベルリン大会に参加した折に、次のように日本法を提示した。「諸君の国々は比較法学を学問として研究なさるけれども、本当に比較法学を使って法律を作ったのは日本である。現に民法を作る際にはこれこれの諸国の法律を参照したといふ話をして、参考諸国法のリストを読み上げましたところ、すべての国名が万遍無く出て来るので各国からの出席者非常に喜んだ。殊に可笑しかったのは、モンテネグロの民法と云った所が大喝采で、モンテネグロの代表者が私の所へやって来て握手をしました」[20]。

---

19) "The Japanese Civil Code may be said to be a fruit of comparative jurisprudence." Nobushige Hozumi, *Lectures on the New Japanese Civil Code as Material for the Study of Comparative Jurisprudence*, second and revised edition, Maruzen, 1912, p. 21-23.
20) 「仁井田博士に民法典編纂事情を聴く座談会」法律時報 10 巻 7 号（1938 年）14-30 頁、引用箇所は 20 頁（旧字体は新字体に改めた）。「あの当時に、よくも方々の国の法律を調べたものですね。驚くですね。」と言って、このエピソードを披露した穂積重遠に対して、仁井田益太郎は「さうです、モンテネグロの民法も参照しました。」と応じている。座談会は民法施行 40 周年を記念し、起草委員補助であった仁井田益太郎に民法成立の沿革を尋ねる、という趣旨で、穂積重遠、平野義太郎との間に、1938 年 6 月 12 日に行われた。

34　第1部

　明治民法が起草される過程でモンテネグロ法典が参照されたことは、広く知られた事実である[21]。しかし、その認識を超えて、モンテネグロ法典がいかなる法典であり、日本民法との関係がどのようなものであるかについては、これまで十分な探求がなされてこなかった[22]。件のエピソードは、日本がいかに比較を徹底したかを示すよい例として、モンテネグロという東欧の小国にまで目配りをしたことが引き合いに出された、という程度にしか解されてこなかったのではないか。しかし、1888年成立の「モンテネグロ一般財産法典」はきわめてオリジナルな法典で、当時ヨーロッパで話題となり、時をおかずにドイツ語訳、フランス語訳、スペイン語訳、イタリア語訳、ロシア語訳が公刊された（だからこそ日本の起草者も参照できた）、その内容においてこそ注目すべき法典なのであった[23]。

　法社会学のパイオニアでもあるヴァルタザール・ボギシッチ（Valtazar Bogišić 1834-1908）（図3）[24]の単独起草になるこの法典は、歴史法学派の考え方に依拠しつつ綿密な慣習法調査の上に起草され、家族法・相続法を含まない民法典であった。ボギシッチは、法典施行後にモンテネグロの司法大臣となり、さらに法典に修正を加えた[25]。

　ボギシッチと日本の間には、いくつかの具体的な接点がある[26]。1878年、パリ万国博覧会の日本政府副代表となった大蔵大輔松方正義は、パリでボギ

---

21)　穂積陳重の英文講演の中でもモンテネグロは参照法を列挙する中にあげられている。Hozumi (1912) p.23. 佐野智也「民法起草時における参照外国法令の分析」によれば、「モンテネグロ民法」は287ヶ条の原案で参照されている（名古屋大学法政論集257号（2014年）90頁、104頁、105頁）。

22)　数少ない紹介として、前田達明「モンテネグロ財産法」書斎の窓238号（1975年）11-13頁＝同・民法随筆（成文堂、1989年）22-26頁、高橋眞「バルタザール・ボギシッチとモンテネグロ財産法」書斎の窓384号（1989年）21-26頁、高橋眞「バルカン地域における慣習法研究とモンテネグロ一般財産法について──デューリッツァ・クリスティッチ教授講義要旨」政法論集（京都大学教養部）10号（1990年）67-77頁。

23)　梅謙次郎はこの法典を「好法典」と評価し、強いていえばドイツ法系に属するだろうが「大ニ其国ノ慣習ヲ採用シ自ラ特異ノ性質ヲ具ヘタリ。」として、明治民法のモデルにはならないが、参考となる規定が少なくないという（梅謙次郎「我新民法ト外国ノ民法」法典質疑録8号669頁以下、9号777頁以下。岡孝「明治民法起草過程における外国法の影響」東洋大学国際哲学研究センター編『〈法〉の移転と変容』国際哲学研究別冊4（2014年）23-24頁）。

24)　Baltazar Bogišić との表記もある。スターネ・ジヴァノヴィチ（松本英実訳）「ヴァルタザール・ボギシッチ 1834-1908　その生涯と業績」青山ローフォーラム5巻2号（2017年）27-38頁。

シッチに面会している。フランス民法をモデルとして法典化することに対する意見を求められたボギシッチは、Code Civil をモデルとすることに反対し、家族法・相続法は切り離すべきである、と答えた。この二分野は、伝統的社会において、慣習と固有の民族精神に大きく依拠するものであるから、というのが財産法を別個に法典化すべきとする根拠であった。ボギシッチの見解に深く感銘を受けた松方は、面会の記録を邦訳して政府に報告するようにと命じた[27]。

ボギシッチは、自らの起草を進めながら、日本の動向を気にかけていたに違いない。彼には、ボワソナードとの間に書簡の遣り取りがあり[28]、ボワソナードのプロジェを入手して、これを検討している。ボギシッチがボワソナードも含めた日本側の起草者及び日本の民法典をどのように評価したかについては、異なる見方が提出されており、資料に基づいた検討を要する。いず

---

25) 法学協会雑誌 20 巻（1902 年）3 号 302 頁、4 号 391 頁、5 号 454 頁以下に、ボギシッチの研究の紹介、すなわちボギシッチの未定稿を編集した《L'Historique d'une codification》, *Revue de Droit international et de Législation comparée*, 1901 の簡訳が掲載されている。また、V. Bogišić, "A propos du Code civil du Monténégro. Quelques mots sur les principes et la méthode adoptés pour sa confection" の翻訳として、バルタザール・ボギシッチ（難波譲治訳）「モンテネグロ民法典について――その制度について採用された原則及び方法に関する小論」政法論集 10 号（1990 年）79-93 頁。

26) 岡孝「明治民法起草過程における外国法の影響」（前掲）のうち「6 モンテネグロ一般財産法の起草者ボギシッチについて」25-28 頁。

27) この面会は瀧井一博『明治国家をつくった人びと』（講談社現代新書、2013 年）（また、Kazuhiro Takii, "Valtazar Bogišić und Hirobumi Ito: Zwei Schüler Lorenz von Steins", in Luka Breneselovic（ed.）, *Spomenica Valtazara Bogišića o stogodisnjici njegove smrti 24 apr. 2008. godine*, Beograd, 2011, vol. 1, p. 221-230）でも紹介されているが、今回、筆者らによる現地資料調査では、これを記したフランス語手稿を閲覧することができた。この資料については、拙稿「ボギシッチによる日本民法典編纂への助言（松方正義・ボギシッチ会見）―ボギシッチ博物館所蔵資料の紹介」青山ローフォーラム 4 巻 2 号（2016 年）441-465 頁。

28) ボワソナードとボギシッチの関係を伝える資料としては、すでに村上一博教授がボワソナードの杉村虎一宛 1903 年 2 月 12 日付書簡を活字化して公表されている。Kazuhiro Murakami,《Les lettres de M. Gustave Emile Boissonade à M. Koichi Soughimoura》*Meiji Law Journal*, vol. 9, 2002, p.71-72（No. 54）。ボギシッチ記念博物館における今回の調査の結果、ボワソナードからボギシッチに宛てた書簡の存在が確認され、また、ボワソナード夫人、ボギシッチの支援者クノール男爵（Baronne Knorr（前記書簡 No. 54 中に言及あり））を介したものも含め、両法学者間の交信が確認できた。松本英実「ボワソナード／ボギシッチ書簡―ボギシッチ博物館所蔵資料の紹介（1）」青山ローフォーラム 4 巻 2 号（2016 年）11-35 頁。

れにしても重要なことは、モンテネグロと日本を比較対照する視点である。

このような関心から[29]、筆者は、2014年度より所属大学において研究プロジェクトを組織し、学内外の研究者と共同研究を進めた[30]。2015年3月、慣習法をテーマに、セルビア、モンテネグロの研究者とシンポジウムを行い、またクロアチアにあるボギシッチ・コレクション（図書館・文書館・博物館）において資料調査を行った。シンポジウムでの日本からの参加者は、日本の慣習法を分析する素材として「国体」、「土地・建物の関係」、「売買」、「労使関係」「退職金」、「信託」等を取り上げた。また、世界遺産ドブロヴニクから車で20分ほどの町ツァヴタット Cavtat は、ボギシッチの生まれ故郷であり、墓所もあるが、その記念コレクションの中に予想以上の資料的発見をして、研究すべき宝の山の存在を確信した。その詳細は今後逐次公表していきたい[31]。

---

29) 研究の契機となったのは、ベオグラード大学シーマ・アヴラモーヴィチ法学部長の来日である。2015年1月10日に青山学院大学で行われた講演「ボギシッチと日本民法典」について、シーマ・アヴラモーヴィチ＝松本英実（共著）「ボギシッチと日本民法典——セルビア、モンテネグロと日本法の接点」青山法学論集57巻1号（2015年）61-70頁。また、Sima Avramović, "Serbian Law Between Roman-Byzantine and Austrian Traditions"（松本英実訳「セルビア法—ローマ・ビザンツとオーストリアの法伝統の間で」）東洋大学国際哲学研究センター編『〈法〉の移転と変容』国際哲学研究別冊4（2014年）86-107頁も参照されたい。

30) 青山学院大学法学部・判例研究所プロジェクト「ミクスト・リーガル・システム論から見た慣習法の総合的比較研究」参加者は、関武志教授（青山学院大学）、大山和寿准教授（青山学院大学）、岡孝教授（学習院大学）、葛西康徳教授（東京大学）、亀田真澄助教（東京大学）、オブザーヴァーとして小川浩三教授（専修大学）、溜箭将之教授（立教大学）、そして筆者であった。その後三谷恵子教授（東京大学）、伊藤知義教授（中央大学）のご参加も得て、共同研究が進行中である（「ボギシッチ及び彼が起草したモンテネグロ一般財産法典の研究」（2015年度）、「19世紀における法典化の比較法的・言語学的再検討——モンテネグロ一般財産法典を手がかりとして」（2016年度）、「ヴァルタザール・ボギシッチと比較法研究の再検討」（2017年度））。

31) 前述の資料紹介とともに、ベオグラード大学でのシンポジウム《Comparative Law, Codifications, Customary Law, and Mixed Legal Systems》およびドーニャ・ゴリツァ大学でのシンポジウム《The role of law in the era of globalization》の成果については、青山ローフォーラム4巻2号（2016年）1-95頁所収の各論文、同4巻1号（2015年）143-179頁の報告資料を参照されたい。また、英国法制史学会での報告として、Emi Matsumoto, "Valtazar Bogišić (1834-1908) and Gustave Boissonade (1825-1910) : some neglected aspects of Modern Japanese Law" 青山法学論集59巻4号（2018年）1-15頁。

4 結 語

100 年前のグローバル化に対し、日本法は法典化を行い、学問を近代化すると同時に、国産化して臨んだ。東京帝国大学において、それまでの外国人教師にかわって、杉山直治郎がフランス法講座教授となったのも 100 年ほど前のことである（1916 年）。この過程で、比較法の一定の型も編み出されてきたといえる。独、仏、英米を主要な柱とし、選択したひとつの国と日本をパラレルに捉える一対一比較を行ってきた。

こうした営為が積み重ねられた 100 年後の現在、混合法にも、慣習法にも、そしてセルビア、クロアチア、モンテネグロといった地域の法に対しても日本の比較法学は、殆ど無関心である。本稿は、それぞれが実は日本にとって切実な問題であると考える。混合法は日本法の問題であり[32]、内からと外からの視線をふまえてどのような比較の戦略を立てるかが問われ[33]、見逃されてきた比較対象を捉えなければならない。ボギシッチの慣習調査はどのような内容であり、それは日本の法典編纂とどのように関係するのか。さらに、シヴィル・ローとコモン・ローが jurisdiction をめぐって争う中、ボワソナードは、ボギシッチは何を比較対象とし、どのような方法で対処しようとしたのか[34]。これは決して過去の探索に留まるものではなく、現在のグローバル化を考えるうえで必要な問いである。

---

32) 松本英実「ミクスト・リーガル・システムと日本法」比較法研究 74 号（2012 年）206-216 頁、同「広義ミクスト・リーガル・システムと日本法」青山ローフォーラム 4 巻 2 号（2016 年）1-10 頁。

33) 法の「普及」の視点と「継受」の視点を対置し、視点（視線）の仮想的交換を論ずる方法論的構想として葛西康徳「法の透明化プロジェクトへの比較法・法制史からのお返し」ジュリスト 1394 号（2010 年）29-36 頁。

34) ボワソワードが混合法域の法について書評を執筆していることは興味深い。G. Boissonade, « Guillaume Barclay, jurisconsulte écossais (1546-1608), avec Notes et Appendices, par M. Ernest Dubois, Paris, Ernest Thorin, 1872 » [compte rendu], *Revue de Législation Ancienne & Moderne*, 1873, p. 209-210; G. Boissonade, « *Exposé d'un système de législation criminelle pour l'Etat de la Louisiane et pour les Etats-Unis d'Amérique*, par Edward Livingston, Paris, Guillaumin, 1872 » [compte rendu], *Revue de Législation Ancienne & Moderne*, 1873, p. 451-457.

国際法における法源論の変容

そのプロブレマティーク

齋藤民徒

1　はじめに

　今日、国際法学の体系的教科書を繙けば、その大半に、国際法の「法源（source, *fontes juris*）」の項目を見つけることができよう。そして、そのほとんどが国際司法裁判所（ICJ）規程 38 条 1 項への言及を伴っており、ときに断り書きが付されながらも、まずは同条項に沿って条約や慣習に始まる国際法の「法源」が論じられていることを確認できるだろう。当の ICJ 規程 38 条 1 項は、その元型をなす常設国際司法裁判所規程に遡れば、誕生からかれこれ 1 世紀を迎えようとしている。戦間期から第二次世界大戦に至る 20 世紀前半の激動、戦後の国際連合を始めとする国際機構の活動の発展、植民地の相次ぐ独立と南北問題の顕在化、20 世紀末にかけての冷戦の崩壊や各地内戦の激化、そして今日に至るグローバル化の進展等々、国際法秩序の内外で法体系を揺るがし変容させるような数々の動きにもかかわらず、国際法学上の「法源」の教科書的説明をめぐる安定性には瞠目すべきものがある。

　他方で、そのような「法源」をめぐる紋切り型の言辞を一歩離れるなら、とりわけ 20 世紀後半から、国際法学の内外において、国際機構など非国家主体の決議あるいは政府機関による非条約合意といった現象の法的意義がさ

かんに論じられ、前世紀のうちには「ソフトロー」や「国際立法」、近年には「グローバル行政法」や「立憲主義」など、従来の形式的な「法源」の教科書的説明にとどまらない議論も相当数打ち出されてきている。

このように、今日に至るまで変容を頑なに拒むかのような国際法学における伝統的な「法源」の説明の堅固な持続性と、さまざまな意匠をまとって展開されてきた多彩な理論動向との並存を前に、いったい何に着目して国際法における法源論の変容／不変容を語りうるのだろうか。現代国際法の展開のさなかで、「法源論の変容」という主題に取り組むには、国際法分野固有の困難が伴わざるをえない。

もとより中央集権的立法機関を持たない国際法過程において、そもそも法源論は何を期待され、どのような役割を担ってきたのだろうか。そしてまた、今日の国際法学にも根強いICJ規程38条1項論は、国際法の「法源」について何をどこまで論じる営みなのか。こういった国際法の法源論をめぐる基本前提は、従来の国際法学では十分に自覚されず、明らかにされてきていない。本稿は、もっぱらこの欠落を補う試みである。次の第2節では、今日の国際法学における支配的議論であるICJ規程38条1項に依拠した形式的法源論に対する批判を検討することを通して、国際法における法源論の構造的把握を試みる。これをふまえ、第3節では、ソフトロー論を中心に近年に至る議論動向をたどり、国際法の法源論に問いかけられている現代的課題を探る。

2　国際法の法源論とICJ規程38条1項

今日の国際法学における法源論の特徴は、文字どおり自明視ゆえに意識されにくくなっているが、何よりもまず、ICJ規程38条1項に依拠する形式的法源論の根強い反復である[1]。条約、慣習、法の一般原則を並列する同条項の限定性に対する疑念や不満がしばしば表明されながら、結局のところ国

1）　d'Aspremont, J., *Formalism and the Sources of International Law*, Oxford U.P., 2011, pp.148-150参照。

際社会には他によるすべがないとの居直りめいた理由を筆頭に、依然プラグマティックに同条項を援用する法源の説明が維持・再生産されてきている。現代の国際法学において、このような支配的傾向に対する攻撃の急先鋒にある大沼保昭は、それが過度の裁判中心主義によって裁判規範に偏った国際法の一面的理解に陥っていることを指弾し、ICJ 規程 38 条 1 項に依拠するだけでは、現実に機能している国際法を包括的に論じることにはならないとして、裁判規範と対比された行為規範を軸とする国際法の認識根拠論を提唱している[2]。

大沼の批判は、「ICJ 規程 38 条 1 項に依拠した方法では、現実の生きた国際法のあり方の総体が十分明らかにされない」との表現から窺えるように、支配的法源論による一面的な国際法認識に向けられている[3]。これは一見、支配的議論の全面否定のようではあるが、実際、どこがどう批判されているのだろうか。

まず第一に、一面的な国際法認識に対する批判として、大沼は意識的に裁判規範と行為規範とをカテゴライズし、行為規範の十分な認識に至らない支配的法源論の部分的性格を鮮やかに際立たせる。大沼の批判の標的は、まずもって支配的な学説が無自覚に採用している裁判中心主義的態度にある。ならば、ICJ 規程 38 条 1 項に依拠する形式的法源論が、あえて裁判規範の認識を自覚的に志向し、それに自足する構えをとるならばどうか。その場合、対象の認識自体は曲がりなりにも成立しうる以上、実のところ限定された認識方法論として生き延びる余地は残されているのではないか[4]。法源論を通した法認識が部分的であったとして、いったい何が批判されるべきなのか。そもそも、認識の部分性に不都合が生じるかどうかは、認識関心や認識目標に依存する[5]。この点は、後述する法源論の実践的次元をも視野に入れて慎

---

2) 38 条 1 項に依拠して「法源」を論じる支配的議論に対する詳細な批判として、Onuma, Y., *A Transcivilizational Perspective on International Law*, Hague Academy of I.L., 2010, pp.206-225。大沼と同様に、38 条 1 項から離れて、「生きた法規範」の認識を試みるものとして、Cohen の一連の議論がある。Cohen, H.G., "Finding International Law", *Iowa L.R.*, v.93 (2007), pp.65-129.

3) 大沼保昭『国際法』(東信堂、2005 年) 60 頁。以下、本文中の直接引用は同書による。なお参照、Onuma, Y., *International Law in a Transcivilizational World* (Cambridge UP, 2017), Ch.2, esp. pp.104-.

重に解き明かされるべき論点である。

　これに関連して第二に、一面的な国際法認識を大沼が問い直す際、そこで「現実の生きた国際法のあり方の総体」あるいは「国際・国内社会で現実的に機能している国際法」といった表現が繰り返されていることに留意する必要がある。これは、大沼が理論的に重視する国際法の多面的機能と相まって、認識関心および認識目標が自覚的に相当な広がりを有していることを意味している。

　この点、ICJ 規程 38 条 1 項に依拠する従来の法源論が裁判規範の認識に終始する方法論的態度に固執するとすれば、大沼の追求する認識目標に照らし、手段としての有用性を明らかに欠いてしまう。これこそ、認識の「部分性」の不都合にほかならない。国際法を典型的に ICJ で適用される裁判規範とする暗黙裡の想定に対する大沼の一貫した批判はまずそこに焦点がある。

　そもそも、法源論に国際法の認識方法を期待するとして、本来的に不可欠の前提となる認識対象としての国際法を不問に付すことをよしとしないのであれば、そこで何が想定されており、また何を想定すべきかが真っ先に問い直されなければならない。国際法の存在形式や成立過程について、条約法規と慣習法規を持ち出す典型的応答は、国際法の存在や形成のあり方を一定形式の法規の集合に切り詰める一面的理解を先取りしてしまっている。一体全体、国際法の存在や形成を表象する際、国際法規の集合に尽きるとするかどうか、国際法過程や関係主体の営為をどのように観念するかは、基礎理論上

4） 実際、裁判規範の認識に限れば、大沼の打ち出す認識根拠論が従来の議論に何を付け加えうるか即座には明らかではない。もっとも、そのような方法論的選択を通した国際法秩序構築の現実性や望ましさが規範的に問われざるをえず、実際、E・H・カーによる戦間期の国際法学批判を踏まえる大沼の裁判中心主義批判はそこにも及んでいる。他方で、裁判規範の明確化が行為規範の収斂を促し、国際社会における法の支配の伸張に貢献するといった予定調和的な議論も未だ存在しており、国際法秩序における行為規範と裁判規範については、両者の重複も含む関係のあり方自体が重要な論点である。一例として、最上敏樹「国際法における行為規範と裁判規範」国際法学会編『国際社会の法と政治』（三省堂、2001 年）91-122 頁。なお、後出の注7）、注 12）も参照。

5） 大沼の行為規範／裁判規範論に込められた国際法過程分析の文脈依存性の詳細については、別稿に譲る。齋藤民徒「国際法の認識をめぐって」中川淳司＝寺谷広司編『国際法学の地平』（東信堂、2008 年）22-48 頁。

の最重要の前提問題である。とりわけ、条約法規や慣習法規といった、まるでひとつひとつ数え上げうるかのように実体化され痩せ細った国際法観念を貫徹することは可能なのか、また適切なのか。大沼の「政府間交渉や、諸国の政府と国際組織、国内の野党、メディア、NGO などとの論争、正当化の過程で実際に言及され、援用される生きた国際法規範」といった広汎な表現が示しているように、一定の国際法規を想定しながらも関与主体によって紡がれていく法言説や法実践をも含む厚みのある国際法を観念すべきではないのか。実務的な謙抑性を保つとしても、少なくとも裁判の内外で蓄積されてきた jurisprudence を国際法観念に含めるべきではないか、また実際に含まれてきたのではないか、等々、まさに認識対象としての国際法概念の広狭が問われており、国際法の認識を問う法源論でこそ、必須の前提問題としてリフレクティブに問い直されるべき課題である。実際、ソフトロー論を始め、常に問い返されてきた国際法概念の広狭という基本的問題を、法源論は——その主題が国際法の認識手段であれ、国際法の存在形式であれ、国際法の形成方法であれ——、理論的にも実践的にも避けて通ることができないはずである[6]。

　ひるがえって、現代および将来の多極的・多文明的世界に妥当する一般国際法の探究という問題意識を強く帯びた大沼の議論は、現実に国際法が援用・参照される多種多様な場面において関与当事者に正統性をもって働きかけうる規範の認識という実践的関心に貫かれており、認識対象もまたその探究に沿って広汎に設定されている。そのため、従来の法源論が暗黙のうちに伴っている認識対象の限定性が、しばしば無自覚かつ過度の裁判中心主義が帯びる欧米中心性も含め、実践的観点からも問い返されることになる[7]。この点もまた、後述する法源論のリフレクティブな役割にも関わる重要な論点である。

　第三に、以上の論点と関連しながら、ICJ 規程 38 条 1 項に依拠する従来の裁判中心主義的な法源論に対して、その一面的な国際法認識が俎上に載せ

6）　なお、以上の記述の理論的背景にある「想定される国際法」と「実践される国際法」の対概念については、齋藤民徒「国際法の生成と創設」長谷部恭男編『法の生成／創設』（岩波書店、2014 年）79-80 頁参照。

られる。ICJ 規程 38 条 1 項に依拠する方法によっては、目標とすべき国際法規範の識別にも失敗し、ひいては国際法の実態も明らかにできないという認識の不成就が裁断される。ここに至り、もはや既存の法源論は完膚なきまで論駁され尽くしているかのようにも見える。ならば、なぜこのような「誤った」法源論が支配的であり続けてきたのだろうか[8]。

　国際法の法源論には、意識されるか否かは別として、国際法の存在形式、国際法の成立過程や形成方法、国際法の認識手段や判別基準、さらには国際法の拘束力の根拠といった、名だたる国際法学の基礎理論上の根本問題が含まれており、それらを貫通して国際法概念の構成が問われ続けてきている[9]。ところが、今日の支配的な法源論は、それらの重要論点を十分に切り分けることなく、大沼の指摘するような暗黙の前提に充ちたまま、きわめて単純かつ皮相的な同語反復で応答し続けている。もちろん、それに対して、正確な認識を旨とする理論としての誤りを指摘し、その不十分さを批判できる。し

---

7 ）　多極的・多文明的世界において正統性を持ちうる一般国際法の進展に対して、ICJ を始めとする国際裁判メカニズムがどのように貢献しうるのか、またそこで裁判規範がどのような位置を占めうるのか。大沼自身においては、国際裁判の構造的・実際的限界から、そのような価値的な問題解決を全面的に委ねにくいとの実践的判断が伴っているようであるが、国際社会における稀少な制度的資源である国際裁判の潜勢力を十全に引き出すかたちで別途検討に値する課題である（抽象論にとどまるが、形式主義的な論理が多様性の増大に適合しないという問題が提起されると同時に、多様性の増大に比例して共通項が希薄となり、たとえばICJ など既存の形式主義的な共通項の貴重さが増すといった逆説的なダイナミクスも並行して考えうる）。最上・前掲注 4）参照。

8 ）　大沼は、ICJ 規程 38 条 1 項に依拠する裁判中心主義的な態度の横行につき、複合的な要因を論じている（Onuma, *supra* note 2, pp.220-225）。すなわち、法源の時代的な変遷を忘却した歴史的相対化の不足、国際法否定論への防衛を背景とする「実定法」を希求する国際法学者の一般的傾向、20 世紀末にかけての国際裁判の活性化による裁判規範の登場機会の増大、欧米先進国の国内法をモデルとする支配的思考のあり方、とりわけ裁判機関による法闡明を重視する英米法の影響力、加えて指導的な国際法学者による訴訟実務への関与に依拠した法理論構築等である。これらの複合的要因からすれば、一方で、国際法過程の関与者（とりわけ国際法学者や実務家等の専門家）における歴史的認識の欠如や自己の依拠する思考モデルの偏りや限界に対する自覚や是正の不足といった過誤を通して、従来の法源論が支配的地位を維持しているということもたしかにできる。しかし、これらの複合的要因は、そのような誤謬的要素に限られておらず、それと同時に、従来の法源論が支配的地位を占める「実益」をも十分示唆してもいる。

9 ）　紙幅の都合上、今日まで繰り返し指摘されてきた国際法における「法源」の多義性については立ち入らない。比較的詳細な整理として、村瀬信也『国際立法』（東信堂、2002 年）10-13 頁。

かし、そのような批判にもかかわらず、それは依然として維持・再生産され続ける。そこでは、支配的な法源論が、法源論に否応なく賭けられている数々の問いを探究するためではなく、むしろ既製の回答を反復する言説実践の再認・強化を通じて、根底的な問いを回避するように働いている。それは、現代の国際法過程の存立と維持・再生産に編み込まれた擬制として保持され、受け継がれるばかりである。

　ここにおいて国際法の法源論の実践的役割は、法の「認識」よりもむしろ法の「構築」にある。そこで発せられる何らかの記述や言明は、現代の国際法過程に関する事態の報告というよりも、一定の歴史的な形態にある間主観的な国際法の存立という特定の事態の構成を担う言説実践である[10]。言い換えれば、国際法の支配的法源論は、既存の現実と正確に合致する表現を追求する事態報告的（constative）な実践とは限らない。それにもまして、言わば関係者の「合言葉」による事態構成を成功させることを目論む事態構築的（performative）な実践である[11]。そうだとすれば、国際法の法源論は、その担う役割に即して、記述的な法源論にとどまらず、構築的な法源論が重なり合って展開されていると捉えなければならない。

　このような法源論の二重の実践性に対して、当事者による国際法実践をリフレクティブに記述するという国際法学の学問的任務を踏まえるならば、法の構築に内在する一次的な法源論自体の実践的意義や弊害を批判的に反省する二次的なメタ法源論が常に同時に要請されているという、国際法の法源論の立体的な構造が明らかになる。上に見た大沼による38条1項論批判もまた、

---

10)　それは単に、裁判中心の議論枠組を通じた裁判実務の実現といった限られた実務的な貢献を指しているのではない。それよりも一層根底的に、国際法曹としての役割形成や次世代教育、法曹共同体としての共通了解の形成、さらには、現在の支配的法源論のような枠づけを具備した国際法実践の保持による支配的国家からの支持の調達、果ては国際法否定論に対する「実証的」防衛といった、現代の国際法秩序を維持・再生産する実践的役割である。

11)　この節の論理展開の基盤となっている記述と遂行の対概念については、齋藤・前掲注6）80-82頁参照。また、国際法実践をリフレクティブに記述するという国際法学の（もうひとつの）学問的任務について、本稿で触れなかったICJ規程38条1項（d）にいう「判決」および「学説」に即して論じる齋藤民徒「『書きとめられない法』のプロセスとプラクティス」孝忠延夫ほか編『多元的世界における「他者」』（関西大学マイノリティ研究センター最終報告書、2013年）69-71頁も参照。

支配的議論に対する多面的な批判を遂行するものであり、一方で認識の誤謬に対する批判を通して記述的法源論としての資格を点検し、他方で実践的な帰結に対する規範的な論難を通して一定の価値傾向をも帯びた現代の構築的法源論の実践に対する掣肘を加えているものと整理できる[12]。

　現代国際法における法源論に対するこのような構造的把握は、国際法学上の「法源」の教科書的説明をめぐる長期の安定性と形式的な「法源」の説明にとどまらない多様な議論の叢生という、近年の国際法の法源論をめぐる特異な事態の理解にも手がかりを与える。次節では、近年に至る動向としてソフトロー論を主に取り上げ、現代の法源論に対する立体的な把握の試みを継続する。

3　国際法の法源論と「ソフトロー」

　国際法における法源論の現代的変容に関わり、最も目立つ時代背景は、20世後半に本格化する国際社会の組織化である。それを国際法秩序との関係でみれば、国際組織法の前面化はもちろん、安全保障や武力紛争、海洋法や条約法といった伝統的分野における革新に加え、経済、人権、環境といった新分野における法規整の進展が見逃せない。その中で、法源論の対象に関わる重要な変化が、一方で、さまざまな主体やフォーラムを介する合意や意思決定手段の多様化であり、他方で、国家間にとどまることなく国家内部の関係

---

12)　国際法学における裁判中心主義批判に際しては、とりわけ、国際法の構築——法的言語の精錬や法的世界像の産出——に裁判研究が果たしうる役割について、紛争解決手段としての国際裁判の実効性からは離れた慎重な評価を必要とする（裁判中心主義批判を徹底する大沼が国際司法裁判所について紛争解決機関と法解釈機関としての役割を区別し、後者を比較的高く評価していることも関連する）。たとえば、国際法による現実の国際関係整序への貢献を探りながら、国際裁判の判決の参照を通じて法概念の豊富化が行われていることを指摘するのは、奥脇直也「グローバル化時代における国際法」松田竹男ほか編『現代国際法の思想と構造 II』（東信堂、2012 年）418 頁（裁判判決を語り継ぐ意義について、「個別の判決を超えて裁判に貫かれている判決理由の検証」を通して、「法の概念の内容を豊富化しかつ一般的な使用に耐えうるより整合性のある概念整理」が可能になり、法が紛争当事国の間で「目に見えない調停者」として機能する可能性を高めることに求める）。なお、Oellers-Frahm, K., "Lawmaking Through Advisory Opinions?", von Bogdandy, A. and Venzke, I. (eds.), *International Judicial Lawmaking*, Springer, 2012, pp.69-98 も参照。

46　第1部

まで規律を試みる国際規範の登場である。

　今日、国際法学のみならず、他の法分野にも波及している「ソフトロー」論は、かかる背景のもとに登場してきた議論である[13]。当初は、国際法の法源論も巻き込み、鋭い議論の対立が見られたが、かれこれ登場から半世紀を迎えようとしている今日、ソフトローという用語自体は、非拘束的な規範的文書に対する総称として定着したように見える[14]。相変わらず硬直的な支配的法源論に寄り添うかのように、そこからこぼれ落ちる対象を次々と柔軟に捕捉しうる包括的かつ曖昧な概念として有用性を発揮し、両者が奇妙に共存する状況が続いている[15]。

　さらに、国際法の法源論に関して注目すべきは、国際機構の活動を中心に、もはや「ソフト」という形容も伴わず、端的に「法定立（law-making）」と

---

13)　「ソフトロー」概念の多義性等については、紙幅の都合上本稿では立ち入れない。さしあたり、齋藤民徒「『ソフト・ロー』論の系譜」法律時報77巻8号（2005年）106-113頁、同「国際法学におけるソフトロー概念の再検討」中山信弘編集代表／小寺彰・道垣内正人編『国際社会とソフトロー』（有斐閣、2008年）23-37頁を参照。

14)　時折思い出したように概念的な矛盾の指摘が再演されることは格別、近時でも、本文では非拘束的文書（nonbinding instruments）として一貫して論じながら、表題にあえて「ソフトロー」と銘打って出版する専門書もあるなど（Jürgen Friedrich, International Environmental "soft law", Springer, 2013）、曖昧なままにしぶとく生き残っている。なお、ソフトロー論は、今日、国際法概念への包摂という「伝統的」論点をも織り込みながら、すでに国際社会にありふれ、発展を続けている現象を隈なく捉えうる分析方法論の優劣を競う段階に入っている。一例として、Goldmann, M., "We Need to Cut Off the Head of the King", Leiden J. of Int. L., v.25-2 (2012), pp.335-368（なお同号はソフトローに関する特集号である）。

15)　ソフトロー概念の補完的用法については、前掲注13) 2008年拙稿を参照。対象と概念との区別を踏まえれば、国際社会の組織化の進展とともに登場した対象としての多種多様な規範的文書（instruments）自体は、支配的法源論と対立しないことがわかる。むしろ従来の形式的法源論がある意味で重視されているからこそ、それをかいくぐる「それ以外」の形式を探るといった規律手段の使い分けを可能とする逆説的関係にある。なお、今日においても、国際法の形式的法源論はソフトローを正面から語る言葉を持っておらず、当初はこれを論難してみせた者でさえ、便宜的にソフトローという語を用いている始末である。興味深い現象は、その類の対象を形式論者自らが自己の奉じる法源論を閑却して取り扱う場合に生じる。この実例は、国家責任という国際法体系上の基盤をなす重要問題に対して半世紀にわたって法典化が試みられ、最終的に条約化が断念された「国家責任条文」の取り扱いに見られる。ただ、これは法源にかかる自己の遂行とその自己記述との間に齟齬が生じているだけであって、散発的な例外的事象にとどまる限り、そもそも自らの実践の正確な記述を必ずしも望まない支配的な法源論の慢性的な不正確さの範囲に収まる「愚行」にすぎない。

して、ソフトローと呼ばれてきた多様な規範的文書を含んで論じられることが稀ではなくなっていることである[16]。加えて、国境を超える問題に対する政策手法としての位置づけに正面から着目して、「グローバル行政法」も論じられるようになっており、そこでは法概念への包摂問題もあらためて議論されてきている[17]。

そして、これらの状況と関連しつつ、国際法の概念論とも関わりながら、新たに国際的な文脈で法多元主義が語られるようになっている[18]。そこにおいては、国際法と国内法、さらには各種のソフトローが法的な権威要求で競合していることを認めながら、そのインターフェイスに着目した探究が試みられており（Krisch）、国家内部の関係にまで規律を試みる国際規範の登場も踏まえた興味深い議論が展開されている。とりわけ、国際法の法源論の観点から規範的にも検討に値するのは、多元的に存立するさまざまな法からの権威要求の競合を通して、国際法からの過剰な要求に対しては国内法をもって抵抗し、国内法からの侵害に対しては国際法によって救済の余地が生まれるといった、legality の競合を通した解放の論理の模索である[19]。

以上の動向を総じてみれば、近時の議論の展開にあっては、競合する

---

16) Alvarez, J.E., *International Organizations as Law-Makers*, Oxford U.P., 2005; Boyle, A. and Chinkin, Ch., *The Making of International Law*, Oxford U.P., 2007; Liivoja, R. and Petman, J. (eds.), *International Law-making*, Routledge, 2014, etc.（なお、本文で触れることはできなかったが Pauwelyn, J. et al. (eds.), *Informal International Lawmaking*, Oxford U.P., 2012 も参照。）注 14 に引いた昨今のソフトロー論とまったくパラレルに、法定立論をめぐって、現象自体に対する認知を前提としながらも、それを捉える分析の競合が演じられている。d'Aspremont, J., "Cognitive Conflicts and the Making of International Law", *Vanderbilt J. of Trans. L.*, v.46 (2013), pp.1119-1147. また、国連安保理や司法機関に関する法定立についても議論が蓄積されている（邦語文献の例として、浅田正彦「安保理決議 1540 と国際立法」『国際問題』547 号（2005 年）35-64 頁、郭舜「グローバル化の中の立法システム」西原博史編『立法学のフロンティア 2』（ナカニシヤ出版、2014 年）257-280 頁等）。

17) 一例に、Kingsbury, B., "The Concept of 'Law' in Global Administrative Law", *EJIL*, v.20-1 (2009), pp.23-57. 十分に論じる紙幅はないが、関連して「立憲主義」や International Public Authority をめぐる議論も盛んである。邦語文献の一例として、最上敏樹「普遍的公権力と普遍的法秩序」松田ほか編・前掲注 12) 371-404 頁。

18) Krisch, N., *Beyond Constitutionalism*, Oxford U.P., 2011; Berman, P.S., *Global Legal Pluralism*, Cambridge U.P., 2012; Klabbers, J. and Piiparinen, T. (eds.), *Normative Pluralism and International Law*, Cambridge U.P., 2013, etc.

legality のうちに国際法をワンオブゼムとして位置づける多元主義の指摘にもあるように、ときに国際法概念の再構成が試みられることは格別、かつてのようにソフトロー論と形式的な法源論とが反目しあうといった状況は影をひそめている[20]。とりわけ、かつてソフトロー論に反発した一部の形式主義者に見られたような抑圧的な論調はほとんど見られない。それと同時に、近年に至る新たな議論の数々が伝統的な形式的法源の代替理論を標榜することも稀である。むしろ、これらの新しい議論は、時代の要請を受けつつ、形式主義的な国際法の伝統的法源論を相対的に補完する位置にあるようにさえ見える。

---

19) 前掲注18)の諸文献を参照。その他にも、ソフトローが各国の国内的な受容によって文脈的な legality を具備するといった注目すべき示唆も見られる。もはや本文で触れる余裕がないが、人権規範を始め、国家内部の関係に及ぶ "Robust International Law" について精力的に議論を続ける Buchanan, A. and Powell, R., "Fidelity to Constitutional Democracy and to the Rule of International Law", Armstrong D. (ed.), *Routledge Handbook of I.L.*, Routledge, 2009, pp.249-267 や、争われる概念としての国際法を論じる中で、国内個人にとっての政府の存在意義から対外的な国際法上の法源における主権的同意の制約を導き出す Dworkin の最晩年の議論(Dworkin, R. "A New Philosophy for International Law", *Phil. & Pub. Aff.*, v.41 (2013), pp.2-30)も注目できる。本文で展開する紙幅はないが、重要論点である国内法(国内社会)との関係で1点だけ指摘しておく。原理的には、国際法をめぐる語りという実践自体が国境で区切られることはありえず、国際法への関与は——国際法の認識も法源論の活用も——、「国内」にこそ遍在している。これが意外に聞こえるとすれば、これまで国際法構築の実践が概念化されること自体が稀だったからに他ならない。法主体である主権国家同士の関係といった一定の「想定」を携える構築実践に(多くは受動的に)自閉し、それに関与する自己の実践をリフレクティブに対象化しうる理論的構えを備えなければ、膨大な国際法関与の実態が見落とされ続ける。しかし、そのように自覚の契機を与えられぬまま、実際には、伝統的な国家間秩序を描き、国家の同意を重視し、国境の内外で国際法の影響力を区別するといった支配的な法概念を維持・再構築し続ける実践に、自己を疎外しながら億を超える「国内」アクターもまた絶えず参与し続けてきたのである。もっとも、かつては専門的な語りを担う者たちが極度に限られ、各アクターの関与が生み出す影響力に格差があり、自覚の度合いもまちまちだったため、この点に関する実態と認識(自己記述)の齟齬が問題として表面化しなかった。しかし、今や国際法の法源論のオーディエンスは明らかに拡大している。国内裁判所を含む「国内」的なフォーラムにおける国際法の適用・援用・参照の機会の増大をはじめ、国境の内外で展開を遂げる諸規範による legality の競合といった現実を踏まえ、専門的にも非専門的にも、国際法が語られる文脈の多様性に対応し、「国内」における国際法関与を映し出せるような(そしてまた自らを排除し続けてきた従来の国際法言説を問い直すような)国際法理論が必要とされている。その主要な一角に、本稿がめざす、厚みのある国際法概念の再構築も、国際法の法源論の実践的意義の問い直しも位置している。以上の問題構造を「国際法の認識」という原理的主題として問い直す齋藤・前掲注5)・注6)も参照。

ひるがえって、ソフトローという用語が形式的法源の狭隘性を補完する簡便な総称として生き残ったことも含め、今日の議論状況からふり返ってみれば、かつてのソフトロー論の登場に対する支配的法源論の反発は過剰防衛であり、国際法の構築実践を担うなかで硬直化した自らの弊害を補いうるものとして位置づけることを怠った失策であったように映る。それには従来の法源論に自己相対化の姿勢が欠けていたことも寄与していたのではないか。

現代に続く国際法構築の営為として、形式的にでも ICJ 規程 38 条 1 項に依拠する法源論を繰り返し、受け継いでいくことは、他の選択肢がないという弁明が示すように、自ら変わるか、あるいは他と置き換えられる日が来るまで、固有の意義ある実践であり続けるだろう。しかし、形式的かつ皮相的な回答の反復の代償は、国際法の存在意義を左右する基礎理論上の重要問題に対する適切な感度と応答の欠落である。それはかつて過剰な反発による抑圧の形をとったが、今や互いに切り離された沈黙と雄弁として現れている。

この先に危惧される帰結の一例を挙げれば、昨今の多元主義論が模索しているようなインターフェイスに対し、これを国際法の側から遮断し妨害し続ける役割を従来の形式的法源論が果たしてしまうといった事態が考えられる。本稿で素描した国際法の法源論の立体的把握からすれば、このような形式的法源による構築実践の弊害を緩和するためにこそ、当事者のリフレクションを促す自己批判的な法源論がたえず同時に要請されていると言うべきである。我々は、狭い法概念の傍らには広い法概念を、自己を自明視する形式的法源論の傍らには自己を相対化する実質的法源論を常に備え、リフレクティブな国際法の営為をもたらさなければならない。

---

20) もっとも、断片化の議論など、法源論とはまた異なる秩序論においても多様な論争が展開されている。国際法秩序の変容が法源（法源論というよりも実行としての法源）の変容を伴いうることは、すでに指摘があるところである（グローバル化との関係で国際法秩序の変容を論じ、法源の変容をその要素のひとつに数えるのは Held, D., "Law of States, Law of Peoples", *Legal Theory*, v.8 (2002), pp.1-44）。本稿もまた、最終的には多元主義への親和性等、法秩序論を志向する法源論の構想が念頭にあるが、さしあたり、国際法学上の伝統的な法源論の持続性を重視しつつ、第 2 節末尾で述べたような法源論の構造をめぐる整理にとどまっており、「国際法秩序の変容」との関わり等については別の機会に検討を委ねざるをえない。

4 おわりに

　現代国際法の代表的教科書のひとつである杉原高嶺『国際法学講義〔第 2版〕』（有斐閣、2013 年）は、国際法の法源という用語が二重の意味で曖昧に使われてきたとして、第一に形式的法源と実質的法源とが峻別されてこなかったこと、第二に区分された形式的法源、実質的法源のそれぞれの中身について十分な見解の一致がみられないことを指摘している（61-62 頁）。このように、形式的法源／実質的法源の対概念は、伝統的な国際法学が備える道具箱の中にありながら、現時点では言わば理論的混沌の中に眠っている。とすれば、本稿で述べてきたような法源論の実践的な立体構造に照らし、この対概念への新たな意味充塡を通して、現代の法源論をリフレクティブに賦活する機会が伝統的国際法学に胚胎しているとも考えられないだろうか[21]。

　国際法の形式的法源論が自らを再構築することで精一杯であり、たとえ新たな国際社会の規範的動向を語る余裕を持てないとしても、少なくとも他の法体系からもたらされるインターフェイス整備の働きかけをみだりに妨害するような真似は慎むべきであろう。そのために、伝統的な法源論に依拠する自らの実践に対する自省的な回路を確保することは、国際法を専門的に語り継ぐ者たちを筆頭に、自分自身の営みの後始末として必須の作業ではなかろうか。グローバル化の圧力にさらされているのは国際法学も例外ではない。国際法学の核心にある伝統的法源論自身にあっても、形式的な反復による安定と停滞の見かけの裏に、語るべきこと、なすべきことは少なくない。

---

21)　国際法学における実質的法源概念については、その歴史的経緯と変遷も含めて、山形英郎「国際法における形式的法源と実質的法源」松井芳郎ほか編『グローバル化する世界と法の課題』（東信堂、2006 年）5-45 頁に詳しい。これまで国際法学上の実質的法源に着目する見解にあっても、国際法秩序が安定している時代には静態的な法源（形式的法源）が重視され、不安定な時代には動態的な法源（実質的法源）が前面に出るというように、歴史的な変遷という構図の下にいささか片面的に語られてきたきらいがある。これに対して、山本草二『新版 国際法』（有斐閣、1994年）49-50 頁は、多義的な実質的法源について、その中身を単なる法認定の証拠等に切り詰めることなく、比較的豊富な意味内容を込めながら、集権的立法機構の不在を踏まえ、穏当にも実質的法源の同時的考慮の必要性を説いており、本文に述べたような新たな文脈から、あらためてその意義を読み直すことが可能であろう。

第2部

グローバル化の下での主権国家の
地位低下と法学の課題

グローバル化社会と憲法

棟居快行

1　憲法学はグローバル化を語りうるか？

⑴　語り得ぬことを語る

　憲法学の観点からグローバル化を論じるというのは、自らの対象である主権国家を否定する動因を語るということである。それは、対応する言語を持ち合わせていない現象を説明ないし分析する、「語り得ぬことを語る」ということであり、原始的不能に近いものを含んでいる。まじめに考えれば、立憲主義や国家権力の射程の縮減と消失という憲法学にとっての可視的な現象を語り尽くし、その反面で進行しているグローバル化をいわばネガの側から説明することで、この課題をこなすしかない。

　しかも、立憲主義憲法は徹頭徹尾、制度設計として国家権力を規範的に記述しているので、その成立の前提条件である統一的政治共同体の存在や、事実としてのその主権的権力性への言及は、通常そこには含まれていない。もとより、前文で規範体系としての憲法の手の届かぬ創世の歴史が文学的に描かれることはあるが、こうした憲法生誕の物語は立憲主義にいう憲法の一部ではない。したがって、憲法の前提条件の縮減や消失は、憲法自身にとっては最後の瞬間まで認識できない。換言すれば、憲法自身の概念で説明できな

54　第2部

い。その意味で、憲法学がグローバル化を語るのは、映画の「ラストエンペラー」の皇帝が紫禁城の外を見るのに似ている[1]。

(2)　法概念としての「国民主権」ないし「国民」とグローバル化

　憲法が規定する法概念としての国民主権は、憲法にとって説明不能な前提条件としての生身の人民主権が、法概念として組成され憲法典に取り込まれたものである。したがって、国民主権という法概念は、本来は事実の世界で何が起きようが、それとは無関係に規範として妥当し続ける。しかしながら、規範も孤立して当為の世界に住むのではなく、存在と当為をつなぐものとして（規範は要件と効果の結合体であるが、このうち要件は事実のレベルに属している）、国家主権そのものの事実のレベルでの通用力の退行の影響を受けるということはある。ただし、その影響は、国家主権が事実のレベルで揺らいだから国民主権が規範の世界でも妥当しなくなる、といった単純な正比例で起きるのではなく、逆説的な形をとる場合も多い。

　たとえば、普通には議論されないが、憲法10条の「日本国民たる要件は、法律でこれを定める。」という、国籍要件を無条件で法律に委任したかのようなシンプルな条文は、国民主権原理と関連づけて以下の意味に捉え直すことが可能である。つまり、「国民主権原理の下で、日本国民として国民主権を担う資格は誰に対してどのような条件下で認められるべきか」、という問いに対して、「それは国民代表である国会議員が、現に自分たちによって代表されているところの日本国籍保持者をどのように定位し、再生産してゆくかを、『国民代表』の正当性を賭して決定すべき事項である」と答える場合には、一見中身のない10条が、国民主権原理の実現と再生産の観点から読

1）　筆者はグローバル化について、用語の貧困にもかかわらず饒舌に語ってきた。拙稿「グローバル化が主権国家にもたらすもの」（長谷部恭男ほか編『現代立憲主義の諸相　上』有斐閣、2013年）695頁以下、「グローバル化の中の憲法」松本和彦編『日独公法学の挑戦——グローバル化社会の公法』（日本評論社、2014年）17頁以下。このテーマについては、行政法学者らの水を得た魚のような活躍が目立っているが、彼らの既存の理論は主権国家や憲法を頂点とする国内法の段階構造という基礎条件抜きでも成立するのかが、まさに問題であろう。鳥瞰として参照、藤谷武史「特集『グローバル化と公法・私法の再編』序文」社会科学研究65巻2号（2014年）1頁以下、および同誌所収の論文。

み直されていることになる。

いわば、議員と国民という代表者と被代表者との間の二人称的な、その意味で第三者に対しては閉じた相互作用から、「国民」の要件、すなわち国籍要件がその時々に得られるわけである。国民を代表する者と代表される者との間の二極的な対称性は静態的なそれではなく、代表する者が代表される者の属性のうちに自分と「同質なるもの」を逆照射することで、代表される者すなわち国民が再定義され更新される。もちろん、それはその都度の議会内多数派の恣意的な国民像を超えたものでなければならないから、憲法の国民主権の担い手にふさわしい属性を備えた者に国籍を認めるような国籍法であるべきこと、といった立法裁量の縛りを憲法から読み取ることは必要である。その場合、国民主権を素朴に言い表した「治者と被治者の同一性」が当然に手がかりとなり、日本国の国家権力により、現実に継続的安定的な統治対象とされている被統治者が、おおむね「国民」となる。ただ、この法的権力的支配服従関係が国内居住者に対して安定的であると国民代表が考えれば出生地主義になるであろうし、自らの統治権の安定性を信じられなければ、「日本社会との関係性」という国家権力以外のレベルでの日本との結びつきを持ち出して[2]、具体的には血統主義というおよそ国家の統治作用とは無関係な基準を国籍要件とすることになるのであろう。

ところがグローバル化の下では、この「国民」すなわち国籍保持者の法定にあたり、議員と国民との上記のような閉じた相互関係はもはや成立しない。国民は国民代表である議員が構成する国会の立法によってのみ統治されているのではなく、誰か別の存在が国外のどこかで決定したらしい国際標準によって事実上統治されている。国民は自らの生存の条件を、国境を越えた通商によって維持しなければならなくなり、国家への依存度を弱めている。こうした、国民の国家離れにおいて、国家が国民との間の紐帯を強固なものにしようとすれば、国籍要件を国民生活の現状に合わせて拡大してゆくほかない。出生後に日本国民である父によって認知された非嫡出子も、出生後に両親の

---

2) 国籍法違憲・最大判平成 20・6・4 民集 62 巻 6 号 1367 頁は「我が国との密接な結び付き」をいう。

56　第 2 部

法律婚によって嫡出子となる子と同様に、国籍を届出だけで取得できなければならない（国籍法違憲判決[3]）。

　さらに、国籍要件ではないが、国民主権の実効化としての選挙権は、国外に在住する日本国民にも国内の日本国民と同等に与えられなければならない（在外選挙権最高裁大法廷判決[4]）。これもまた、国家が国民との紐帯をグローバル化によって弱められていることに危機感をおぼえ（実際には国会でなく最高裁がそれを感じ取ったのであるが）、国民を国家の側に引き戻そうとする（無意識の）動きの現れといえなくもないであろう。このように、憲法上のたとえば国民主権という法概念は、国籍や選挙権という法制度によって具体化されるが、これらについての具体化法がこれまでどおりの形態をもはや維持できない（それを鋭く指摘したのが前述の二つの最高裁の違憲判決であった）のは、国民主権という憲法上の法概念が、グローバル化という憲法外の事実上の現象によってなし崩しにされていることに対する、制度の側からの反作用として説明することができる。グローバル化が国民主権を揺るがしているという現象は、そのままの形では法概念レベルの縮小をもたらさない。かわりに、グローバル化への対抗手段としてなされる法概念の再構成や拡大だけが、規範の眼鏡をかけたわれわれには可視的なのである。

(3)　「国家主権」といった事実概念によるグローバル化の記述も困難であること

　以上に、「グローバル化」を憲法学の道具で語るのは、国民主権というような規範的概念を通じては困難であることを述べた。もちろん憲法学には、「誰が」という主体への規範的帰属関係の問題を捨象した、「国家主権」というような事実に関わる概念も常備されている。これらを用いることで、記述的にグローバル化を憲法学として分析することが可能であるようにも見える。

　しかし、たとえば国家主権が成立するにあたっては、支配者の単なる実力支配では足りず、人民が自然権を放棄する代わりに主権者は人民に安全と秩

3）　前掲注 2）。
4）　最大判平成 17・9・14 民集 59 巻 7 号 2087 頁。

序を保障しなければならないし、社会契約といった契約に擬制される人民の側の自発性、少なくとも権力を容認する黙示的同意は必要である。つまり、国法学上の概念としての国家主権は、単独で存在するのではなく、国家権力 vs. 人民、主権 vs. 人権といった国法学的な二項対立の不可分の一部としてのみ存在する。したがって、国法学において「国家主権」といった概念が伝統的に用いられてきたからといって、それをグローバル化を分析する道具概念として持ち出しうるか、というと、話はそう簡単ではない。こうした憲法理論上あるいは国法学上の基礎概念は、社会契約論や法実証主義の洗礼をくぐり抜けた結果として、それ自体規範的な色彩を大なり小なり帯びており、完全に記述概念として使用しうるものではない。グローバル化をそれによって脅かされる国家の側から記述する道具としては、これらでは不十分であろう。

　ということで、憲法学がグローバル化について語りうるか、という点では、使用可能な概念の点ですでに敗色が濃いことを述べた。このような制約のなかで、記述をすすめてゆくことになる。

(4)　対テロリズムと主権国家の融解

　なお、対テロの文脈で主権国家はそれなりにグローバルな連帯をすすめており、その際、憲法学もグローバル適応が可能なようにいやでも変容を蒙っているのではないか、という指摘もあろう。たしかに、テロリズム対策に近代立憲主義国家が血道をあげ、その立脚点である人身の自由や私生活上の自由を自己否定することも臆さずに躍起になっているのは、治安維持者としての主権国家の存在証明のチャンスという潜在意識も手伝っているであろう。しかし、テロリスト集団が世界の主権国家ごとの国内問題を巧みについて、人員や資金の調達、攻撃対象の選定などをまさにグローバル企業の視野で行っているのに対して、近代立憲主義国家は相互に機密情報を融通したり法制度を均一化してゆくなかで、各国の国内民主主義を空洞化させ、主権国家の融解のスピードを速めている。テロリズムは、国家の側がそれを法概念として取り込み、既存の一般的法原則に対する例外法の存在を認める時点で、「多元的で寛容な民主主義国家」の欺瞞性を剝ぐというその目的を、すでに相当

58　第2部

程度に達成しえてしまっているのである。

　テロは国家を均一化、凡庸化することで、結果として、主権国家を破壊するグローバル化に加勢する。対テロリズムに適応した憲法学が存在するとすれば、それは伝統的な法概念である戦争や犯罪でテロを説明せず、あるいは予測不能という意味では自然災害の一種としての説明もありうるところであろうにそれもしない。その代わりに、ことさらに伝統的憲法学に自己破壊的な言語を持ち込んで、その体系性や国家権力と自由の均衡についての到達点をリセットするものにほかならない。

2　「グローバル化社会」が憲法と対峙するということの意味

⑴　「グローバル化社会」という用語の意味するもの

　ところで本稿のテーマは、本書の編者から割り当てられたテーマであり、筆者自身の選択によるものではない。もちろん、「グローバル化社会と憲法」といったキーワードで執筆を引き受けている以上、本稿の表題と筆者の心づもりに大した差があるわけではない。しかしそれでも、ここで憲法との対比で当たり前のように使用されている「グローバル化社会」という概念については、筆者としてはやや引っ掛かりを感じるので、この点についての個人的な心象風景の描写を記しておくこととする[5]。

　本稿の表題「グローバル化社会と憲法」が想定するグローバル化の実相は、おおよそ以下のようなものであろう。

　① （経済的グローバル化の進行）　まず、経済活動の国際分業・国際競争、ヒト・モノ・カネの国境をまたぐ自由な往来、国際金融市場による各国国内金融市場の制覇と支配、その反面としてのリスクの拡散と突然の連鎖的金融危機の時代が訪れる。また、こうした不確実性に対抗するリスクヘッジの手段として、国際会計基準などの業界標準的なモデルが自生的に成立し、各経済アクターがそれに準拠することを事実上強制されるようになる。

5）　なお、筆者も執筆に加わった松本編・前掲注1）『日独公法学の挑戦』の副題も「グローバル化社会」の語を用いているから、この用語はそれなりに定着したものなのであろう。

②（国際的共通価値の世界標準化）　他方で、地球環境や国際人権など、国境や文化の壁を越えた共通の世界規模の課題や価値（本稿ではこれらを「共通価値」という）が出現し、それらがインターネットによる情報の流通や、SNSによる国境を越えた擬似討議民主主義的な対話の経路によって頒布される。そうした共通価値は、グローバルなニュースやチャットで磨かれたのち、各国の国内の市民社会のコンセンサスとして国境の内側に逆浸透し、各国内の市民社会が共有する世界標準の基本的価値となる。

③（主権国家の決定権限の喪失）　主権国家は、①の現象で市場経済や通貨に対する管理権、経済規律のルールの定立権を大幅に喪失し、②の現象で自国の市民的価値へのコミットの主導権を喪失する。

④（主権国家の条約執行機関化）　以上の現象の既成事実化を経て、②③の現象から生じる会計基準や国際人権などに実効性を持たせるため、国際条約等を通じてそれらの国内的な実現が各国に課され、主権国家がすでに世界標準化した共通のルールの地域的執行機関にまでその地位を低下させる。

(2)　「グローバル化社会」は国家からの解放か？

「グローバル化社会」という概念を立てることで、国家と峻別された社会が国家とは無関係に「グローバル化」を果たし、国内憲法を正当化根拠として掲げる国家に対抗し、憲法もろとも国家を凌駕しかねない（しかしそれは悪いことではない）という見通しと願望が、本稿が与えられたタイトルには伏在しているのである。上記の①から④までの展開が単線的・一方向的に進むのであれば、もはや国家は対外的には地球規模でつながった経済と共通価値のしもべとなり、対内的には近代立憲主義の王冠を脱ぎ捨てて社会に服従しなければならないであろう。

こうした社会のグローバル化が国家を王位から引きずり下ろすという図式は、自由経済至上主義者や、それとはまるで異質なメンタリティを持つはずの国際人権推進論者によって熱烈に歓迎される。栄光の近代立憲主義国家は、いまや企業家にも市民にも愛されていない、裸の王様にすぎない。このように国内の市民社会が、すべてを平準化するグローバル経済の破壊力と、その非人間性を反面から補うかのような共通価値の統合力という矛と盾を手にし

60　第2部

て、これまで市民社会に軛を課してきた主権国家の絶対性を消失させるというのは、国家からの解放を夢見てきた市民にとっては溜飲の下がる事態であることは疑いない。

　しかしながら、経済にしろ環境や人権のような共通価値にしろ、これまでは主権国家の域内と管轄内で、「国家権力からの自由」、あるいは「国家権力による自由」を国家から勝ち取ればよかった。国家による制約や不十分な政策遂行に対しては、憲法を頂点とする実定法の体系と司法制度による防御が可能であったし、少なくとも国家 vs. 自由という対抗図式があり、国家の側の民主的討議と自由の側の司法的救済によって、両者の対立を最適化することが建前としては可能であった。この両者は均衡点で折り合えることが、無窮の主権と無制約の自然法とをそれぞれが放棄したところの、近代立憲主義国家の約束事であった。

　こうして、世界は多数の主権国家の領域に分断され、それぞれの域内で国家権力と自由との自律的均衡が模索され、近代立憲主義のたいていの国ではその安定的な解が見出されてきた。もちろん、近代立憲主義に至らない国の多くでは、抑圧と不服従との不毛な対立により、経済発展も共通価値の確立も果たされないでいる。ともあれ、近代立憲主義の下では、個々の主権国家ごとに分断された域内で、経済的自由および共通価値が一定の水準で実効的に保障され得た。バベルの塔が崩れた後のように、世界はひとつではなくたくさんの断片に分断されていたが、権力と自由の均衡が達成された多数の近代立憲主義国家ごとに、それなりにうまくやってきた。

　グローバル化は、こうした多数の、それぞれ内部的な均衡に達している主権的な小王国を破壊する。経済的自由であれ共通価値であれ、それらの実効性を担保してきたところの均衡が突き崩される。グローバル化は、その国ごとの生態系とでもいうべき民主主義と人権保障との共生の楽園（あくまで比較の上であるが）を失わせる。バベルの塔が元に戻るように、求心的な世界秩序が誕生するのではない。多元的で自由なネットワークが、自己組織的に世界規模で結合するのでもない。代わりにもたらされるのは、文字どおりのアナーキーと凡庸化である。経済は野に放たれ、民主的統制どころか株主やCEOのコントロールさえも効かない自己増殖と自己破壊を繰り返す。地球

環境や国際人権という共通価値の普遍化は、もとよりその内容の真摯さを疑うものではないが、主権国家ごとの環境保護や人権保障の個性、換言すればその国の諸条件の下でこそ成立する文脈依存的なそれらの実効性を破壊する。なによりも、主権国家ごとの討議民主主義という、その国の文脈に即した内在的な意見や批判には開かれているが、同時に文脈を無視した外在的なそれらを排除することで初めて成立するところの脆弱な植生は、グローバルな共通価値という、討議対象から免除されたファイナルアンサーの国内への浸透にともない、その生存の条件を不可逆的に奪われてしまう。そうして得られる光景はどこもかしこも、誰も彼もが同じという世界標準化（その意味では畏敬を込めて「ユニクロ化」と呼びうるであろう）であり、個別の適用関係者から決定権や修正権を剥奪した形で遂行される各国へのグローバル化の浸透は、それぞれの経済制度や法文化、公序良俗の通念の積み上げを初期化する。

(3)　国家なき社会の風景

　要するに、本稿のタイトルには、均衡を取り合ってきた「国家と社会」のパートナーの一方である社会が国家を置き去りにさっさと「グローバル化社会」になりおおせることが、そこでは社会の住人である市民が経済的自由と共通価値のコンセンサスとを謳歌できそうなことから、良いことであるというニュアンスがおそらく含まれている。また、そうした社会単独でのグローバル化が可能である、という認識も示されている。

　しかし、本当にそうか。まず、それは社会にとって良いことなのか。国家という鬱陶しい制約主体がいなくなり、代わりに国際標準が経済や共通価値の秩序を保障してくれるのであれば、それはいかにも結構なことのように見える。しかしながら、うまい話には裏がある。経済についていえば、国家の介入に代えて市場の競争が市民の自由を事実上制約し、それに対しては異議申立てをすることもできないということになる。また、地球環境や国際人権のような共通価値は、それがそのまま国内の社会で通用するのであれば、国家がその水準を勝手に引き下げたり、そもそも価値として尊重しないという心配はしなくてよくなる。しかし、経済的自由は国家介入がないことにより定義上自由であるが、共通価値は実現能力を備えた実現主体がいないことに

62　第2部

は、市民だけで自律的に実現するのは困難である。

　もっとも、地球環境については、排出枠取引というような市場原理の持ち込みで、国家による強制的実現を待たなくても社会だけで自律的に実現しうるのかもしれない。しかしこれは、たとえばインターネット上の仮想通貨のように人々の欲望が自然発生的にもたらす市場ではなく、あくまで主権国家間の取極めを通じて人為的権力的に疑似市場が設営されたにすぎない。他方、国際人権の場合、国家権力のうちの立法権と行政権はグローバル化によってその事実上の通用力を喪失するのだとしても、残る司法権については、別様の考え方もありうる。

(4)　司法権のグローバル化社会への順応性

　司法はもともと国家と国民の間の公法的規律よりも、私人間の私法的紛争の処理を本来の守備範囲と心得てきた。もっとも、司法のこのような本来の姿は、近代立憲主義憲法の下では、むしろ相対化され希釈化されてきたというべきであろう。近代立憲主義の理念の下では、司法権も国家権力であり国民主権から発するものであり、権力分立の一角を担うものとして立法権、行政権と同一平面で権力を分有し相互抑制する。さらに、立法が一般的規範を定立し、行政と司法がそれを個別事例に適用するというように、機能的に三権分立を法の段階構造で上下二段に整序し、司法権は行政権とひとくくりで執行権を構成するものとされることもある（それゆえ両者の作用を合わせて「具体的法定立」とも呼ばれる）。

　こうした、立法や行政に引きつけた司法の権力機関としての位置づけは、「裁判所がその固有の権限に基づいて審判することのできる対象は、裁判所法3条にいう『法律上の争訟』、すなわち当事者間の具体的な権利義務ないし法律関係の存否に関する紛争であって、かつ、それが法令の適用により終局的に解決することができるものに限られる」とした板まんだら事件・最三小判昭和56・4・7民集35巻3号443頁とは、やや距離があるように見える。この判決引用文の後段の「法令」は国家法、実定法に限定されるものではなく、条理法ももちろんそこに含まれるし、その内容は、公序良俗などいわゆる一般条項の解釈を通じて社会通念に開かれている。事実認定において開かれて

いるだけではない。規範の解釈適用という、規範の定立行為とならぶ重みのある行為（まさに「具体的法定立」である）そのものが、司法の場合には、国法体系の上位法から下降してくるような法の適用ではなく、水平的な私人間の関係に潜在する自生的な法の発見である。

つまり、国家と社会の二元論は——公法私法の区分を承認する者は同時にこの二元論を認めてしまっているのであるが——単なる概念上の区別にとどまるものではない。国家を措いて社会のみが水平的にグローバルにつながりうる、という実体上の両者の分離の可能性をも、この概念が含むと解する余地もある。国際標準的な基準が業界標準などの形で確立されていれば、あるいはEUなどのように模範となる地域共同体でそうしたルールが承認されていれば、それらが国際条約となり日本の批准により国内法に取り込まれるという、主権国家の対外的条約締結と国内の国法秩序のルートを経るまでもない。そうした国家経由の回り道をせずに、ダイレクトに国際標準と国内裁判がリンクする。実定法の整備を待たずに、裁判所は司法権の行使として、当事者間に妥当すべき法を国法以外からも、すなわち国際標準からも取り込むことが許されている。このようなショートカットを国家と社会の二元論は可能にし、まさにこうした裁判所の働きこそが、司法本来の、近代立憲主義の桎梏から解放された姿なのだ——。このような司法と私法の自律化の夢こそが、筆者がひっかかりを感じる本稿のタイトルの一部であるところの「グローバル化社会」という用語には込められているはずである。

(5) 司法の国法秩序からの解放がもたらすもの

しかし、本当に司法を解き放ち、グローバル化社会の先導役を務めさせることが、私人間の紛争解決において最適解を保障するであろうか。第一に心配しなければならないのは、国法秩序の縦の縛りから解放された司法が、国際標準をそのまま取り込むとはかぎらない、ということである。むしろアンチグローバリズム論と同調するかのような、ドメスティックな解決に走る可能性すらある。商法や企業会計の分野では国際標準化が急速に進行しているようであるが、一般市民を規律する民法の領分においてまでそうした新自由主義的な契約モデルの侵入を日本の裁判所が許すかどうか。むしろ、契約正

義などの美名の下で、近代法としての民法の価値中立性を歪める特別法的な介入を、実定法抜きで、裁判所かぎりで遂行してしまう危険も生じうる。国法体系が承認していない社会正義を公序良俗に読み込むような、あえていえば「民法のイスラム法化」の危険は、国法から自由になった裁判所の下では常にありうるのである。「グローバル化社会」を単純に夢見るのは、ナイーヴすぎる可能性がある。

国際人権の、国法秩序を経ないストレートな裁判規範化も、同様に危険をはらんでいる。国際人権は、国家権力 vs. 国内人権という国内の限定されたエリア内での均衡点を踏まえることなく、そもそも締約国を義務づける形式で書かれた国際人権条約のテキストからも離れて、いわば裸の自然権として国内の人権裁判に進入することになる。これを裁判所がどこまで具体的に保障するかは、予見可能ではない。国内実定法化を経ずに、あるいは人権条約の国内実施のために制定された国内法を（それが物足りないので）無視して、いきなり人権条約上の人権のそのままの適用を求めることは、裁判官に何の基準も与えずに彼らを途方にくれさせるか、あるいは裁判官にその都度ごとの具体化立法の権限を行使させることになろう。

3 憲法学における主権国家 vs. グローバル化の一局面
——樋口モデルと新無効力説

(1) 「樋口モデル」のグローバル化の下での困難

以上に、1では憲法学の概念で「グローバル化」を語るのは困難であること、2では国家と社会が分離して後者のみが「グローバル化」してうまく自律化しうるという認識は、仮にそうであるとしてもナイーヴにすぎるのではないか、ということを述べた。以下では、憲法学の固有の伝統的問題である「人権の私人間効力」を取り上げ、そこで「グローバル化」を切り口として既存の学説に新しいバックグラウンドを後付けしてみようと思う。

「樋口モデル」と呼びうる人権観がある[6]。筆者なりに趣旨をまとめると、同説は、営業の自由を国家による反独占の強制と同義であると捉える経済史の学説を手がかりとして、以下のような強烈な主張をする。憲法上の自由権

グローバル化社会と憲法　65

の保障は、すべからく（以下の意味における）国家による個人の自由の強制であり、それは任意の中間団体への個人の吸収を抑止する反団体的な要素を持つとともに、個人を徹底的にアトム的個人として国家 vs. 個人の垂直的二極構造の一極に据え置く。自由権と個人の尊厳の含意は、なによりもまず反団体である。個人の自由の保障は、反団体に含意された私人間での権力関係（自由の制約）の禁圧を所与の前提として、各人に与えられた対国家の防御権としての自由権により完成される。当の個人以外の他者や中間団体が、対国家の関係で個人のために自由を勝ち取るなどということはありえない。他者や団体による個人の自由の庇護は、個人を権威的封建的支配の下に引き戻すことにほかならないからである。個人は裸で人権だけを携え、国家と相対峙しなければならない。その意味で、個人は「強い個人」でなければならない。近代立憲主義憲法は、そうした個人の対国家的自由権のみを保障している。国家に「対する」のは個人なのである。

　こうした人権観は、「グローバル化社会」という用語で社会の国家からの分離と自律化を容易に認めてしまうと、成立できなくなる。国家が社会における個人の結びつきをたえず抑圧し破壊して、個人を個人のまま孤立させ国家に対峙させるという物理学的な運動エネルギーが、近代立憲主義国家という人為的な構造物には不可欠なのだ（換言すれば、他者と関係性を形成する個人の自生的な力を国家がすべて吸い上げ国家権力の正当化の力に転化し続けなければ、近代立憲主義国家はもたない）——。この人権観は（おそらく）このように考えるからである。

(2)　「樋口モデル」のアレンジによる間接適用説との符合

　まず、この人権観を少し現実味のあるものにするために、二極モデル的なその形式を変えないで——しかしながら思想的には全くの異物へと——アレンジしてみよう。個人が何らの中間団体へも帰属しないとか、そこまでの深いつながりではなくても他者との緩やかなつながり（ソーシャルな関係）さ

6）　参照、樋口陽一『憲法〔第3版〕』（創文社、2007年）27頁以下。なお、「樋口モデル」それ自体に対しては、筆者は別稿（「具体的人間像を求めて」『自由の法理　阪本昌成先生古稀記念論文集』（成文堂、2015年）121頁以下。）で詳細な批判を加えたので、そちらも参照されたい。

えもない、ということはありえず、そもそも個人は人のさまざまの社会関係の結節点でしかないとすらいいうる社会的存在である。そうであれば、中間団体あるいは個人の他者とのかかわり一般に対して、憲法の人権価値を上から降り注いで、国家と社会の「社会」の側にも人権価値が及ぶように仕向けてしまえばよい。現実の「弱い個人」、他者との関わりのなかで生きている個人を、そうした関係性の衣を脱がせて裸のまま国家と対決させる代わりに、「強い社会」を国家と対決させるのである。

　もちろん、社会的権力を国家から自律させようなどというのではない。社会の側に付与された人権価値は、対国家では防御権として作用するが、社会内にあっては、私人間の関係性を修復する嚮導原理として作用する（後述するように、それは単なる利益の調整でなく私人間関係の公共化を踏まえた調整である）。このように樋口モデルをその思想において根本的にアレンジすれば、個人は社会関係や中間団体の結成を否定されず、他方で国家を一方の端に据える二極モデルを形式的には一応維持しうる。

　このような、社会への人権価値の充塡は、換言すれば、社会の公共化である。国家の価値である公共的価値を社会にも共有させるのである。このようにアレンジした樋口モデルが、人権の私人間適用についての通説である間接適用に等しいことは、説明を要しないであろう。私人間の紛争には憲法上の人権は直接には適用されないが、民法90条の公序良俗といった私的自治に内包された一般的制約原理への人権価値の充塡を通じて、間接的に適用されるのである。かくして、私的自治を尊重しつつ人権価値を私人間で実現しうることにもなる。

　こうしてみると、アレンジされた樋口モデルは間接適用説と符合するだけではない。公序良俗に憲法の人権価値を充塡するという同説の技術的成果よりもさらに進んで、こうした作業を通じて私人間の紛争を「公共化」することが可能になる。公共化というのは、憲法上の人権価値という公共的価値を及ぼすことで、その具体的な私人間での（間接）適用のあり方について、公共の議論を可能にするということである。そして私人間での人権がらみの裁判を、単なる私人間での利益の調整に類似した、両当事者それぞれに都合のよい人権価値のアドホックな価値衡量の場とするのではなく、当事者以外の

グローバル化社会と憲法　67

市民が理解し討議を継続的に行い将来の立法につなげるような、公共的な討議プロセスの端緒にするということである。樋口モデルは——軽微でないアレンジを経ることによってであるが——、間接適用説をブラッシュアップする可能性を秘めている。

(3)　無効力説の復活とグローバル化社会

さて、私人間の人権適用につき、いわゆる憲法の人権保障の適用が一切ないという無効力説が近時復活をとげた（新無効力説[7]）。こちらの現代的バックグラウンドは、まさに国家から切り離された社会のダイレクトなグローバル化であろう。社会のなかで司法は、憲法を頂点とする国法秩序に遠慮することなく、グローバルスタンダードを自由に取り込みつつ、法発見をすることができる。それは国際人権かもしれないし、国際標準と共鳴した、もしくは古き良き日本にしがみついた裁判官の個人的価値観かもしれないが、いずれにしても、憲法上の人権価値の干渉を受けないところの、「公序良俗」の自由な解釈であり法創造なのである。無効力説が現代によみがえるとすれば、「グローバル化社会」のおかげで国法秩序の垂直的な支配から裁判官が「独立」することでそれが可能となるのであり、同説はまさに「新無効力説」と名乗るにふさわしい時代性を備えているというべきである。死に絶えたはずの学説のこうした「甦り」が成功するかは、「グローバル化社会」というものが国家から切り離されて進行しうるかにかかっていよう。

(4)　小　括

すべての理論は時代の子である。その意味での客観性（時代背景適合性）の有無も、理論の内在的一貫性とは別に、当該理論の価値を決める。間接適用説が樋口モデルを吸収して近代立憲主義の申し子であることを明示しつつ踏ん張り通すことができるのか、それとも無効力説がグローバル化の波にのって新しい生を受けるのか、ミクロの観察がマクロの視界を与えてくれるであろう。いずれにせよ、憲法学がグローバル化を認識しうるとすれば、足下

7）　参照、高橋和之『立憲主義と日本国憲法〔第4版〕』（有斐閣、2017年）116頁以下。

68　第2部

に写った時代の影をじっと観察するほかはないのである[8]。

8）　なお、本稿初出を含む法律時報誌の「グローバル化と法の変容」シリーズの皮きりとして、山元一「『憲法的思惟』vs.『トランスナショナル人権法源論』」（同誌 87 巻 4 号（2015 年）74 頁以下）は、婚外子法定相続分違憲・最大決平成 25・9・4 民集 67 巻 6 号 1320 頁につき、それをトランスナショナルに法源を求めた「グローバル化社会」に適合的な判示と捉え、だからこそ憲法学界の「憲法的思惟」を重視する立場から理由付けの弱さについて非難を受けていると分析する。しかし、他国での公共化された（＝公共の場で議論された）私人間の利益配分のあり方が参考にされたにすぎないとすれば、なお、拡大された「憲法的思惟」に同決定はとどまっていると見うるように思われる。そもそも、婚外子の法定相続分を 2 分の 1 としていた民法 900 条 4 号ただし書（平成 25 年改正前）につき、合憲判断を示した最大決平成 7・7・5 民集 49 巻 7 号 1789 頁と前記の平成 25 年違憲決定との分岐点は、文字どおり「コップに水が半分もあると考えるか、半分しかないと考えるか。」という裸の価値判断の相違に尽きるもののように思われる。そうであれば、法律婚の保護と非嫡出子の相続分の保護を二つながら等しく追求したものとして「2 分の 1」という立法を憲法上も正解とした平成 7 年決定が、平成 25 年決定により細かい技術論を伴わずに 180 度転回されたからといって、憲法的「思惟」の不足を論難するのは当たらないし、逆にそこに法源のグローバル化を見て取るまでの必要もない。「婚外子であるからという理由で 2 分の 1『しか』法定相続分を認めないことは、裁判所による相続財産の分割の基準としてそもそも許されるのか」という問いを、法定相続分という制度を成立させ持続させているはずの「国民感情」にまで遡って考え直す際に、「洋の東西を問わない」はずの先進諸国の国民感情の変遷が参照されたにすぎないように思われる。この意味で、平成 25 年決定をグローバル化論の試金石として持ち出す山元論文の切り口には、異論のありうるところであろう。

グローバル化社会と「国際人権」
グローバル人権法に向けて

江島晶子

1 はじめに——「国際人権」とは

⑴ 国際人権と国内人権——国内実施の重要性

「国際人権」とは何か[1]。「国際人権」と設定すると、「国内人権」という対が生じるが、そこにはある種の違和感が生まれる。地球上のどこかに存在する人が有する人権に国際人権と国内人権の区別があるのか。一個人からすれば、人が生まれながらに有する権利として「人権」を有するのであって、そこに国際人権も国内人権もない。人は、常にどこかの「国」内にいる[2]。「国

---

1) 日本では、「国際…」、「○○の国際化」というのは一般的にはよいイメージを与えるが、こと「国際人権」については、「国際」と付くことによって「国内法」との区別を強調することによって国内機関が無視・無関係という態度をとることを容易にする効果がある。個人の人権の保護にとって必要なのは、「人権法」であって、それを可能にする実施システムの構築（国内法上のシステムと国際法上のシステムが多元的・多層的・非階層的・循環的に接合していること）が急務であるというのが筆者の立場である。参照、江島晶子「権利の多元的・多層的実現プロセス——憲法と国際人権条約の関係からグローバル人権法の可能性を模索する」公法研究 78 号（2016 年）47 頁以下、同「裁判所による適用から統治機構による実現——多層的人権保障システムの視点から」『憲法の尊厳——奥平憲法学の継承と展開』（日本評論社、2017 年）445 頁以下、同「多層的人権保障システムの resilience——『自国第一主義』台頭の中で」法律時報 89 巻 6 号（2017 年）90 頁以下参照。

外」はあるが、「国際」という場所はない。国際・国内は、権限を行使する側（そして研究を行う側）の都合で、現に人権を侵害されている者にとっての死活問題は、実効的な救済が得られるかどうかである[3]。

　もちろん、権限を行使する機関にとっても、研究を行う側にとっても、領域を確定することは必要である。国際人権とは、国際法の一部としての国際人権法によって保障されている人権のことだと了解すればよいのかもしれない[4]。そうすれば国際人権は国際法（国際人権法）によって保障されている人権、そして、国内人権は国内法（とくに憲法）によって保障されている人権だということになる[5]。しかし、この把握の仕方には、実態から考えると問題がある。世界政府が存在しない現状において、国際人権法の実施は第一義的には国内実施機関（憲法が予定する統治機構）に委ねられ、国際人権法の実施の実効性は、国内法およびそれに基づく実施機関しだいだからである。現時点での国際実施機関の中心的役割は、国内実施機関の実施の監視・促進であり、国内実施機関に代わって具体的実施を行うことではない。実際上、国際人権条約機関の中でも、最も実績と実効性を有するヨーロッパ人権裁判所判決でさえ、国内裁判所の判決を無効にするものではないし（第4審ではない）、判決の履行確保に苦労している[6]。そして仮にある締約国が頑として履行しない場合には、実はそれほど有効な対抗手段を持ち合わせない[7]。そして、申立件数の超過という事態（この点でも国際機関が国内機関に取って代わることができないことを示している）に対する方策のひとつは、国内実施の増強充実である[8]。現状としては、国際人権の実施における現実は、国家以

2）　無主地についてはひとまず除いて考える。他方、stateless person の問題を考えてみると、いまなお多くの人は国家という枠組の下で現に保護されているのであり、地位低下した主権国家でも「ないよりはまし」という現実にどう実践的に向き合うかが本稿のスタンスである。

3）　「国際連合憲章において宣明された原則によれば、人類社会のすべての構成員の固有の尊厳及び平等のかつ奪い得ない権利を認めることが世界における自由、正義及び平和の基礎をなすものであること」（自由権規約前文、傍点筆者）。

4）　国際人権法を国際法に包摂される下部概念として把握してよいのか疑問は残る。

5）　国際人権法の最新の教科書は、国際人権法を「人権保障に関する国際的な規範、及びそれを実施するための法制度や手続の体系」と定義する（申惠丰『国際人権法』（信山社、2013年）34頁）。

6）　ルチア・ミアラ（江島晶子訳）「新たに改革されたヨーロッパ人権裁判所における判決履行の監視」比較法学46巻2号（2012年）111頁以下。

外の存在が国家に代わりうる状況には到達しておらず、もしもグローバル化の下で主権国家の地位が低下しているとすれば、国際人権条約の実現は遠のくことはあっても、促進されることはない。

(2) 人権救済手段のグローバル化

ここで、「グローバル化社会」という観点から、国際人権法の原点に立ち返る。第二次世界大戦終結時までに明らかになった苛烈な人権侵害状況は、国際社会を一歩先に踏み出させた。人権はもはや「国内問題」ではなく、国際社会の問題となった。そして、それを宣言で終わらせるのではなく、実効性を持たせるために、個人が国家の人権侵害を国際機関に通報・提訴できる手続を導入した（個人が国際法上の主体となりうる）。憲法学の教科書では、国際人権条約を「人権の国際化」（憲法で保障される権利が条約によっても保障されるようになった）として叙述してきた。他方、人権の救済を求める側からすれば、救済が国内で得られないとしても、国外に求め得るという点で、国境が問題にならなくなる。国境を越えて人権が保護されるという意味において、「グローバル化」が生じたのである。権利が実現されなければ意味がないとすれば、この点こそが重要である。人権（の内容）が国際化したことよりも、人権の実現手段が「グローバル化」したことが最大の飛躍である。

戦後70余年を経て、国際人権法の実効性という点から客観的に評価すれば、

---

7) *Hirst v. the UK (No.2)*, judgment of 6 October 2005 は、その典型例である。同判決は、受刑者の選挙権の一律剥奪は条約違反であると判示したが、イギリス議会はこれに反発し、長らくいまだ履行されない状態が続いた。その上ヨーロッパ人権条約からの離脱という主張が国内で生じると同時に、1998年人権法（ヨーロッパ人権条約上の権利との適合的解釈を議会以外の公的機関に義務づけている）の廃棄は政権与党のマニフェストであり続けている。しかも、イギリス政府はヨーロッパ評議会閣僚委員会議長国として2012年ブライトン宣言の採択に力を注ぎ、「補完性」と「評価の余地」を条約前文に盛り込む第15議定書（ヨーロッパ人権裁判所の権限行使を抑制するのに使える）の採択にこぎつけた。なお、*Hirst* 判決については、2017年11月、法改正ではなく行刑指針の改正により、在宅拘禁中の者と仮釈放中の者に限って選挙権を認めることとし、閣僚委員会の側もこれを判決の履行として認めることになった。ここには現時点での条約機関の限界が示されている。参照、北村泰三「重層的人権保障システムにおける受刑者の選挙権——欧州人権裁判所の判例を中心に」法律時報83巻3号（2011年）40頁以下。

8) ヨーロッパ人権裁判所改革には、補完性の原則や裁量の余地を条約前文に記載（第15議定書〔未発効〕）というようなものも見られる。

72   第 2 部

手放しで賞賛できるどころか、難問が山積している。「世界のどこにいても誰もが人権を享受できる」という理想とはほど遠い[9]。よって実現手段のグローバル化の内実を問う必要がある。国際人権条約は、条約に列挙された権利を実現する義務を国家間で約束し合うことによって確保する。国家が当該義務の履行に積極的でなければ、国際人権条約の実現は当該国家内では行われないし、かつ、締約国のいずれも同様の態度をとるのであれば、国際実施機関（条約機関）の監視システムは機能しない。こうした現状を踏まえると、人権の実現の実効性を高めるためには、国際人権法、特に国際人権条約の国内実施の実効性を高める方策が重要である。

　本稿では、国際人権法の国内実施について、実施手段の多層性・多元性（実施手段のグローバル化）という視点から、新たな方向性を模索する[10]。まず、日本の実状に簡単に触れ、それを 2013 年 9 月 4 日最高裁判所大法廷違憲決定（以下、2013 年決定）[11]に対する憲法学の応答の中でさらに検討し、同応答の中で「新たな地平」を描くトランスナショナル人権法源論を検討した上、実施手段に着目したオータナティヴ（多層的人権保障システム下のグローバル人権法）の下で自由権規約委員会の総括所見を検討する。最初に暫定的結論を提示しておくと、筆者が主張するグローバル人権法とは、最初に単一の統一的人権規範を設定し、人権の普遍性の名の下にそれがどこでも通用すると主張するものではなく、人権規範の内容の更新が常に可能な多層的保障システムの中で生成発展する人権規範を意味する。

2　日本における国際人権条約の国内実施

　日本における国際人権条約の国内実施は限定的である（真摯な態度でミニマムな実施）[12]。同時に、それを反映してか、憲法の解釈の中で国際人権法を活かそうという取り組みは限定的であった。憲法学の外からの評価は、「憲

9）　シリア難民、ロヒンギャ難民といった難民の問題は、現在、国際社会や各国家に突き付けられている課題である。

10）　本稿で扱う「国際人権」は、日本が批准した国際人権条約を中心に扱う。

11）　最大決 2013（平成 25）・9・4 民集 67 巻 6 号 1320 頁。

法の教科書においては、……個別人権規定の解釈においては『国際人権』がまったくと言っていいほど無視されており、うまく練り込んでいるとは言えない[13]」という 1994 年での指摘が現在も当てはまるとする[14]。他方、園部逸夫元最高裁判所判事は、1999 年に、裁判官には、①法律の関係規定の合憲解釈、②憲法の規定の直接適用、③国際人権規約に沿った憲法の解釈、④国際人権規約の国内直接適用という思考順序があるが、④を緊急に必要とする事件がなかったと述べている[15]。現在、深刻に受け止めるべき点は、それが今でも共有されているという指摘である。憲法学と国際法学との対話を試みる企画において、これは「実務家だけでなく、多くの憲法学者もいまなお漠然と共有する『前理解』」だという[16]。また、同じ企画の中で、「現状、国際人権規範は刑事手続き上の人権の問題、難民、女性や子どもの人権として、プロテストの側が依拠する論理として使われていますが、仮に考慮義務があるとすれば大激震が起きる[17]」という発言もある。現状を単純化していえば、憲法学は、何でも憲法違反という憲法論から卒業して、判例の緻密な分析を通じた憲法解釈の学としてのスタイルが整えられようとしている（ロースクール設置によってその傾向に拍車がかけられた）。これに対して、憲法学の外からは、憲法学は人権救済に対する関心が低い[18]、憲法の想定するモデル自体が妥当性を失いつつあるという批判が向けられている[19]。

---

12) 浅田正彦「人権分野における国内法制の国際化」ジュリスト 1232 号（2002 年）79 頁以下。

13) 横田耕一「『国際人権』と日本国憲法」国際人権 5 号（1994 年）10 頁。

14) 森肇志「憲法学のゆくえ⑥―1 憲法学と国際法学との対話に向けて」法律時報 87 巻 8 号（2015 年）76 頁以下、79 頁。

15) 園部逸夫「特別講演／日本の最高裁判所における国際人権法の最近の適用状況」国際人権 11 号（2000 年）2 頁以下。

16) 宍戸常寿「憲法学のゆくえ⑥―1 イントロダクション」法律時報 87 巻 8 号（2015 年）72 頁以下、73 頁。憲法学をガラパゴス化させず、「開く」企画として意義深い。

17) 「座談会／憲法学と国際法学の対話に向けて（後篇）」法律時報 87 巻 10 号（2015 年）65 頁以下、66 頁。

18) たとえば、成年被後見人の選挙権は実務家から発信された問題である。杉原ひとみ「国際人権の視点が国内司法・立法に果たす役割」国際人権 25 号（2014 年）39 頁以下（とくに 41 頁）参照。

19) 窪誠「誰のための何のための憲法学なのか」法律時報 81 巻 5 号（2009 年）83 頁以下、紙谷雅子「市民のための憲法学とは」法律時報 81 巻 5 号（2009 年）87 頁以下。

74   第2部

　もちろん、国際人権法学会等の機会を通じて、近年、国際法学と憲法学との対話が重ねられている。だが、興味深いのは、憲法学が国際人権法に向き合うことによって、憲法と国際人権法の違いを明確にし、「区別」の重要性を強調する議論が生じたことである[20]。よって、トランスナショナル人権法源論は、この「国際人権」と「国内人権」の区別・分断をグローバル化社会の観点から「統合」するものとして注目に値する。筆者は、トランスナショナル人権法源論が前提とする世界像および目指すゴールには共感を覚えつつ、「法源」という概念を用いること、トランスナショナルな人権規範の確定を裁判官に託すことに躊躇を感じる。そこで、本稿では、この点について検討すると同時に、同じゴールに迫りうるオータナティヴ（多層的人権保障システム）を提示し、その有効性について自由権規約国家報告制度を例として暫定的部分的検証を行う[21]。現時点の筆者の考えでは、両者は矛盾するものではないので、二者択一の関係にはない。トランスナショナル人権法源論が、権利の内容から迫ろうとするものであるのに対して、権利の内容自体はひとまず括弧に入れて、多様なアクターが参入しうる権利実現プロセスの方に注目するという違いである。

3　2013年最高裁違憲決定における外国法と国際人権法
——国際人権条約の国内法的効力

　最初にトランスナショナル人権法源論が一定の評価を与えた2013年決定を取り上げる。同決定は、その違憲の論理について、多くの憲法学者から厳しい批判を受けた。なかでも、蟻川恒正教授は、「代案」まで示して最高裁の論理を痛烈に批判する[22]。他方、トランスナショナル人権法源論は、同決定は、「グローバル化世界に、おそらく日本の憲法学説よりも切実に直面し

---

20)　高橋和之「国際人権の論理と国内人権の論理」ジュリスト1244号（2003年）69頁以下。これを乗り越えようとする議論として、棟居快行「国内裁判所における国際人権の適用をめぐって」芹田健太郎ほか編『講座国際人権法3　国際人権法の国内的実施』（信山社、2011年）27頁以下。

21)　包括的検討は将来の課題とする。

22)　蟻川恒正「婚外子法定相続分最高裁違憲決定を書く(1)」法学教室399号（2013年）、「婚外子法定相続分最高裁違憲決定を書く(2)」法学教室400号（2014年）。

ている日本の最高裁が行った婚外子問題についてのそれなりに評価しうる法的回答」だと評価し、批判する側に二元論的思考という問題性があるとした[23]。

ところで、蟻川教授の代案もトランスナショナル人権法源論もある一点で同じである。2013年決定は、憲法14条1項は、「事柄の性質に応じた合理的な根拠に基づくものでない限り、法的な差別的取扱いを禁止する趣旨」であると解する点で、先例に従う[24]。そして、法定相続分は、国の伝統、社会事情、国民感情、その国における婚姻ないし親子関係に対する規律、国民の意識等を総合的に考慮して決せられるべきもので、これらの事柄は時代と共に変遷するので、その定めの合理性については個人の尊厳と法の下の平等を定める憲法に照らして不断に検討され、吟味されなければならないとした上、「事柄のうち重要と思われる事実」として、八つの項目を挙げた。その2番目に外国法、3番目に国際人権法が登場する。蟻川教授は、外国法も国際人権法も、憲法14条1項適合性判断の中ではなく、適合性判断に入るべきかを検討する箇所で問い、「法の外」に放逐する。他方、トランスナショナル人権法源論は、外国法も国際人権法も区別せず法源として位置づける。よって、両者を区別しない点では同じである。もちろん区別をしていないのは、最高裁も同様である。「事柄の変遷等は、その中のいずれかひとつを捉えて、本件規定による法定相続分の区別を不合理とすべき決定的な理由とし得るものではない」とする。

しかし、日本が批准した国際人権条約には国内法的効力がある（通説・判例）。とすれば、具体的事件において、関連性がある国際人権条約を考慮するのは当然であるし、その際に条約機関の解釈を参考にするのは推奨されこそ、忌避すべきことではない（条約機関の解釈を盲目的に受け入れるということではな

---

23) 山元一「『憲法的思惟』vs.『トランスナショナル人権法源論』」法律時報87巻4号（2015年）74頁以下（以下、山元①）、同「憲法解釈における国際人権規範の役割——国際人権法を通してみた日本の人権法解釈論の方法論的反省と展望」国際人権22号（2011年）35頁以下（以下、山元②）、同「グローバル化世界と人権法源論の展開」小谷順子ほか編『現代アメリカの司法と憲法』（尚学社、2013年）350頁以下。

24) 最大判1964（昭和39）・5・27民集18巻4号67頁および最大判1973（昭和48）・4・4刑集27巻3号265頁。

く、参考になる考え方のひとつとして検討し、受け入れるべきかどうか選択の余地がある）。それに対して、外国法自身はあくまでも外国法で、日本の裁判所を法的に拘束するものではないので、ある外国法が、具体的事件においてなにゆえ relevant なのかについて理由を説明する必要がある。理由づけや結論が同じだから使う、異なるときは使わないというご都合主義的な利用（cherry-picking）になっていれば、外国法の参照の正当性が問われよう。よって、外国法の参照については、そこから妥当性や説得力を引き出すために満たすべき条件を構築する必要がある。たとえば、2013 年決定における外国法の参照、とりわけ、独法と仏法の参照は、日本の外国法継受の歴史において独仏が重要な地位を占めてきたことが挙げられよう。

　ところで、最高裁にとって、外国法と国際人権法のいずれがより参考になるのか。外国法については、最高裁は、一定の欧米諸国について明示的・黙次的に参照してきた[25]。とりわけ違憲判決を出す際には、上記の国々で同種の法律が改廃されているときには、違憲の方向に踏み出す上で有用な参考材料としている[26]。たとえば、婚外子相続規定についても、2013 年決定が突然、外国法を参照したのではなく、それ以前にも、補足意見や反対意見の中に、「主として 1960 年代以降両者を同一に取り扱うように法を改正することが諸外国の立法の大勢」（最大判 1995（平成 7）・7・5 反対意見）、「今や世界の多くの国において法律上相続分の同等化が図られている」（最一小判 2003（平成 15）・3・31 補足意見）という比較法的考察が存在し、従来から、外国法をひとつの指針にしており、2013 年決定はそれを顕在化させたに過ぎない。最高裁にとっては、一定の外国法は馴染みがあり、こと独法と仏法は法継受の歴史を前提とすると日本法における relevance の説明は不要という暗黙の了解があるのだろう[27]。

---

25)　See, Akiko Ejima, A Gap between the apparent and Hidden Attitudes of the Supreme Court of Japan towards Foreign Precedents, in Tania Groppi and Marie-Claire Ponthoreau (eds.), *The Use of Foreign Precedents by Constitutional Judges* (Hart Publishing, 2013) and Hajime Yamamoto, Foreign Precedents in Constitutional Litigation in Japan, in『憲法の基底と憲法論』（信山社、2015 年）所収。

26)　たとえば、最大判 1973（昭和 48）・4・4 刑集 27 巻 3 号 265 頁および最大判 2008（平成 20）・6・4 民集 62 巻 6 号 1367 頁。

グローバル化社会と「国際人権」　77

　他方、国際人権法については、違憲という結論を引き出す際に参照した最初の例が 2008 年国籍法違憲判決であるが、ここでは条約名の言及にとどまった。そして、2013 年で初めて条約機関の総括所見の中の勧告に言及するに至った。だが、より仔細に検討してみると、補足意見、反対意見のレベルにおいて、以下の前哨戦が行われている。まず、最大判 1995・7・5 反対意見は、自由権規約 26 条および子どもの権利条約 2 条 1 項を引用し、最二小判 2003・3・28 反対意見は、自由権規約委員会の勧告を参照しており、最一小判 2003・3・31 では、補足意見も反対意見も自由権規約委員会の勧告を参照するという具合である。ここには、総括所見およびその中で繰り返される勧告の蓄積、そして、それを支える、たとえば自由権規約委員会の条約機関としての信頼性・権威の醸成が関係している（後述 5 参照）。

　今回の条約機関の勧告の参照は、新たな門戸を開いたことになる。後述するように、条約機関は多くの勧告を出しているからである。しかも、そのうちの一部は、何度も同じ勧告が出され、フォローアップ項目にしているだけでなく、複数の異なる条約機関から出されている（今回の婚外子法定相続分規定はその典型）。以上より、最高裁は、従来から行ってきた外国法の参照については、今回、具体的な法律を明示的に言及した点で発展があり、条約機関の勧告に言及した点で人権条約の国内的実施の質を高めると同時に、同条約の国際的実施の実効性にも貢献したことになる（条約機関の勧告の積極的参照は、条約機関の権威を高める）。

4　トランスナショナル人権法源論の検討

　トランスナショナル人権法源論は、方法論的ナショナリズムからの解放を目的として、国内の人権法解釈の問題を、ナショナルな人権法源とトランスナショナルな人権法源の競演によって解決させる考え方である。国内裁判所が人権問題を解決するために依拠する法的規準＝法源が、国内法秩序において憲法と国際人権規範や外国人権判例が重層化して存在する。これをトラン

---

27)　詳細は、前掲注 25) 参照。

スナショナル法源と称する。この考え方においては、国際人権規範と外国法の区別も、説得的根拠（従来の外国判例の位置づけ）と拘束的根拠（国内法源）という二分論も相対化される[28]。

　トランスナショナル人権法源論の特徴は、第一に、対話的プロセスである。第二に、上記のプロセスの実現を「グローバル世界に立つ裁判官」に任せることである。〈開かれた人権保障システム〉としての日本国憲法の運用という展望は魅力的である。それゆえ、幾つかの疑問点を検討したい。

　第一に、「法源」という概念に依拠する点である[29]。法源論については憲法学と国際法学との間に違いがある（トランスナショナル人権法源論は国際法の法源論に近い）。とりわけ、憲法学の方では、憲法解釈学の進展とも相俟って、解釈学としての憲法学の立場としては、憲法の法源は憲法解釈の対象となる憲法規範を対象とすべきだという議論さえある[30]。他方、国際法における法源論は、国際社会においては国内法制のような権限を有する立法機関による立法の制度が存在しないこと、また、国際法の効力を論理的に何に依拠して基礎づけるかによって国際法の法源の範囲が変化するという特殊性があることから、国際法学の議論をただちに憲法に持ってくることが妥当だろうか[31]。

　第二に、前述したように、外国法と批准した国際人権条約を区別せずに、「グローバル世界に立つ裁判官」に、託すことである。

　第三に、「グローバル世界に立つ裁判官」の実態である。国境を越えた裁判官の相互交流や判例の相互参照は確かに指摘できるが、他方で相互交流も相互参照もしない裁判官もいるという現状をどう考えるか（後述する多層的人権保障システムがグローバルになった段階で、トランスナショナル人権法源は

---

28)　山元②、前掲注 23) 37-38 頁。

29)　「座談会／憲法学と国際法学との対話に向けて（後篇）」65-66 頁（宍戸教授発言）においても、「法源論」と表現することに違和感が示されている。

30)　たとえば、松井茂記『日本国憲法〔第 3 版〕』（有斐閣、2007 年）31 頁。

31)　斎藤民徒「国際法における法源論の変容」法律時報 87 巻 9 号（2015 年）84 頁以下、小寺彰ほか編『講義国際法』（有斐閣、2004 年）35 頁。他方、酒井啓亘＝寺谷広司＝西村弓＝濱本正太郎『国際法』（有斐閣、2011 年）は、最近の国際法理論では、多義的な「法源」の語を用いることを避け、国際法の形成という記述的表現を用いることが増えているという。

登場するのではないか）。

　第四に、人権実現の中心を司法機関に置く点である。裁判所は、自ら事件を探して取り上げる存在ではない。個人が裁判所に提訴するためには、知識、能力、資金、時間、覚悟など、さまざまなハードルを越える必要がある。また、政治部門が積極的ではないところで、司法部門だけが外国法や国際人権条約に依拠して救済を行う可能性は低い（仮にそれを行えば批判を招き、最悪の場合にはバックラッシュを生む）。権利実現の構造は、統治機構全体に目配りして構成する方が長期的には説得的ではないだろうか。

　第五に、トランスナショナル人権法源論では、「人権先進各国の憲法判例や国際人権規範を総体として『憲法的財産』として一括的に観念し、人権法解釈のための法的規準として受け止める」という[32]。「先進性」はどうやって判断するのか。西洋コロニアリズムに陥らないことが重要課題であるという主張と齟齬する危険性はないだろうか[33]。

5　多層的人権保障システムの実践例──問題を持続的に「循環」させる

　これまで、国際人権法の国内実施を促進する立場からは、裁判所における国際人権条約の適用を実現すると同時に、個人通報制度への参加によって国内裁判官に条約に目を向けさせるという方針で臨んできた[34]。だが、個人通報制度は一向に実現されず、国際人権条約の適用は限定的という現状では、この処方箋は行き詰まる。だが、視野を少し広げると、多層性を確認できる実践例は存在する。かつ、それは、司法機関だけでなく、立法機関、行政機関に広がりうる[35]。ここでは、国連の主要な国際人権条約の中でも、実績をもっとも確立している自由権規約委員会を例にして考えたい。

　日本は、批准している八つの条約の条約機関に定期的に報告書を送付し、

---

32)　山元②、前掲注23）、38頁。
33)　山元①、前掲註23）、79頁。
34)　江島晶子「憲法を『人権法』にする触媒としての国際人権法」国際人権22号（2011年）69頁以下参照。なお、齊藤正彰「新たな人権救済制度がもたらす人権規範の共通化」法律時報84巻5号（2012年）25頁以下も、憲法のしくみに個人通報・申立制度をはじめとする国際人権条約のしくみを積み上げることで公権力を統制する構想を描いている。

各条約機関から総括所見を受け取っている[36]。国家報告の種類と機会が増え、かつ、幾つかの条約機関との間では相当回数のやりとりを重ねていることから、日本の人権状況について、①政府の評価（国家報告）、②条約機関の評価（総括所見）、③市民社会（NGO）の評価（カウンター・レポート）の三種類が存在し、有効な人権状況に関する基礎資料および評価となる。たとえば、2014年7月の第6回報告に対する自由権規約委員会の総括所見からは、日本の人権状況について、三つの特徴が抽出できる[37]。第一に、人権保障システムの制度的欠陥である。国際人権条約に国内法的効力があるとされながらそれを具体化する制度・運用がなく、個人通報制度も国内人権機関も実現されていない。第二に、日本の刑事司法における問題として、死刑制度、代用監獄、取調べ等がある。第三に、女性およびマイノリティの人権の問題である。今回の総括所見では、女性、外国人（難民、入管収容者、技能実習生）、精神科病院に強制入院させられた人、少数民族（アイヌ、琉球）、性的マイノリティ、「慰安婦」問題等が挙げられた。今回指摘された問題の相当数が、過去の審査の際に勧告を受けており、過去の勧告の多くが未履行という懸念も表明された。これらの多くは日本の憲法学が中心的に取り上げる問題ではないことから、憲法学は人権救済に対する関心が低いという前述の批判は真摯に受け止める必要がある。

　他方、2013年決定が違憲とした婚外子法定相続分規定は、勧告を受ける常連項目であった。第3回から勧告を受け、その他に、子どもの権利委員会からの勧告、そして、最高裁は言及していないが、女性差別撤廃委員会からの勧告を受けていた。今回の2013年決定後、ただちに実現した法改正は、第6回審査では肯定的側面として評価されている。時間はかかったが、問題は消滅せず、解決にこぎつけた[38]。その際に重要なのは、NGOがカウンター・レポートを提出してきたからこそ、問題が消滅せずに残り続けた点である（第

---

35)　棟居快行「国際人権条約と国内法ネットワークの自己組織化」国際人権25号（2014年）45頁以下。人権条約の「国内実施」の本体は関連国際法の見直しや運用の改善といった立法・行政レベルでの変化にこそあることを確認する（46頁）。

36)　加えて、2006年に創設された国連人権理事会の普遍的定期審査も加わっている。

37)　Human Rights Committee, Concluding observations on the sixth periodic report of Japan, CCPR/C/JPN/CO/6.

6 回審査では、50 近い NGO がカウンター・レポートを提出している）。

　自由権規約委員会の総括所見は法的拘束力を持たない。だが、委員は、個人通報および国家報告の検討という任務に際して、規約を解釈し適用する権限を締約国によって与えられていること、自由権規約委員会は規約によって設置された履行監視機関であること、委員は、高潔な人格を有し、人権の分野において能力を認められ、個人の資格で職務を遂行する存在であること（自由権規約 28 条 2 項）という自由権規約上の位置づけに加え、30 年以上に及ぶ経験と実績から一定の評価が与えられていることを考慮に入れると、同委員会の条約解釈は権威ある解釈（有権解釈）である[39]。そして、条約機関のメンバーは異なる 18 国から集まっており、グローバルな比較法的要素も体現する。そうだとすれば、憲法学が上記の問題に取り組む際に、自由権規約委員会の解釈を検討材料とすることによって国際人権を「うまく練り込」むことができる。また、行政機関や立法機関にとってもひとつの指針として参考になりうる。国際人権法を統治機構の各部門において活用する具体的方法論を開拓していけば、「国内憲法における人権の構造と国家機関の権限分配の関連を剔抉し、柔軟な連続的思考で特徴づけられた国際人権の論理を国内平面に持ち込めば、かかる権限分配が破壊される」という懸念をも回避できる[40]。報告書制度において蓄積しつつある実行は、もはや国際人権を「プロテストの側が依拠する論理」から一歩前進させている。「プロテスト」は自由権規約委員会のフィルターを通過し、残ったものであり、それに対する政府の対応は、次の報告審査でまた再チャレンジの機会があり、再び委員会に取り上げられれば、それは単なるプロテストではない。かつて、人権を「野性味ゆたかで生きのいいじゃじゃ馬みたいなもの」と評し、それが憲法的秩序に適合するように飼いならされて「憲法が保障する権利」になると評され

---

38)　同種の展開を辿る可能性がある有力候補として、再婚禁止期間（民法 733 条 1 項）、男女の婚姻適齢における差異（民法 731 条）等が考えられる（女性差別撤廃委員会の勧告あり）。前者は、夫婦同姓強制制度（民法 750 条）とともに最高裁大法廷に回付されている。

39)　岩沢雄司「自由権規約委員会の規約解釈の法的意義」世界法年報 29 号（2010 年）50 頁以下、62-63 頁、坂元茂樹「日本の裁判所における国際人権規約の解釈適用」芹田健太郎ほか編『講座国際人権法 3　国際人権法の国内的実施』（信山社、2011 年）45 頁以下。

40)　宍戸、前掲注 16)、73 頁。

たが[41]、国際人権法が保障する権利も、今や「じゃじゃ馬」ではない。

6　おわりに

　20世紀後半以降、違憲審査制、国内人権機関、個人通報、国家報告と、憲法を人権法にする試みが世界的に進行している。近年では、人権の担い手として議会にも注目が集まっている[42]。

　個人の立場からすれば、ありがたいのは使いやすい「人権法」であって、憲法や国際法をあちこち探し、争い方の難しい場である裁判所でそれを使うという状態ではない。憲法学や国際法学のそれぞれが持つ固有の体系、作法、用語がもしも「人権法」の生成を妨げているとすれば、早急に取り組むべき課題である。本稿では、その第一歩として、条約機関に対する国家報告制度の成果を中心に、これを国内実施機関に還元するシステムの可能性とそこにおける個人・NGOの重要性に注目した。比較憲法と国際人権法が相互に還流し合う実態も存在する。それを理論に還元する努力が求められている。

---

41)　奥平康弘『憲法Ⅲ　憲法が保障する権利』（有斐閣、1993年）20-21頁。
42)　Murray Hunt, *Parliaments and Human Rights*（Hart Publishing, 2015）.

グローバル化社会と行政法[*]
グローバル・ガバナンスへの日本の学説の対応

興津征雄

1 はじめに

本稿に先立って「グローバル化と法の変容」を論じた憲法学者は、この問題領域における「行政法学者らの水を得た魚のような活躍[1]」を指摘した。確かに、グローバル化に対する行政法学の関心は、にわかに高まっているように見える。しかし、同じ論者が同時に「彼ら［行政法学者ら］の既存の理論は主権国家や憲法を頂点とする国内法の段階構造という基礎条件抜きでも成立するのかが、まさに問題であろう[2]」と喝破していたように、グローバル化社会は行政法にとって、決して約束された大地ではない。別稿で述べたように、「日本の行政法の理論体系は、依然として議会立法による授権と正統化の連鎖および独立した裁判所による司法審査を前提として組み立てられており、民主主義と権力分立を基盤とする国家の統治構造を抜きにして行政

---

[*] 本稿は、JSPS 科研費（課題番号：26380035、15H03304、15H01925）および公益信託山田学術研究奨励基金奨励金による研究成果である。

[1] 棟居快行「グローバル化社会と憲法」法律時報 87 巻 11 号（2015 年）121-127 頁、121 頁註(1)〔本書第 2 部所収〕。

[2] 同上。

84　第2部

法の存立を語ることは、木に縁りて魚を求むがごとき所為かに思われる」[3]
からである。

　とはいうものの、行政法と主権国家との関係をどう理解するかは、そして
グローバル化社会とどう向き合うかは、論者により一様ではない。とりわけ
主権国家を超えたレベルで展開されるグローバル・ガバナンス[4]を行政法の
対象に含めるか、またそこにおいて主権国家の役割をどう考えるかについて、
立場の差が如実に顕れる。本稿では、行政法と（または行政法の）グローバ
ル化について日本語で提唱ないし紹介されている見解のサーベイを通じて、
グローバル化社会における行政法の可能性、そしてその主権国家との距離を
測るための見取図を描くことにしたい。

　取り上げる見解は三つある。第一に、斎藤誠の“行政法の国際化”に関す
る学説である[5]。これは、グローバル化による国内行政法の変動に焦点を当て、
「開かれた国家」性を強調しつつもなお主権国家の論理を堅持する見解であり、
グローバル・ガバナンスそれ自体の法的規律は関心の外にある（2）。第二に、
原田大樹がドイツの“国際的行政法（Internationales Verwaltungsrecht）”の
検討を手がかりとして提唱している構想である[6]。これは、国家間の連携に
よるグローバル・ガバナンス類似の構造をも行政法の対象として捉えるが、
主権国家の役割をなお重視する見解である（3）。第三に、アメリカを中心と

3）　興津征雄「グローバル行政法とアカウンタビリティ──国家なき行政法ははたして、またい
　　かにして可能か」[2014年] 浅野有紀ほか編『グローバル化と公法・私法関係の再編』（弘文堂、
　　2015年) 47-84頁、49頁。
4）　本稿では、この言葉を、「集権的な統治機構（government）の存在しない世界において、国
　　境を越えた諸課題に対処するための国際機関・国家・企業・自治体・非政府組織（NGO）・個人
　　等の諸主体の相互作用の過程ないし枠組み」（興津・前掲注3）52頁）を意味するものとして用
　　いる。なお、後述の斎藤誠のように、グローバル・ガバナンスに（法的）概念としての意味を認
　　めない立場もあるが、そのような論者も、事実としてこのような現象が生じていることは認める
　　ようなので、本稿では、立場の違いを問わずこの言葉を用いることにする。
5）　斎藤誠「グローバル化と行政法」磯部力ほか編『行政法の新構想 I 行政法の基礎理論』（有
　　斐閣、2011年) 339-374頁。同論文の書評として、原田大樹「国際的行政法の発展可能性──書
　　評：斎藤誠「グローバル化と行政法」」[2012年]『公共制度設計の基礎理論』（弘文堂、2014年)
　　95-113頁、横溝大「行政法と抵触法──グローバル化の中の行政法(2)」自研89巻1号（2013年)
　　128-141頁。
6）　原田大樹「グローバル化時代の公法・私法関係論──ドイツ「国際的行政法」論を手がかり
　　として」[2014年] 浅野ほか編・前掲注3) 17-46頁。

する"グローバル行政法"であり、筆者らが紹介している[7]。これは、グローバル・ガバナンスの法的規律を、国内行政法の理論や概念を手がかりとしつつも、国家法秩序とは切り離された形で構想するものであり、特定の主権国家の国内法に依拠しないのみならず、グローバル社会における主権国家の機能的等価物（グローバル立憲主義など）をも措定しない見解である（4）。

2　行政法の国際化

斎藤誠は、「グローバル化のもとでの行政活動の関係を、登場するアクターによって分類すれば、まずは日本 − 他国という水平関係と、日本 − 日本が加入している国際組織／多国間条約等による多辺的国際制度、という垂直関係に分けられる」（348頁[8]）とし、自己の理論を、水平関係と垂直関係とに分類して構成している。狭義には、行政法の国際化は垂直関係において現れると考えられているようだが、その前提として、水平関係についても概観しておく。

(1)　水平関係（公法抵触法論）

水平関係においては、「行政法における抵触法」すなわち公法抵触法論の可能性を論じ、外国行政行為の効力、外国法の適用、国内法の国際的適用、および国際的な執行活動について具体的な考察を展開する（348-361頁）。その考察はきわめて精緻かつ実証的であり、国際私法との対話のもとで公法抵触法論を本格的に開拓するものとして、注目に値する。

本稿の関心から興味深いのは、従来の国際私法においては、国家の関心の高さや国家主権が、公法（行政法）について抵触法を適用しないことの根拠として挙げられていたのに対し[9]、斎藤が、国家主権や自国法の独立性を損

7）　宮野洋一「「グローバル行政法」論の登場――その背景と意義」横田洋三＝宮野洋一編『グローバルガバナンスと国連の将来』（中央大学出版部、2008年）323-338頁、藤谷武史「多元的システムにおける行政法学――アメリカ法の観点から」新世代法政策学研究6号（2010年）141-160頁、特に146-158頁、興津・前掲注3)。

8）　斎藤・前掲注5)の頁数を指す。以下本節において同じ。

なわない形で公法の抵触を論じていることである。たとえば、外国行政行為の国内法における効力について、「立法というフィルター」（353頁）がある場合とない場合とを区別し、前者すなわち承認の根拠規定が国内法令に置かれている場合には、日本の実質法の解釈問題となるのに対し（352頁）、後者すなわち根拠規定が国内法にない場合には、「わが国の憲法諸規定との関係を考慮した上で」、裁判所による「実質審査の可否も視野に入れる必要がある」（353-354頁）[10]として、国内法との止揚を図っている。他にも、外国行政法の国内適用について憲法上の法治国原理・民主主義原理との関係が問われたり（355-356頁）、逆に自国法の国際的適用について憲法上の人権・法益の実効的保護の要請が積極的根拠として援用されたり（359頁）[11]、国際的な執行共助において個人情報保護・罪刑法定主義・行政手続法などへの注意が喚起されたり（361頁）する点からも、国内（公）法との整合性への配慮が見て取れる。

(2) 垂直関係（行政法の国際化）

垂直関係について、斎藤は、「①条約や協定による静態的な経路と、②そうした法源やインフォーマルな官庁間協力を組み込みながらも、より複雑かつ動態的な、組織・手続からなる「構造」（WTO、バーゼル合意、コーデックス委員会など）による経路」（363頁）とに分類し、「条約、協定、そして「構造」との関係で、国内行政法が変動することを、ここでは行政法の国際化として広く捉えておく」（362頁註（77））とする。

これは、本稿にいうグローバル・ガバナンスの法的規律を包摂しうる枠組みであるようにも見える。しかし、斎藤の意図はそこにはない。斎藤は、論文の冒頭で「「グローバル・ガバナンス」とか「行政法のグローバル化」といった概念規定から出発するのは、いささか早計であろう」（339頁註(1)）と

9）　参照、横溝大「グローバル化時代の抵触法」浅野ほか編・前掲注3）109-128頁、110頁。後掲注16）に対応する本文も参照。

10）　この点は、横溝・前掲注5）135-136頁による批判を受けている。

11）　横溝・前掲注5）131頁は、「憲法上の考慮は、我が抵触法学においてはこれまで、どちらかと言うと自国法の国際的適用の消極的根拠となると考えられて来た」とする。

冷淡にあしらって議論を始めたうえ、稿を閉じるにあたって再び「「国家な
き法」や「グローバル・ガバナンス」といった旗をまず掲げて進む」（374 頁）
ことの不毛さを駄目押ししているからである。

　斎藤の議論は、以下のような筋道をたどる（364 頁）。①従来は国際法と行
政法とを隔てていた憲法が、「開かれた国家」性を許容しているために（日
本国憲法前文・98 条）、両者の日常的な接触を許容し、要請する。②しかし、
条約を定立するのも、それを執行するのも、裁判所においてそれを解釈する
のも、すべて国家であり、国家以外のアクター（国際機関、NGO、私的な基準
定立機関など）が国家に取って代わることはない。③行政法学は、行政過程
におけるインフォーマルな手法や私的団体による行政権の行使の扱いをすで
に理論化し、一定の方向性を示してきたため、グローバル化への対応もその
延長線上で考えることができる[12]。

　こうして斎藤は、民主主義原理および法治国原理の双方から、「行政法の
国際化」が対応すべき課題を指摘していくのであるが、そこで問われるのは
自国法秩序から見た正統性や権利保護（すなわち国家単位の正統性や権利保護）
であり（371 頁など）、国際社会やグローバル社会における正統性や権利保護
を構想するという発想は稀薄であるように見受けられる（ただし、条約に基
づく二次立法の手続透明化や正統性に言及する箇所もある（366 頁・367 頁））。こ
のように、斎藤は、議論の構造上自国法の独立性から出発することが自然な
水平関係のみならず、国際社会一般の利害関心が前面に現れやすい垂直関係
においても、主権国家の論理（ただしそれは「開かれた」主権国家ではあるが）
に忠実であろうとする。これは、主権国家の社会統合機能・権利保護機能を
重視し、国際法と国内法との間に「憲法という濾過層」（372 頁）を置くこと
によって、グローバル化がもたらす不純物を国内法秩序に到達する前に取り
除こうとする発想に立つものであると解され、国内公法の内側から守りを固
める戦略だといえよう[12a]。

　しかし、国内法は国際法上の義務違反を正当化する理由にはならず、とり

---

12)　ただし、③に関連して、原田大樹「グローバル化と行政法」高木光＝宇賀克也編『行政法の
　　争点』（有斐閣、2014 年）12-13 頁は、民営化論とグローバル化のそれぞれにおける国家の位置
　　づけには「大きな構造的相違が見られる」（13 頁）と指摘する。

88　第2部

わけ多辺的制度や「構造」がかかわる垂直関係において、一国の憲法を盾に
取ることがどこまでできるかは、問題となろう。国際レベルでなされた決定
と自国の憲法原理とが整合しない事態が生じた場合に国家がどう行動すべき
か、斎藤は明言していないが、仮に憲法原理を理由とするある種の拒否権や、
垂直関係からの離脱を認めるならば、後述（3⑵）のとおり多辺的制度や「構
造」自体が維持できなくなってしまうのではないかという懸念もある（もっ
とも、主権国家の側で拒否権や離脱の可能性を保持しておくことが、グローバル・
レベルでの正統性や権利保護の増強を要請する契機になるという側面はある[13]）。
このような懸念をグローバル・レベルと国内レベルの双方で真剣に受け止め
るならば、グローバル・ガバナンスそのものを（行政）法化するという戦略
をその先の問題として考えてもよいのではないだろうか。

3　国際的行政法

原田大樹は、ドイツの国際的行政法をめぐる議論を追跡しつつ、ドイツで
強調される「連携」の概念と、むしろドイツでは評価の低い「抵触法的解決」
の二本立てで、グローバル化に対応しうる行政法的枠組みを構築しようとす
る。そして、それらのいずれについてもグローバル化が正統性問題をもたら
すとし、それへの対処法を提案する。論述が凝縮されていて趣旨が読み取り

12a)　論者からの応答として、斎藤誠「行政法関連判例における国際取極めの位置づけ──「国際
的な基準」を中心に」宇賀克也＝交告尚史編『小早川光郎先生古稀記念 現代行政法の構造と展開』
（有斐閣、2016年）151-177頁、151頁註2) 参照。「国内公法の内側から守りを固める戦略」と
いう修辞が短絡に過ぎることは認めるが、本文の趣旨は、斎藤の関心が、後述のグローバル行政
法などとは異なり、主としてグローバル化による国内法の変容・国内法からの応答にあることを
指摘するものである。「おわりに」で述べるように、良し悪しではなく、アプローチの違いを意
識しておくべきだというのが本稿の意図である。

13)　藤谷武史「グローバル化と公法・私法の再編──グローバル化の下での法と統治の新たな関係」
［2014年］浅野ほか編・前掲注3) 333-363頁、361頁（ただし同頁註(72)）。EUにおいては、
加盟国の国内裁判所がEUにおける基本権保障の不十分さについて国内憲法の観点から警鐘を発
したこと（ドイツ連邦憲法裁判所のSolange決定）が、EUレベルでの基本権保障の拡充（とり
わけEU基本権憲章の採択）につながったという経緯がある。参照、伊藤洋一「EC法の国内法
に対する優越(3)──EC法と憲法規範」法学教室266号（2002年）121-128頁、同「EU基本権
憲章の背景と意義」法律時報74巻4号（2002年）21-28頁。

にくい箇所もままあるが、あえて図式化すれば、次のような構図を描くものといえよう。

(1) 連携と抵触法

　まず、連携（Verbund）の概念は、「多層的な公共管理・統治過程が結びつく構造」（27頁[14]）と定義される。二国間および多国間の協力関係を表現する理念である。行政連携が進展することにより、政策形成の段階においては実体的な政策内容の調整と共通化が、その執行の段階においては各国行政機関相互間での執行権限の調整と執行構造の平準化が推し進められることになる（30-32頁）。この連携の概念を媒介にすれば、グローバル・ガバナンスを直接法的規律の対象とすることも可能となるように見える。ただし、ドイツの国際的行政法論は連携の単位としての主権国家がなお政策実現・執行の最終的な権限を留保するという前提を崩しておらず（32-33頁）、いくら連携が進展しても、超国家的なグローバル・ガバナンスの中に主権国家が埋没するという想定はなされていないものと思われる。

　次に、抵触法的解決は、二国間の行政協力関係において自国行政法と他国行政法の適用関係の調整の必要が生じた場合の、連携と並ぶもうひとつの解決方法として提唱されている（34頁）。しかし、ドイツの国際的行政法論においては、公法の領域に抵触法の発想を適用することには、かつてのK・ノイマイヤーらの議論とは異なり、否定的な評価が強かった[15]。その理由はいくつか挙げられているが、端的にいえば、公法は国家政策との結びつきが強いため、抵触法の前提となる各国法の交換可能性や、私法に見られるような同質性が存在しないことに求められるようである（34頁[16]）。しかし、国際人権規範のように、実現すべき価値や目標がもともと共通している分野においては交換可能性の基盤が存するし、前述の連携によって二国間・多国間の行政協力関係が進展し、各国の政策目標や執行構造が共通化・平準化するこ

---

14)　原田・前掲注6）の頁数を指す。以下本節において同じ。

15)　原田は、かつての抵触法中心の議論を「国際行政法」、近時の議論を「国際的行政法」と訳し分けている（21頁）。

16)　前掲注9）およびそれに対応する本文も参照。

とによっても交換可能性は高められる（35頁）。

　連携と抵触法的解決のいずれの方法による場合であっても、グローバル化にともなう正統性問題が生じることになる。すなわち、グローバル化の進展により政策形成の場が主権国家の議会から超国家レベルへと移転すると、伝統的な民主政的正統性が確保できなくなってしまうので、これを補う正統化要素をどのように調達するかが問われる（28-29頁[17]）。これに加えて、抵触法的解決を採った場合にも、国際民事ルールすなわち「一定の政策目的の実現のために国際法的な民事ルール（例：契約法・不法行為法）を設定し、そのエンフォースメントを各国の裁判所に担わせるもの」[18]が活用される場合、正統性問題が発生する。なぜなら、当該民事ルールが国内法化されたものではない場合、国内立法者の判断を待たずに裁判官が民事法関係の中にグローバルな政策基準を反映させることが、民主政的正統性を有する立法者の権限との間に緊張関係を生じさせるからである（36頁）。

(2)　正統性問題

　原田は、正統化の方法を、「自律的で個別的な意思形成の集積による方法（市場による正統化）と、制度的な集団的意思形成による方法（民主政的正統化）の二つ」（40頁）に分け、グローバル化のもたらす正統性問題への対処を試みる（「開かれた正統性」（42-44頁））。この二つの正統化方法の組み合わせ、およびとりわけ前者（市場による正統化）がもたらす危険性については、すでに別稿[19]で批判的に検討したので、ここでは、後者（民主政的正統化）について若干のコメントを付す。

　原田によれば、グローバル化において集団的意思形成による正統化が問題となるのは、次の二つのケースである。

---

17)　この問題は、つとに原田大樹「多元的システムにおける正統性概念」［2012年］原田・前掲注5）49-94頁で検討されていた。

18)　原田大樹「多元的システムにおける行政法学」［2010年］原田・前掲注5）8-48頁、23頁。

19)　興津征雄「書評 原田大樹著『公共制度設計の基礎理論』」季刊行政管理研究147号（2014年）54-60頁、57-58頁。同書評では、標記著書のほか、原田・前掲注6）の初出である同「グローバル化時代の公法・私法関係論――ドイツ「国際的行政法」論を手がかりとして」社会科学研究65巻2号（2014年）9-33頁を検討の対象とした。

まず、政策決定が国家によってなされる場合でも、その内容形成が実質的にグローバル・レベルに先取りされ、国家の立法者の決定権限が空洞化する場合である。この場合には、空洞化された部分を「補完的正統化要素」[20]により充填すること、またその場合でも政策内容の実現（執行）は国家が行うので、その部分を捉えて「グローバルな政策基準の定立を理念的には国家に係留する方法」（41頁）が採られる。ここにいう「理念的に国家に係留する方法」が具体的に何を意味するのか不明確であるが、おそらく、「国際的なレベルでの政策基準の形成過程・手続等に条件付けを行い、その条件を充足しなかった場合には当該政策基準の国内法上の効力を否認するという方法」[21]すなわち国家の拒否権の留保が念頭に置かれているように思われる。

　次に、「政策基準の定立とその実現とがともにグローバルなアクター（とりわけ民間主体）によって担われ、国家活動との接点を欠くような場合（例：ISOによる規格定立、スポーツ法）」（41-42頁）には、「国家の立法者を経由しない正統化の可能性が開かれている」（43頁）。ただし、国家との接続を欠く場合でも、国家が私的領域に無関心のまま放置しているわけではなく、介入しない（当該領域を国家任務としない）という積極的な決定を行ったうえで、それを私的領域に委ねていると構成される（原田は、国家が介入しないという決定をなしうる権限を「不介入オプション」と呼ぶ（43頁））。したがって、国家は、当該領域を「いつでも自己の任務領域に引き入れて制度化することができる」（43頁）ため、「グローバルな政策形成過程をも国家を舞台とする一元的な集団的意思形成の枠内に理念上とどめ」ることが可能となる（43-44頁）。

　語弊を恐れずにまとめれば、国家はグローバルな政策形成過程に介入するのもそこから離脱するのも自由自在であるから、国家意思（条約）に基づいて設立された国際機関が決定を行う場合も、国家意思とは無関係に設立された民間の主体が決定を行う場合も、等しく国家（国民）を淵源とする民主政的正統性に包摂される、というイメージを描くもののようである（44頁註(130)も参照）。しかし、国家がそのような（不）介入オプションを有しており、か

---

20)　「補完的正統化要素」としては、グローバル・レベルにおける公開の「討議・参加」、政策の「成果・結果」、二国間または多国間の協力関係における相互の「信頼」が挙げられている（38頁）。

21)　原田・前掲注12) 13頁。

つ、それを自由自在に行使しうるという前提は、グローバルな政策実現過程を説明するのに適合的だろうか。

　もちろん、前述（2⑵）のとおり、国家がそうしたオプションや拒否権を保持しておくことが、グローバル・レベルでの正統性や権利保護の強化に向けたプレッシャーとなることもある。しかし、国家があまりに自分勝手に振る舞えば、グローバルな政策実現の枠組みそのものが成り立たなくなってしまうから[22]、オプション・拒否権行使の要件や限界、その統制の方法は相当慎重に設定する必要があるように思われる[23]（民間の主体がグローバルな任務を担う場合には、私的自治や結社の自由にも配慮する必要があろう[24]）。現実問題としても、国際的な経済規制・市場規制からの離脱は、当該市場からの退場を意味し、しばしば禁止的なコストをともなうため、「国内立憲主義が政策実現を通じたコントロールを保持するという見込みは、限定されたものである」[25]との批判も存するところである。

---

22)　参照、中谷和弘「国際関係の変動、国際法の展開と国内法の対応」道垣内弘人編『岩波講座現代法の動態4 国際社会の変動と法』（岩波書店、2015年）3-24頁（国際法上の義務履行に関する国内法の対応を、日本の実例（必ずしも迅速・適切なものばかりではない）に即して分析し、国際法違反が国際社会の利益や国益を損ないかねないことを指摘する）。

23)　民主主義原理に基づく拒否権留保の実例として、村西良太「財政・金融のグローバル化と議会留保——ドイツ公法学から見た欧州債務危機の諸相」[2014年] 浅野ほか編・前掲注3) 149-187頁（グローバルな政策決定における強すぎる拒否権に懸念を示す（185頁））。

24)　この点で興味深い素材を提供するのは、ドイツのスピードスケート選手クラウディア・ペヒシュタインをめぐるドイツ国内裁判所の判断である。同選手は、2009年にドーピング規制違反で国際スケート連盟より2年間の出場停止処分を受け、これをスポーツ仲裁裁判所（Court of Arbitration for Sport：ローザンヌに置かれた国際的な仲裁機関）で争って敗訴し、さらにスイス国内法に基づきスイス連邦裁判所に仲裁判断取消しの訴えを提起したが、これも棄却された。そこで、ドイツの国内裁判所に出訴したところ、ミュンヘン上級ラント裁判所は、ドイツ独禁法違反（優越的地位の濫用）ひいてはドイツ公序違反を理由に、国際スケート連盟とペヒシュタインとの仲裁合意を無効と判断した（OLG München, Urt. v. 15. Januar 2015, Az.: U 1110/14 Kart）。これに対して、スポーツ仲裁裁判所は、「国際仲裁の基本原理が脅かされかねない」とする声明を発表している（"Statement of the Court of Arbitration for Sport (CAS) on the decision made by the Oberlandesgericht München in the case between Claudia Pechstein and the International Skating Union (ISU)", 27 March 2015, http://www.tas-cas.org/fileadmin/user_upload/CAS_statement_ENGLISH.pdf（2015年12月14日閲覧））。なお、ミュンヘン上級ラント裁判所の判断は、ドイツ連邦通常裁判所で否定された（BGH, Urt. v. 7. Juni 2016 - KZR 6/15）。スポーツ仲裁全般については、小川和茂「スポーツ仲裁」法律時報87巻4号（2015年）31-36頁参照。

グローバル化社会と行政法　　93

このように、グローバル・ガバナンスにおける正統性を国家に一元的に還元する試みには、なお課題が多い。そこで節を改めて、正統性を国家から切り離す構想を検討する。

4　グローバル行政法

グローバル行政法は、グローバル・ガバナンスそれ自体を行政法に由来する諸法理（とりわけアカウンタビリティ、透明性、参加などの手続法理）をもって規律しようとする構想である。これまでに検討した二つの見解とは異なり、どこか特定の主権国家の国内（行政）法に依拠するわけではないが、かといって、グローバル立憲主義のようにグローバル社会の一元的な構成原理を措定するものでもない[26]。グローバル行政法の全体像については先行研究に譲り[27]、ここでは正統性問題に絞って、グローバル行政法に寄せられた批判とそれに対する応答を見る。

(1)　人民主権原理の不在

グローバル社会ないし国際社会の統治構造（グローバル・ガバナンス）を一元的・統一的に秩序づける構成原理、またはそのような構成原理があるべきだとする主張をグローバル立憲主義と呼ぶとすると[28]、グローバル行政法は、

---

25)　Nico Krisch, "Global Administrative Law and the Constitutional Ambition", in Petra Dobner / Martin Loughlin (eds.), *The Twilight of Constitutionalism?*, Oxford: Oxford University Press (2010), pp. 245-266, p. 248-249.

26)　Krisch, supra note 25. But see Mattias Kumm, "The Cosmopolitan Turn in Constitutionalism: On the Relationship between Constitutionalism in and beyond the State", in Jeffrey L. Dunoff / Joel P. Trachtman (eds.), *Ruling the World?: Constitutionalism, International Law, and Global Governance*, Cambridge: Cambridge University Press (2009), pp. 258-324, p. 312（世界市民的立憲主義（cosmopolitan constitutionalism）がグローバル・ガバナンスやグローバル行政法を基礎づける概念枠組みになるとする）; Ming-Sung Kuo, "Taming Governance with Legality?: Critical Reflections upon Global Administrative Law as Small-c Global Constitutionalism", *N.Y.U. Journal of International Law and Politics*, Vol. 44 (2011), pp. 55-102（グローバル行政法がグローバル・ガバナンスを規範的に規律づける実質的意味の憲法（small-c constitution）になっているとする）.

27)　前掲注7）参照。

94 第 2 部

このような構成原理を措定せずにグローバル・ガバナンスに公法的規律を及ぼす試みである。このことは、グローバル・ガバナンスに正統性を付与する究極の主体たる人民（the people）が存在しないこと、すなわち人民主権原理が妥当しないことを意味する[29]。

　グローバル行政法は、グローバル・ガバナンスのアカウンタビリティを確保することでこの問題に応えようとする[30]。これに対する批判説は、次の二つの論点を摘示する[31]。第一に、主権国家における人民を淵源とする正統性が、均質で一元的な単数形の人民（国民）の意思に基礎づけられるのに対し、グローバル行政法におけるアカウンタビリティは個別的で特殊な自らの利益を主張する利害関係者による利益調整を可能にするに過ぎない。第二に、人民主権と結びついた議会制民主主義が、議会における公開の討議を通じた

---

28) 篠田英朗「国境を超える立憲主義の可能性」阪口正二郎編『岩波講座 憲法 5 グローバル化と憲法』（岩波書店、2007 年）99-124 頁、105 頁の「国際社会の立憲主義」ないし「国境を超える立憲主義」を統治の観点から理解し直したものである。See also Krisch, *supra* note 25, p. 252（立憲主義を「基礎づけ的（foundational）」なものとして理解する）.

29) ここでは、文化的・言語的・民族的に一体をなす世界人民が事実として存在しないことよりも、統治の正統性の淵源たる人民が（憲）法によって再帰的に統合されるプロセスが存在しないことに力点がある（参照、藤谷・前掲注 13）338-339 頁）。なお、「統治のグローバル化の問題の本質は、De-nationalization ではなく De-democratization である」（藤谷武史「統治における立法の位置——公法学の観点から」法哲学年報 2014『立法の法哲学——立法学の再定位』（有斐閣、2015 年）33-49 頁、45 頁）との指摘があるとおり、本文で論じる問題はグローバル・ガバナンスにおける民主主義（民主的正統性）の欠損として捉えられることが多い。しかし、後述のステークホルダー民主主義のように、人民を淵源としない民主主義も理論的には構想しうるので、本文では、英語圏の政治哲学において "人民による統治" を意味する人民主権（popular sovereignty）の観念を用いた。日本憲法学がフランス憲法学の影響下に論じているプープル主権の概念にコミットする意図はない。

30) 興津・前掲注 3）。念のために注記すれば、アカウンタビリティの概念は、統治が人民の要求に応答的なものであるために充たさなければならない種々の指標の総称として用いられる場合と、統治者と被統治者または権限行使者と授権者の関係を問う概念として用いられる場合とがあり、グローバル行政法の文献でもその両方の用法が混在しているが、ここでは後者の意味である（Yukio Okitsu, "Accountability as a Key Concept for Global Administrative Law: A Good Governance Mantra or a Globalized Legal Principle?", *Kobe University Law Review*, Vol. 49 (2015), pp. 99-111, pp. 101-107）。

31) 必ずしもこの二つを明示的に分節するものではないが、たとえば、藤谷・前掲注 13）357-358 頁（国法秩序には利害関係人の単なる意見の反映を超える要素が含まれているとする）、原田・前掲注 6）42 頁（グローバル行政法は利害関係者間での合意を調達する利益民主主義的な方向を示すとする）。

公的言説による批判可能性を担保するのに対し、グローバル行政法にはそれがない。

　こうした批判には確かに聴くべきものがある。グローバル行政法において現に提案されまた実行されている制度が、主権国家の議会制民主主義に比肩しうるものでないことはいうまでもないし、アカウンタビリティだけで正統性問題が解決できるわけでもない。しかし、このことを措くと、前述の批判には次のような応答が可能であろう。

(2)　利害当事者原理による基礎づけ

　前述の批判の第一点は、人民主権を前提とする議会制民主主義における正統性調達の過程（しかもドイツの民主的正統化論に影響されたそれ[32]）を、あまりに当然視している嫌いがある。なるほど、正統性の淵源として一元的な人民を観念できる主権国家の国内では、少数の利害関係者によって、全体のものであるべき公的決定過程が絡め取られることには、警戒的であるべきだろう。しかし、人民主権が妥当しないグローバル・ガバナンスにおいては、そもそも公的決定過程が帰属すべき "全体" が何であるのかが、容易に確定しえない。このような条件下では、決定によって影響を受ける利害当事者を余すことなく決定過程に参与させる "利害当事者原理（Principle of Affected Interests)"[33]こそが重要であり、とりわけ強者の前にかき消されがちな弱者の声を決定に適正に反映させることのできる制度的担保が必要となる。

　そもそも、グローバル行政法の標榜するアカウンタビリティの観念は、もともとはアメリカにおける行政国家化の進展により委任立法と行政裁量が増大し、議会制民主主義が行政活動を統制するという建前が維持できなくなった現実を前にして、適正に代表されにくい利益（環境利益や消費者利益などが想定されていた）をいかにして行政過程に反映させるかという関心に由来す

---

32)　原田・前掲注17) 77 頁。

33)　Robert A. Dahl, *After the Revolution? Authority in a Good Society*, Revised ed., New Haven: Yale University Press (1970, 1990), p. 49; Robert E. Goodin, "Who Counts?" [2007], in *Innovating Democracy: Democratic Theory and Practice after the Deliberative Turn*, Oxford: Oxford University Press (2008), pp. 127-154.

るものであった[34]。グローバル行政法が手続法理の活用を説く狙いのひとつは、ここにある[35]。

批判の第二点は、個別の決定過程を公開して透明性を確保することを超えて、そのような過程を下支えする公的な言説空間の存否を衝くものと考えられる。そうすると、これはそのままグローバル行政法の前提とする民主主義の形を問うものであろう。これに応答することは本稿の範囲を超えるが、人民主権原理に代えて利害当事者原理を基礎とし、政策領域ごとに利害当事者（ステークホルダー）を民主主義の担い手（デモス）としてノミネートするステークホルダー民主主義をひとつの可能性として指摘しておきたい[36]。

5 おわりに

本稿は、日本の学説を比較検討する過程で、行政法もグローバル・ガバナンスを対象とすべきこと、またその際に主権国家の存在を理論構築の先験的な前提として自明視すべきでないことを主張した。これは決して、国家の役割がもはや不要になったとか、国家中心の行政法ではグローバル化に対応できないなどという認識に基づくものではない。一口にグローバル化といっても、生じている事象はさまざまであり、国家の内と外での両方の対応が求められている。たとえば、公法抵触法論（2(1)、3(1)）は、国家の内側で対応すべき問題についての国内行政法からの応答として、本稿も重要な意義を認め

---

34) Richard B. Stewart, "The Reformation of American Administrative Law", *Harvard Law Review*, Vol. 88 No. 8 (1975), pp. 1667-1813. See also Archon Fung, "The Principle of Affected Interests: An Interpretation and Defense", in Jack H. Nagel / Rogers M. Smith (eds.), *Representation: Elections and Beyond*, Philadelphia: University of Pennsylvania Press (2013), pp. 236-268, p. 241（行政国家と利害当事者原理との関連）.

35) Richard B. Stewart, "Remedying Disregard in Global Regulatory Governance: Accountability, Participation, and Responsiveness", *American Journal of International Law*, Vol. 108 (2014), pp. 211-270.

36) 参照、松尾隆佑「マルチレベル・ガバナンスにおける民主的正統性と公私再定義―ステークホルダー・デモクラシーのグローバルな実現に向けて」社会科学研究 65 巻 2 号（2014 年）185-206 頁、高橋良輔「国境を越える代表は可能か？」山崎望＝山本圭編『ポスト代表制の政治学』（ナカニシヤ出版、2015 年）57-90 頁。興津征雄「国際機関の民主的正統性」公法研究 79 号（2017 年）148-158 頁も参照。

るものである。

　しかしまた、国家が単独ではその問題解決能力を十全に発揮できないような状況が広がりつつあること、その反面でグローバル・ガバナンスの存在感が徐々に増していることは、否定できないように思われる。伝統的な行政法観からすれば、グローバル・ガバナンスが行政法の問題かと訝る向きもあろうが、グローバル・ガバナンスを国境を越えた社会管理機能[37]の一態様であると捉えれば、これを行政法の思考枠組みで規律することが決して荒唐無稽な発想ではないことが理解されるであろう。大切なのは、現象に対する多様なアプローチがありうることを認め、それらを理論的在庫として備蓄し、相互の対話と批判を継続することである。それは、グローバル化社会における行政法学の務めであり、学問的に十分エキサイティングな作業であるというのが、本稿の立場である。

---

37)　遠藤博也『行政法Ⅱ（各論）』（青林書院、1977 年）8-9 頁・80 頁。遠藤は必ずしもグローバル・ガバナンスを念頭に置いていたわけではないが、彼の行政法理論は国家法の相対化を志向するものであった。参照、興津征雄「計画の合理性と事業の公共性──《計画による公共性》論から見た土地収用法と都市計画法」吉田克己＝角松生史編『都市空間のガバナンス』（信山社、2016 年）287-313 頁、308-313 頁、同「行政過程の正統性と民主主義──参加・責任・利益」宇賀＝交告編・前掲注 12a）325-345 頁、336 頁。

グローバル化のなかの
「国際人権」と「国内人権」[*]
その異なる淵源と近年の収斂現象・緊張関係

小畑　郁

1　はじめに

「国際法学者は国内法を知らず、国内法学者は国際法を知らない」[1)]という
学界状況は、少なくとも日本について言えば、ほとんど変わっていない。そ
の結果、国際法学者も国内法学者も、他方に過剰な期待を寄せるか絶望する
という状況が生ずる。こうした現象は、両者の協力関係が求められると考え
られている人権の分野でも、あるいはそうであるがゆえに一層、顕著である。
このことは、とりわけ、2013 年 9 月の日本の最高裁判所による婚外子相続
分規定違憲決定[2)]を念頭におきつつ、「国際人権」の参照が、どのように・

---

[*]　本稿には、次の研究助成に基づく研究成果のそれぞれ一部を含む。科研課題番号 15H01916、
同 15H03304、同 26590006、および司法協会研究助成「日本の裁判所における国際法情報の利用
に関わる諸制度と利用実態」（2016 年 1 月〜 2017 年 12 月、研究代表者・小畑郁）。なお、本稿
の準備、とりわけ表の作成には、松田志野氏（元・名古屋大学大学院法学研究科・非常勤研究員）
および竹内徹氏（同非常勤研究員）の助力を得た。

[1)]　芹田健太郎「国際人権の意義について」［初出 1994 年］同『地球社会の人権論』（信山社、
2003 年）14 頁以下、29 頁。

[2)]　最大決 2013・9・4 民集 67 巻 6 号 1320 頁。筆者によるこの決定の評価として、見よ：Kaoru
OBATA, "The European Human Rights System beyond Europe", *Journal für Rechtspolitik*, Bd.
23（2015）, S.36, 41-42.

どの程度なされているか、それをどう評価するか、ということをめぐって、本書に収録された論稿においても、活発に議論されていることからも明らかであろう[3]。

　しかし、こうした参照がそもそも可能なのか、元来は可能かどうか疑わしくとも現に行われたことにはどのような背景があるのか、そして、それは、どのような展望を切り開きどのような限界を有するのか、という問題には、必ずしも十分な光が当てられているとはいえない。上記の過剰な期待と幻滅という正反対にぶれる反応を抑止するためには、さしあたり、「国際人権」という概念の構造的基礎を明らかにし、それにどのような変容が起こっているのかを明確にする必要がある[4]。

　「国際人権」とは、国際的に、すなわち国民国家という単位を超えて、保障されるべきだと考えられている人間の権利、とさしあたり定義できる。具体的・典型的な法現象としては、国際連合によって採択されている人権条約、とりわけ国際人権規約[5]とその国際的実施状況、および、世界的なレヴェルの動向に最も強い影響を与えているヨーロッパ人権条約（本稿では、紛れるおそれのない場合、単に条約ともいう）とその国際的実施プロセス[6]が最も注目されるであろう。

2　「国際人権」の淵源——「国内人権」との相違

　ここでは、「国際人権」の古典的現象形態を分析することを通じて、その

3）　とりわけ、本書所収の山元一「『国憲的思惟』vs.『トランスナショナル人権法源論』」、棟居快行「グローバル化社会と憲法」、江島晶子「グローバル化社会と『国際人権』」を見よ。

4）　本稿は、法律時報88巻4号（2016年）に掲載された論稿に加筆したものであるが、さらに遡れば、本稿は、次の論稿の準備過程で考えてきたものを、比例原則という文脈から切り離して一般的に展開したものである。小畑郁「人権条約機関における人権概念と判断手法」比較法研究75号（2013年）221頁以下。この来歴により、この論文との若干の重複があることをお断りしたい。

5）　「経済的、社会的及び文化的権利に関する国際規約」（以下、社会権規約）、および「市民的及び政治的権利に関する国際規約」（以下、自由権規約）。

6）　全般的に参照：戸波江二ほか編『ヨーロッパ人権裁判所の判例』（信山社、2008年）、小畑郁『ヨーロッパ人権法の憲法秩序化』（信山社、2014年）。

100　第2部

淵源の所在を探ることにする。ここで、古典的現象というのは、政治的には冷戦崩壊以前の、経済的にはグローバル化が本格的に進展する以前の（あえて具体的に年代を区切れば 1980 年代前半までの）、支配的な「国際人権」観念の発現とみられる現象を指して言っており、それを明らかにするためには、ヨーロッパ人権条約が格好の素材である[7]。

(1)　権利の体系

　1949 年に採択された条約の実体規定のテキスト（それには今日に至るまで変更が加えられていない）を見て、最初に気づくのは、権利の体系について、「国内人権」、より正確には、政治社会の基本法で保障されるべき権利についての議論とは、まったく異なる次元の考え方に立っていることである。

　条約における権利のカタログは、まず、生命権についての規定（2条）にはじまり、非人道的待遇の禁止（3、4条）、人身の自由・刑事司法の原則（5条、6条2、3項、7条）と続き、さらに裁判を受ける権利（6条）を保障している。これらの規定の後、私生活・家族生活の尊重を受ける権利（8条）を挟んでようやく固有の精神的自由（9、10、11条）が規定されるのである。これは、1948 年の世界人権宣言と同じである。

　条約の場合、これが単に書き方の順序にすぎないわけではないことは、それぞれの権利に許される制限をみればわかる。条約は、許される制限について一般的規定をおく（一般的制限条項方式。世界人権宣言 29 条 2 項、社会権規約 4 条参照）のではなく、個々の権利ごとに許される制限を定める個別的制限条項の方式（自由権規約も同じ）を採用している[8]。そして私生活・家族生活の尊重を受ける権利および精神的自由においては、こうした制限がおのお

---

7)　1966 年に採択された国際人権規約は、ともに 1976 年に発効している。しかし、その主な実施手続である政府報告書審査においては、1992 年に至るまで、実施機関の集団的評価を示す総括所見（concluding observations）は採択されておらず、社会権規約においては、個人専門家で構成される委員会自体、1985 年にようやく設置されたものである。自由権規約選択議定書による個人通報手続における違反認定を含む最終見解（views）の数は、1984 年末までで 49 件にとどまり、それらの相手国別の内訳は、ウルグアイ 40 件、ザイール 3 件、コロンビア 3 件、カナダ 2 件、モーリシャス 1 件である。結局、国際人権規約の実施状況の資料から古典期の「国際人権」の有り様を示すことには限界があることを意識する必要がある。

の包括的に規定されている（8〜11条の各2項）。表現の自由に関する10条2項は、全文引用に値する。

　　「前項の自由の行使については、義務および責任を伴うので、法律によって定められた手続、条件、制限または刑罰であって、国の安全保障、領土保全もしくは公共の安全のため、無秩序もしくは犯罪の防止のため、健康もしくは道徳の保護のため、他の者の名誉もしくは権利の保護のため、秘密に受けた情報の暴露を防止するため、または司法機関の権威および公平さを維持するため、民主的社会において必要なものを課することができる。」

　これほど包括的でなくても、私生活・家族生活の尊重を受ける権利および精神的自由については、「公共の安全」のための制約は明示的に認められている。これに対して、人身の自由では、制限ができるかぎり個別的に定式化され（5条1項各号参照、4条3項も見よ）、拷問や虐待からの自由については、制限がそもそも認められていない（3条）[9]。つまり、条約のテキストにおいては、人間の肉体の自由をまず手厚く保護し、精神的自由については、それに劣後する保障しか与えていないのである。

　自由権規約についても、以上と同様の所見を導き出すことができる。

(2)　古典期における実践

　こうした体系は、古典期において条約の実施機関が違反を認定した事案の数にも反映している（**表1**の①欄）。

　現代に至るまで、もっとも違反認定の多いのは裁判を受ける権利であり、ついで人身の自由・刑事司法の諸原則、非人道的処遇の禁止が続く。精神的自由についての違反認定は、全期間を通じて5%程度にとどまり、古典期には、

---

8)　見よ：安藤仁介「人権の制約事由としての『公共の福祉』に関する一考察」法学論叢132巻4=5=6号（1993年）51頁以下。

9)　さしあたり見よ：今井直「拷問禁止規範の絶対性のゆらぎ」国際人権18号（2007年）68頁以下。

表 1　ヨーロッパ人権裁判所英文違反認定判決の条文別構成

	生命権 2条	虐待等の禁止 3、4条	人身の自由・刑事司法の原則 5、6(2、3)、7条	裁判を受ける権利 6(1)条	私生活・家族生活の尊重 8条、12条	精神的自由 9条—11条	財産権 第一議定書1条	条約上の権利についての実効的救済 13条	英文本案判決全体
全体 (％)	739 4.1	2076 11.5	2619 14.6	8050 44.8	1200 6.7	910 5.1	1241 6.9	2068 11.5	17980 100
①〜1984 (％)	0 0.0	2 3.0	18 27.3	18 27.3	3 4.5	2 3.0	1 1.5	2 3.0	66 100
② 85〜2007.1.18 (％)	128 2.0	234 3.7	603 9.4	4139 64.6	363 5.7	294 4.6	32 0.5	658 10.3	6408 100
③最近10年間 (％)	611 5.3	1838 16.0	1998 17.4	3893 33.8	834 7.2	613 5.3	1208 10.5	1408 12.2	11506 100
(参考)最近5年間 (％)	279 6.2	1032 22.8	911 20.1	1597 35.2	375 8.3	263 5.8	522 11.5	588 13.0	4533 100

（英文テキストが HUDOC にあるもののみ、2017 年 1 月 19 日現在）
（注）①はそれぞれの判決文を分析したが、その他は HUDOC（ウェブ上のヨーロッパ人権裁判所判例データベース）のフィルター機能を利用して作成。ただし、②は、全体から①＋③を減じて算出

わずか3％と非常に少ないことがわかる。

　裁判を受ける権利の違反認定が多いのは、裁判遅延によるこの権利の違反が、多くの締約国の実情からすれば簡単に認定されるという要因により誇張されているが、ヨーロッパ人権裁判所が、裁判を受ける権利の保障について、精神的自由の確保の場合に劣らない機能を発揮していると考えて間違いはないのである。

　こうした傾向は、表2に示されるように、程度の差こそあれ、自由権規約選択議定書に基づく事件についても、同様である。

　また、条約実施機関は、当初、外国人、浮浪者、テロリスト容疑者、婚外子といった人々ばかり救済する、という評価を受けてきた。実際、表3からわかるように、正規の公共秩序からはずれた人々を、より保護してきたのである。

(3)　歴史的・概念的考察による古典的現象の分析

　以上のような現象は、どのような理由に基づくものであろうか。まず、指

表 2 自由権規約委員会違反認定最終見解の条文別構成とその推移 実数／割合（%）

	生命権	非人道的処遇の禁止	人身の自由・刑事司法の原則	移動の自由	裁判を受ける権利	私生活・家族生活の尊重	精神的自由	政治的権利	差別の禁止	少数者保護	違反認定を含む最終見解全体
	6条	7、8条	9、10、11、14(2-7)、15条	12、13条	14(1)条	16、17、23、24条	18、19、21、22条	25条	26条	27条	
～1990年	8 9.6	33 39.8	24 28.9	4 4.8	18 21.7	3 3.6	6 7.2	8 9.6	7 8.4	2 2.4	83 100
1991～2000年	32 18.8	80 47.1	73 42.9	2 1.2	44 25.9	7 4.1	8 4.7	3 1.8	18 10.6	2 1.2	170 100
2001～2012年11月5日	40 10.8	158 42.6	134 36.1	4 1.1	73 19.7	48 12.9	20 5.4	6 1.6	47 12.7	4 1.1	371 100

（注）http://www.bayefsky.com/（最終確認日：2016年2月23日）で提供されている条文別決定リストを利用して作成

摘しなければならないのは、直近のヨーロッパの歴史である。

　西欧文明は、ナチズム・ファシズムにより、その内側から重大な危機に直面した[10]。そののちに登場した条約が、西欧近代に対するナイーブな評価を、むしろ断念することから生まれていることは明白である。そのひとつのリアクションは、人権の国際的・集団的保障という形態であろうが、内容的にそこでまず保障されるべきと考えられたのは、人間が物理的に暴力を受けないこと、となったのは必然である[11]。ナチスが、世界でも最も徹底した普通選挙制度のもとで「合法」的に政権を奪取したことは、民主的プロセスを保障するだけでは不十分である、という教訓となった。

　西欧にかぎらず、世界人権宣言も同様の体系を採用していることからして、結局「国際人権」の淵源には、反ファシズムという文脈があるのであり、それは、民主的プロセスと強い関係をもつ諸権利に対して、最優先の位置づけ

---

10) この点を条約準備作業との関係で指摘しているものとして、見よ：薬師寺公夫「ヨーロッパ人権条約準備作業の検討（上）」神戸商船大学紀要 第1類・文科論集32号（1983年）35頁以下、37-38頁。

11) ウィーン大学本館に刻まれている "Gegen Krieg und Gewalt; In Gedenken an die Opfer des Nationalsozialismus" という標語は象徴的である。

104 第2部

表3 ヨーロッパ人権裁判所の1970年代までの違反認定事件における申立人(被害者)の属性

判決年月日	事件	申立人(被害者)の属性
1968年6月27日	ノイマイスター対オーストリア	被拘禁者(未決拘禁)
1968年7月23日	ベルギー言語	言語的少数者
1969年11月10日	ステグミュラー対オーストリア	被拘禁者(未決拘禁)
1971年6月18日	浮浪者事件(対ベルギー)	「浮浪者」
1971年7月16日	リンガイセン対オーストリア(本案)	被拘禁者(未決拘禁)
1975年2月21日	ゴルダー対イギリス	受刑者
1976年6月8日	エンゲルほか対オランダ	懲戒対象の軍人
1978年1月18日	アイルランド対イギリス	テロリスト容疑者
1978年4月25日	タイラー対イギリス	マン島の少年
1978年6月28日	ケーニッヒ対ドイツ	(特記事項なし)
1978年11月28日	リューディッケほか対ドイツ	刑事被告人
1979年6月13日	サンデータイムス対イギリス	新聞
1979年6月13日	マルクス対ベルギー	婚外子とその母
1979年10月9日	エリー対アイルランド	離婚(別居)請求の女性
1979年10月24日	ヴィンターヴェルプ対オランダ	精神病による強制入院患者

(注)筆者作成

を与えないという帰結を生んでいる。

　そのことは、「国際人権」に関する限り、西欧においてすら明確であった。世界人権宣言は、「人民の意思は、統治の権力の基礎である」(21条3項)と謳い、「すべての者」の「自国」における参政権(普通・平等選挙権の確保を含む)および公務就労権を規定しているが、ヨーロッパ人権条約では、1949年採択の条約本体では、政治的権利を規定することができず、1952年採択の第1議定書で、秘密投票による自由選挙の保障だけが、人間の権利という定式を避けて[12]、規定されたのである。

　さらに、世界レヴェルで、民主主義そのものが、統治の基本原理として共通に要求される事項であると受け入れられるのは、1990年代を待たなければならなかった。それは、EC-EUの対外経済協力協定の展開においても[13]、

---

12) したがって、後にこの規定が個人の権利を保障したものかどうか争われた。*Matieu-Mohin and Clerfayt v. Belgium* (PC), Judgment of 2 March 1987, Publications of the European Court of Human Rights, Series A (hereinafter cited as Series A), no. 113, 戸波ほか編・前掲注6) 468頁(肯定)。

13) さしあたり見よ：小畑郁「EC対外関係協力協定における人権・民主主義の位置づけの変遷」佐分晴夫ほか編『グローバル化のなかの法整備支援』(名古屋大学法政国際教育協力研究センター、2007年) 33頁以下。

世界銀行の政策においても明らかである[14]。

　より広く、「国際人権」は、古典的には、政治社会としての一体性が前提にないというところにその本質があると言ってもよいであろう。

　ここで生ずるのは、政治社会の一体性がないところで、どうして人の権利が保障されなければならないと考えられるのか、という疑問である。実は、19世紀末にその絶頂期を迎える伝統的国際法においても、大きな限定つきではあるが、人のミニマムな権利という観念はあった。それは、一般に「外国人法」といわれている[15]。19世紀後半以降、ラテンアメリカを主な適用対象として、外交的保護といわれるものが、国際法上の制度として展開した。ここでは、自国民が被った損害の賠償を事件の第1次的管轄を有する国（通常は領域国）に請求することができた。この制度の前提として、外国人には文明国のミニマムな待遇が保障されなければならない、という外国人法の観念が存在したのである。外国人法により保障が求められたのは、人身の自由、財産権（ただし経済的自由については通商条約による保障を俟つ）および裁判を受ける権利である。なお、この場合、国際法が具体的に基準としてきたのは、内国民待遇や最恵国待遇のように、差別の禁止ということであることにも、注意が必要であろう。

　外国人法の観念が示すのは、政治社会としての一体性が前提になくとも、経済社会としての一体性がある限り、ミニマムな人の権利の保障が求められる、ということであろう[16]。これは、古典的な「国際人権」における人身の自由および裁判を受ける権利の重視と符合する。財産権そのものが国際人権規約からは脱落し[17]、ヨーロッパ人権条約でも第1議定書に回されたことは、

---

14)　さしあたり見よ：桐山孝信「世界銀行の『グッド・ガバナンス』」証券研究年報16号（2001年）23頁以下、24-25頁。

15)　外国人法、および、その「国際人権」との関係については、参照：祖川武夫「人権の国際的保障と国際法の構造転換」（初出1987年）『祖川武夫論文集　国際法と戦争違法化』（信山社、2005年）35頁以下、36-38頁。もっとも、次も見よ：芹田健太郎「〔書評〕高野雄一『国際社会における人権』」（初出1978年）芹田・前掲注1）46頁以下、49-50頁。

16)　西欧・北米、とくにイギリスが、独立したラテンアメリカにおいて、商人（初期投資家）の自由な活動の物理的保障を求めたことが示唆的である。具体的な事例については、たとえば見よ：小畑郁「近代国際法における外国人の身体・財産の一般的・抽象的保護観念の登場」安藤仁介先生古稀記念『21世紀国際法の課題』（有信堂、2006年）199頁以下。

106　第2部

社会民主主義を含む社会主義の存在という状況に対応するのであって、むしろ「国際人権」が、政治イデオロギー上の一致を犠牲にしても成立するということを示している。

　要するに、古典的な「国際人権」は、国境を越える経済的な一体性を基盤としつつ、反ファシズムの潤色を濃厚に施されている。それは、政治社会としての統合の視点からは、周辺部ないし埒外に居る人々にむしろ眼を向けている。これらの点で、古典的な「国内人権」とは成り立ちにおいて異なるのである。

3　「国際人権」の変容──「国内人権」への接近

(1)　「国際人権」による民主主義プロセスの保障

　冷戦の崩壊とグローバル化は、「近代的法秩序枠組み」の崩壊を決定的なものとしつつある[18]。ひとつには、国民国家間の「棲み分け」の構造が弛緩し、一国の公権力が、より頻繁に国境を越えて行使されるようになり、そうした行動が、国際的にハーモナイズされなければならないと考えられるようになっている。もうひとつには、世界そのものを政治社会として構成せざるを得ない状況が生じたことである。IS（「イスラム国」）やグローバルな規模でネットワーク化しているテロリストの軍事活動は、まさに「世界内戦」現象であり、そうしたものとして取り扱われている。こうした事態に対処し今や個人に対する「制裁」をも決定する国連安全保障理事会の決議[19]や、国際法上の犯罪を取扱う国際刑事裁判所 ICC の活動[20]は、国際社会そのものの公権力の行使として性格づけられ、それにふさわしい手続と実体的規制を必

---

17)　参照：薬師寺公夫「国際人権条約に於ける財産権(1)（2・完）」法学論叢 105 巻 2 号 61 頁以下、同 106 巻 2 号 58 頁以下（1979 年）。

18)　筆者によるこのような整理の試みとして、参照：小畑郁「グローバル化による近代的国際／国内法秩序枠組みの再編成」浅野有紀ほか編著『グローバル化と公法・私法関係の再編』（弘文堂、2015 年）129 頁以下、130-131 頁。

19)　さしあたり見よ：小畑郁「個人に対する国連安保理の強制措置と人権法によるその統制」国際問題 592 号（2010 年）5 頁以下。

20)　見よ：古谷修一「国際刑事裁判の国際法秩序像」法律時報 85 巻 11 号（2013 年）32 頁以下。

グローバル化のなかの「国際人権」と「国内人権」 107

要としている。

こうして、結局、「国際人権」も今や、政治社会としての一体化を前提とした規制を志向するものとなりつつある。少なくとも一国の政治社会としての統合は、民主主義原理に基づかなければならないと、国際的に要請されている[21]。表1が示すように、近年、ヨーロッパ人権条約において、精神的自由の違反が認定される事例の割合が増加している。こうした現象は、かかる要請を反映していると考えてよいであろう。

(2)　手続保障化と比例原則の一般化

他方、この世界は、このように政治的にも一体化しつつあるが、内容的価値を共有するものではないことは明らかである。そうした状況で、政治プロセスへの介入を強めようとするとするならば、必然的に手続保障化 (procéduralisation)[22]ということが起こってくる[23]。

近年、ヨーロッパ人権裁判所は、生命権（2条）や拷問等の非人道的処遇の禁止（3条）について、それらの手続的側面を認め、その側面についての違反を頻繁に認定するようになっている。表1からわかるように、1980年代には、ほとんど違反認定されることがなかった実効的救済手段を得る権利（13条）について[24]、近年、頻繁に違反認定されるようになっている。

このような手続保障化と、「国際人権」においても顕著な（とはいえ条約に比して自由権規約では時代が下がる）比例原則の一般化とは、統制の強化とその価値中立性という点で、同じ性格をもつものである[25]。

---

21)　見よ：桐山孝信『民主主義の国際法』（有斐閣、2001年）。
22)　次の文献は、この概念を極めて早い段階で明示的に用いており、その意味で注目される。Sébastian van DROOGHENBROECK, *La proportionnalité dans le droit de la Convention européenne des droits de l'homme* (Publications Fac St Louis, 2001). なお、最近の文献として、参照：Oddny Mjöll ARABARDÓTTIR, "The 'procedural turn' under the European Convention on Human Rights and presumptions of convention compliance", *International Journal of Constitutional Law*, Vol. 15 (2017), p. 9ff.
23)　以下、ヨーロッパ人権裁判所による最近の解釈原理に即したより詳しい分析として、参照：小畑郁「ヨーロッパ人権条約における権利の体系と解釈方法論」『ヨーロッパ人権裁判所の判例Ⅱ』（信山社、近刊）所収。
24)　見よ：小畑・前掲注6）218頁。

108　第2部

(3)　「公正な均衡」論の台頭と「評価の余地」の一般化

　こうした動向は、ヨーロッパ人権条約を貫く原理として「公正な均衡 fair balance」という観念を位置づけようとする議論に発展させられている[26]。「公正な均衡」とは、ここでは、違反の認定の過程で確かめるべきとされる、条約上の権利と共同体の利益との間のそれを指している。

　この概念は、ヨーロッパ人権裁判所では、まず財産権についての判例において発展した[27]。条約第1議定書（1条）でも、財産権が広範な公益による制約の対象となることが予定されているので、こうした概念が、この文脈で関連性をもつことは明らかである。もっとも、その際、より一般的に「この均衡を追求することは、条約全体に内在的である」[28]と述べられた。しかし、これは、この条文それ自体に書き込まれていない財産権制約の規制を正当化するためだったと考えられる。したがって、こうした緩い概念を、一般的な違反審査の基準として他の権利についても及ぼすことは、正当とは思われない。

　にもかかわらず、「公正な均衡」を条約全体の原理として強調する傾向があるとすると、それは、結局のところ政治社会として統合された共同体の内側の個人が、どのような権利を主張しうるか、というむしろ「国内人権」の淵源に根強く横たわる観念に基づくものといわなければならない。

　同じことは、「評価の余地」が一般的に妥当するとの現在の支配的な観念についてもいうことができる。「評価の余地」とは、とりわけヨーロッパ人権裁判所の判例理論として確立してきたもので、どのような権利制限が必要か、という判断をする第1次的な権限を各国の当局に認めようとするものである。

　問題は、もともと、この観念は、緊急事態における権利停止（条約15条）や権利の制限が認められている条項（とくに8〜11条）について、議論され

---

25)　小畑・前掲注4) 224-225頁。

26)　見よ：Jonas CHRISTOFFERSEN, *Fair Balance, Proportionality, Subsidiarity and Primary in the European Convention on Human Rights*（Martinus Nijhof, 2009）.

27)　たとえば見よ：*Sporrong and Lönnroth v. Sweden*（PC）, Judgment of 23 September 1982, Series A, no. 52, 戸波ほか編・前掲注6) 444頁, para. 69.

28)　*Ibid.*

てきたものであるにもかかわらず[29]、今日その文脈を離れて一般的に認められると観念される傾向があることである。2013年採択の条約第15議定書（未発効）により付け加えられることになる前文の末項には、このような一般的な定式で「評価の余地」が確認されている[30]。

　以上のような傾向の危険性が端的に現れるのは、すでに指摘したように、条約3条のような、制限を許さない、その意味で比例原則の不適用領域にある権利に、比例原則とともに制限が密輸入されることである[31]。

4　おわりに

　以上のことから、グローバル化により「国内人権」が「国際人権」を受容するようになってきた、という図式は、一面的であることがわかるであろう。実は、「国際人権」も大きく変容し、「国内人権」に接近するようになっているのである。

　筆者の観察では、「国内人権」にはちょうど逆の運動が起こっている。ここ数年、日本でも、国籍をもたないとされている者や婚外子に関して、つまり、日本の政治社会への統合が十分でない人々の権利の問題が、憲法問題として議論されてきたことは象徴的である。また、その際、最高裁判所が、これまで緩やかな基準しか導き出してこなかった平等・差別禁止原則を持ち出して違憲という結論に至ったことも、古典的外国人法におけると同じ傾向を示している。結局憲法の運用にあたっても、一国の政治社会の周辺部ないし埒外にいる人々のことを考えなければ、経済関係に先導されるグローバル化に対応できないことが意識されているのである。

　このように、両者は、双方ともに互いに接近してきている。そうすると、「国際人権」と「国内人権」の相互参照という現象が生ずるのは当然ともいえる。両者は今のところ、ともに最小限基準を示すものと理解されている。また、

---

29)　さしあたり参照：北村泰三「ヨーロッパ人権条約と国家の裁量」法学新報88巻7=8号（1981年）35頁以下、41、45頁。

30)　筆者による指摘として、見よ：OBATA, *supra* note 2, S.36.

31)　小畑・前掲注4）225-226頁。

110　第2部

関連するのが、ともに原理（principles）であると言うことができれば、実際
上の問題は生じない。思想闘争はなんら生ぜず、すべては程度問題で片がつ
く。

　もっとも、元来両者の淵源は異なるところにあり、ともに法の本性ともい
える一貫性を追求するならば、衝突する部分が生ずるのも当然である。まず、
プライバシーの権利と報道の自由のように、一方の権利にとって最大限基準
という側面もある場合、「国際人権」における線引きと「国内人権」におけ
るそれの相違は直ちに抜き差しならない事態を生む[32]。また、一方が、自由
権規約7条のような準則（rules）（と解されているもの）を規定している場合は、
他方の側の原理の適用によって準則の厳格さが緩められてはならず、準則が
優位しなければならない。このときもまた、婚外子相続分違憲決定がその展
望を一見切り開いたかのようにみえる、「国際人権」と「国内人権」との「幸
せな結婚」はありえないのである。日本においては、刑事裁判における無料
の通訳[33]といった適正手続の保障や被拘禁者の権利[34]の文脈で、この問題
が頻出する。

　「国際人権」の側から、関連現象を観察してきた筆者にとっては、両者の
接近により、「国際人権」に埋め込まれてきた価値、とりわけ反ファシズム
の文脈が掘り崩されることこそが、今日的状況の中で警戒すべき現象である。

32）　たとえば、*Von Hannover v. Germany*, Judgment of 24 June 2004, Reports of Judgments of
　　the European Court of Human Rights, 2004-VI, 戸波ほか編・前掲注6）328頁。また見よ：*Open
　　Door and Dublin Well Women v. Ireland*（GC）, Judgment of 29 October 1992, Series A, no. 246-
　　A, 戸波ほか編・前掲注6）54頁。

33）　見よ：東京高判1993・2・3東高裁判時（刑）44巻1～12号11頁、浦和地決1994・9・11
　　判タ867号300頁。

34）　見よ：東京地判2002・6・28判時1809号46頁など。この判決は、「幸せな結婚」を説きつつ、
　　実際には「国内人権」の論理のみで判断したものと評しうる。むしろ両者の緊張関係を意識する
　　ことの重要性を示す端的な例である。

法哲学の問題としてのグローバル化[*]
その方法論上の含意について

近藤圭介

1　はじめに

　「〈現代の「グローバル化」現象は、我々の法ないし法学のあり方に反省を迫り、その再構築を促すものである〉[1]」という認識は、今日における法学研究の遂行において、極めて正当であり、かつ重要であると思われる。それゆえ、このような認識に基づいて、実定法学の諸分野に属する研究者たちが、その各々の分野におけるグローバル化のインパクトについて検討を開始したことは、素直に歓迎すべき出来事である。

　もちろん、このような認識を持つべきなのは、実定法学の諸分野だけでは

---

[*]　本稿は、2016 年 8 月 31 日に開催された科研費基盤研究（B）「グローバル化に伴う領域横断的法学研究・教育の課題と可能性」（研究代表者：山元一）の夏季研究会合宿において筆者が行った、浅野有紀＝原田大樹＝藤谷武史＝横溝大編『グローバル化と公法・私法関係の再編』（弘文堂、2015 年）に対するコメントの前半部分を基に、筆者のその後の研究の進展を加味して、大幅に加筆修正したものである。合宿に参加された先生方、とりわけ拙コメントに応答いただいた原田大樹先生及び藤谷武史先生、並びに執筆に際して内容及び構成について非常に有益なご指摘を頂いた那須耕介先生（京都大学）に、心よりお礼申し上げます。

[1]　浅野有紀＝原田大樹＝藤谷武史＝横溝大編『グローバル化と公法・私法関係の再編』（弘文堂、2015 年）333 頁。

112　第2部

ない。法学の一分野であるところの法哲学もまた、当然のことながら、この認識を共有することが求められよう。したがって、この認識を踏まえて、法哲学という分野におけるグローバル化のインパクトをめぐって十分な理解を得ることは、今日においてその研究を適切に遂行するにあたり不可欠な条件であると述べたとしても、決して過言ではない。

　ところで、法哲学におけるグローバル化のインパクトを十分に理解するためには、異なる二つの次元で検討を行うことが必要になる。それは、ひとつは、いかなる法理論が構築されるべきかをめぐる「実質的 substantive」な次元でのグローバル化のインパクトの検討であり、もうひとつは、そもそも、いかにして法理論が構築されるべきかをめぐる「方法論的 methodological」な次元でのグローバル化のインパクトの検討である[2]。

　この二つの要素は、一般に方法論上の前提が構築される理論の内容をある程度まで規定するという点を鑑みるに、相互に密接に関連し合うものであると言える。しかし、やはり次元の異なるものであることから、ひとまずは切り離して別個に取り扱うことが望ましいものと思われる。そこで、この小論では、後者の方法論上のグローバル化のインパクトに焦点を当てて、少しばかり考えてみることにしたい。

2　グローバル化をめぐる法哲学の対応

　とはいえ、法哲学におけるグローバル化の方法論上のインパクトを測定するにあたっては、やはり近時にその実質的な議論がどのように展開されているか先に理解しておくことが望ましいであろう。そこで、ここでは、法哲学の領域においてこれまで取り扱われてきた問題のうちから、法の「制度性」と「規範性」に注目して、グローバル化のインパクトを加味した最新の議論を一瞥しておくことにしたい[3]。

　一方で、法の制度性をめぐっては、Keith Culver と Michael Giudice の提

---

2)　このように、法哲学におけるグローバル化のインパクトを「実質的」な次元と「方法論的」な次元とに区別した上で分析しようとする試みとして、Sidney Richards, 'Globalization as a Factor in General Jurisprudence' (2012) 41 (2) *Netherlands Journal of Legal Philosophy* 129.

起した「間制度的な inter-institutional」理論が最も重要であると理解されよう[4]。Culver = Giudice は、なによりまず、所定の社会的機能を果たすために特定の権限を付与された制度が、他の諸制度とのあいだに形成するさまざまな「相互的な言及関係 relationship of mutual reference」の「網の目 web」を法の総体として把握する。そのうえで、この総体が、関係性のパターンの強度や持続性などといった違いに起因する「濃淡 variegation」をその内部に備えるものと指摘し、一定の強度や持続性を備える関係性の「突端 peak」を法秩序と理解したうえで、国家法のみならず、それを典型とすれば「法現象と思しきもの prima facie legal phenomena」と呼ばれうるようなさまざまな様態の法秩序を、この網の目のなかに位置づけようと試みたのであった。

他方で、法の規範性をめぐっては、Nicole Roughan の提起した「相関的な権威 relative authority」の理論が特筆に値しよう[5]。Roughan は、ある法が主張するのは、あくまでも他の法とのあいだで形成される関係性のなかで成立しうる種類の権威であるにすぎず、それが正統なものとして扱われるには、彼女が同定する「相関性の条件 relativity condition」と呼ばれるものを充足する必要があると主張する。すなわち、ある法の権威は、それ自体が「実質的な substantive」条件と「手続的な procedural」条件をともに充足することによって「連結的な conjunctive」正統化がなされていることに加えて、それが他の法の権威とのあいだに構築したさまざまな様態での関係性もまた、この実質的な条件と形式的な条件を充足する、つまりは相関性の条件を充足することではじめて、正統なもの認定されるのだと論じたのであった。

これら最新の議論に共通しているのは、端的に表現すれば、法秩序が重層的に存在しているという「多元性」をめぐる認識であり、そして、その有様を包括的に把握する必要があるという「全体性」に対する意識である。法哲

---

3) この箇所では、近藤圭介「グローバルな公共空間の法哲学──その構築の試み」論究ジュリスト23号（2017年）36頁以下の論述を一部使用している。詳細な説明はこちらを参照のこと。

4) Keith Culver & Michael Giudice, *Legality's Borders: An Essay in General Jurisprudence* (OUP 2010) chs 4 & 5.

5) Nicole Roughan, *Authorities: Conflicts, Cooperation, and Transnational Legal Theory* (OUP 2013) chs 7 - 9.

114　第2部

学におけるグローバル化の方法論上のインパクトを測定するには、このよう
な法に関わる態度のあり方の変容に着目するのが適切であるように思われる。

3　グローバル化と従来の法哲学の困難

(1)　Culver = Giudice による問題の提起

　興味深いことに、「間制度的」な理論を提唱した Culver = Giudice は、こ
の理論を展開した著作のなかで、方法論上の前提に関する問題提起も同時に
行なっている[6]。彼らは、法という社会現象の本質的かつ重要な諸性質を説
明する一般理論の構築を主たる任務と自認する法哲学者たち、いわゆる「分
析法理学者」たちがこれまで積み重ねてきた議論に焦点を当てて、ある方法
論上の問題点を見出している[7]。

　それは、分析法理学者たちがこれまで長きにわたって保持してきたあるひ
とつの基本的な姿勢、すなわち、「国家中心的 state-centric」な見方である。
そもそも、分析法理学者たちは、これまで「国家法 state law」という経験
を法現象の基本的かつ中心的な様態であると措定したうえで、この現象を成
り立たせている本質的な諸性質を抽出し、そのなかからとりわけ重要と評価
されうる幾つかの諸性質に焦点を当てて、その内実を十全に説明することが
できるような一般理論を構築するという作業に主として従事してきた。そし
て、それゆえに、さまざまに構築された法理論の成否は、あくまでもこの国
家法という事態を十分かつ適切に捕捉することのできる説明能力を有してい
るか否かという観点から判定されることになるという理解が、分析法理学者
たちのあいだで当然のように共有されてきた、と Culver = Giudice は分析
する。

　しかしながら、グローバル化という事態は、この国家法とはその様態を少

---

6)　Culver & Giudice（n 4）Intro.

7)　Culver = Giudice が取り上げる「分析法理学者」とは、およそ H.L.A. Hart や Joseph Raz な
　どの「法実証主義者」である。つまり、ここでは、Ronald Dworkin や John Finnis など、いわ
　ゆる「自然法論者」たちは念頭に置かれていない。とはいえ、彼らが行った批判は、詳細を論じ
　ることは控えるが、適切な修正を施せば、およそこの自然法論者たちの議論にも当てはまるよう
　に思われる。

しばかり異にする、上述のように、それを標準とするならば「法現象と思しきもの」と表現されうるような、およそ新しい法現象を生み出すことになった。この新しい法現象は、大雑把には、「内国型法 intra-state law」、「国家横断型法 trans-state law」、「超国家（地域）型法 supra-state law」、そして「国家上位型法 super-state law」という四種類の範疇により整理・分類されうるものである。これらの法現象は、国家法と並んで、法理論により記述され、説明されることが必要とされるところのものであるところ、分析法理学者たちはおよそ国家法の説明能力にのみ注意を払いながら議論を進める傾向を有するがゆえに、グローバル化という時代にあって適切と判断されるような法理論を打ち立てることが困難である、と Culver = Giudice は結論づける。

　Culver = Giudice の問題提起を要約しよう。グローバル化という事態は「国家法」とは異なる新しい法現象を生み出したのに対して、法哲学者たちは「国家中心的」な見方から出発して法理論を案出するため、これらの現象に対して適切な対応を取ることができない。この問題提起を踏まえ、Culver = Giudice 自身は、あくまでも分析法理学の「刷新」という形で、独自の方法論の提示へと歩みを進める。

(2)　その評価

　しかし、ここでは、この Culver = Giudice の提示する独自の方法論上の議論はひとまず脇に置いておき、彼らの問題提起それ自体を検討することにしよう。そして、この検討のために、分析法理学者の Julie Dickson が Culver = Giudice の問題提起に対して行った批判を参照したい[8]。Dickson は、この Culver = Giudice の提起する問題を構成する二つの要素について、その各々の内容に対して批判を加えている。

　第一に、Culver = Giudice は、諸国家がその領域内で法現象を独占する従来の状況と、それ以外の多様な法現象が登場する新しい状況という単純な対比を前提しているが、このような想定は、従来の状況の下でも確かに存在し、

---

8)　Julie Dickson, 'Who's Afraid of Transnational Legal Theory? Dangers and Desiderata' (2015) 6 (3-4) *Transnational Legal Theory* 565.

そして理論的にも取り組まれてきた「法現象と思しきもの」を見失わせる[9]。確かに、Dickson が指摘するとおり、グローバル化の以前から国家法とは異なる法現象は存在しており、この点で、それに過度な「新しさ」を見出そうとする批判には問題がある。むしろ、これまで周縁的な位置に留まってきた法現象が、グローバル化を契機に、一部で過去との連続性も維持しつつ、量的および質的な変化を伴って社会の前景に姿を現したと理解するのが適切であろう。とはいえ、他方で、これまで法哲学者がこれらの法現象にも理論的に取り組んできたという Dickson の見解には相当に疑問の余地がある[10]。

　第二に、Culver = Giudice は、分析法理学者たちが「国家法」を念頭に置いて法理論を構築してきたため現代的な法現象への対応力を欠いていると指摘するが、この指摘もその法理論の致命的な難点を示すものではない[11]。確かに、あらゆる法理論はその構築において時代の状況や人々の関心の拘束を受けるのであって、国家法が支配的な位置にあり、その諸性質の解明が主として求められていたなかで構築された従来の法理論が「法現象と思しきもの」への対応力を欠くのは正当であるといえよう。とはいえ、この従来の法理論も、現在の法の異なる有り様を十分に検討した後に、その重要性を認め、説明を行うといった適切な対応をするにあたっては、そのままでは維持されえず、相応の修正が必要となることは、Dickson もまた認めるところである。その意味では、従来の法理論は、現在の法状況との関係において、それなりの難点を抱え込んでいると評価してよいように思われる。

　Dickson の批判を踏まえて、方法論上の問題の所在を再定位しよう。グローバル化という事態は国家法と異なる多様な法現象を顕在化させ、その理論的な取り扱いを求めるに至ったが、従来の法理論は国家法が支配的であった時代の人々の関心にその基礎を持つがゆえに対応力を欠くため、その重要性

---

9)　ibid 569-74.

10)　たとえば、Hart や Raz など現代の分析法理学の始祖たちは、慎重に留保を付しつつも、やはり国家法の分析に専念してきたという事実がある。HLA Hart, *The Concept of Law*（Joseph Raz and Penelope A Bulloch ed, 3rd edn, OUP 2012）17.（長谷部恭男訳『法の概念〔第3版〕』（ちくま学芸文庫、2014 年）46 頁。）; Joseph Raz, *The Authority of Law: Essay on Law and Morality*（2nd ed, OUP 2009）105.

11)　Dickson（n 8）574-7.

を認め、十分な対応をするための相応の修正が必要になる、と。これこそが、グローバル化の時代に法哲学が向き合うべき方法論上の課題である。

4　グローバル化と今後の法哲学の指針

(1)　Dicksonによる指針の提案

続いて、グローバル化によって生起した以上の問題を踏まえて法哲学的な考察を展開するにあたり準拠すべき方法論上の指針を検討するため、再びDicksonの議論を参照したい。それは、Dicksonが、法哲学の目的、動機、特徴、さらには成功の基準をめぐる自らの立場を五つの基本的な主張の形で一般的に提示しており[12]、その中にはここでの目的の観点からしても有益な知見が含まれているからである[13]。

第一に、「法の性質のうち顕著で、重要で、そして啓発的な側面を同定し、説明する」という主要な任務が挙げられる[14]。なお、この法の顕著かつ重要な特徴を同定するという過程にはある種の評価的な要素をともなうのであるが、この評価は法の「解明」のために必要とされる「間接的 indirect」なものであり、道徳的な類のものとは明確に区別されるべきという留保が付される[15]。

第二に、「法哲学上の問いが生起し、時間の経過とともに変化するあり方について理解し、それに対して敏感である」ことが必要な配慮事項として挙げられる[16]。そもそも、理論的に対応されるべき法哲学上の問いは、その歴史を通じて同一であり続けてきたわけでは決してなく、あくまでも人々の関心の移り変わりに応じてさまざまに変化するようなものだからである。なお、

---

12)　Julie Dickson, 'Ours is a Broad Church: Indirectly Evaluative Legal Philosophy as a Facet of Jurisprudential Inquiry' (2016) 6 (2) *Jurisprudence* 207, 220-30.

13)　Dickson (n 8) 578-9.

14)　Dickson (n 12) 221-3.

15)　ibid 223. なお、この法哲学における「間接的評価」の位置づけについては、加えて、Julie Dickson, *Evaluation and Legal Theory* (Hart 2001). さらに、濱真一郎『法実証主義の現代的展開』（成文堂、2014 年）第 6 章も参照のこと。

16)　Dickson (n 12) 223-5.

118　第2部

この性質が、法哲学における探求の「終わりのなさ」という特徴を生み出す
ものと指摘される。続けて、第三に、「法に服従し、創設し、管理する人々の、
法概念やそれに関連する諸概念との関連における自己理解を十分に理解し、
その重要性を説明する」よう努めなければならないという条件が示される[17]。
法哲学における理論の構築はあくまでも法実践に関与する参加者が有する法
をめぐる自己理解から出発しなければならず、原則として、そこから逸脱す
べきではないと論じられる。

　第四に、「法に対する「十分な慎重さを保った態度 attitude of due
wariness」と我々が呼ぶであろう態度から出発して、特定の問いが応答され
るまで我々の法理論における道徳的評価の役割を遅らせ、ある意味で制限す
ることで、法に対する早計かつ／または過度な尊重に抵抗するアプローチを
採用する」べきという注意が促される[18]。法は、それが道徳的に尊重に値す
るという印象を自ら作り出す傾向があるため、まずは冷静な理解を保持する
ことが必要であると論じられる。そして、この法の適切な理解という第一の
「段階」を踏まえることにより、はじめて法に対する道徳的評価、それに基
づく批判や改善提案といった次の「段階」に進むことができるのである。こ
の次の段階へと進むという観点から、第五に、「法に対する道徳的その他の
評価、批判、そして改善という法哲学の重要な一要素である任務を促進し、
生み出す」という目標が設定される[19]。

⑵　その評価

　以上の五つの主張は、前述のとおり、あくまでも「間接評価型法哲学
indirectly evaluative legal philosophy」と呼ばれる Dickson 自身の法哲学上
の立場との関連で、その方法論上の諸前提を示すものとして提示されたもの
である。とはいえ、その議論は、グローバル化という文脈における新しい法
哲学のあり方をめぐる方法論上の指針を探るという目的にとって、非常に重
要な知見を与えているように思われる。

---

17)　ibid 225-6.
18)　ibid 227-8.
19)　ibid 228-30.

まず、法哲学上の問いが時間の経過とともに変化するという Dickson の指摘は傾聴に値する。それは、まさにグローバル化の進展とそれに対する人々の関心の増加が、国家による社会秩序の形成を中心とした時代とは異なる形で、法の本質的であり、顕著かつ重要な特徴をめぐる理論的な問いを浮上させるものと捉えることができるからである[20]。他方、法哲学における理論の構築には、実践に関与する参加者の法をめぐる自己理解を尊重すべきという主張には、Dickson 自身が行っていたように、慎重な留保が必要であろう[21]。グローバル化とは、法を取り巻く社会構造の大規模な変容の過程であり、法それ自体のあり方を問うものとして、長年にわたる実践のなかで確立され、分析法理学者たちが正当にもその探求の出発点と定位してきた「国家中心的」な法をめぐる人々の自己理解から離れ、新しい法の規定の導入を我々に促す契機だからである[22]。

ところで、このような人々の安定的な自己理解を出発点とするのではなく、グローバル化という状況に合わせて新しい規定を与え、その規定の下で、法の本質的であり、顕著かつ重要な特徴を説明する理論を構築するという道筋を取ることそれ自体に、ある種の評価的な判断が介在しているという指摘がなされうるであろう。この指摘はまったくもって正当であり、反論することもない。しかし、この判断は、理論がその説明の対象とするところの現象に対する肯定的な道徳的評価を含意するものではなく、あくまでも間接的なものであるにとどまるべきであるという点は、ここで強調されるに値するであろう。Dickson が定式化した「適切な慎重さを保った態度」は、グローバル化という肯定的な評価が下されやすい文脈においてこそ、法理論の構築に関わる方法論をめぐる有益な提案として受容されるのが望ましいものと思われるからである。

その望ましさは、ひとつには、Dickson が提示する法哲学における探求の

---

20) Culver & Giudice (n 4) xiv-xiiv.
21) Dickson (n 12) 226.
22) ここで注意すべきは、Dickson 自身は、実践の参加者の法をめぐる自己理解を、直ちに「国家中心的」と断定していたわけではないという点である。とはいえ、上述のように、Hart や Raz など分析法理学者たちに、この傾向が強いこともまた事実である。

120　第2部

段階の区別に関わっている。グローバル化という事態の影響を十全に捉えるように法の新しい規定を与え、その顕著で重要な諸特徴を理論的に描き出すことにより得られた理解を踏まえてこそはじめて、法哲学は今日の状況に即応した法への道徳的評価、さらには批判や改善提案を適切に行うことができるように思われるからである。

5　グローバル化に向き合う法哲学の進め方

　以上の検討を要約しよう。法哲学は、人々が関心を寄せるグローバル化という社会構造の変容に真摯に向き合い、従来の人々の法をめぐる自己理解から離れ、その現代的な文脈に即した形で法の新しい規定を与え、そこに見出される法の顕著で重要な諸特徴を十全に分析することにまずは専心し、この分析を踏まえて、現代の法に対する適切な批判や改善提案へと歩みを進めるべきである。これこそが、グローバル化に向き合う法哲学の進め方である。

　ところで、従来の人々の法をめぐる自己理解から離れ、グローバル化という文脈に即した新しい法の規定から出発するという方針を採用するとして、この新しい規定はいかにして得ることができるのであろうか。残念なことに、ここでは、その方法について明確な回答が用意されているわけではない。ここでは、ひとまず、その有力な候補として、Culver = Giudice が提示する、「発展した、相互接続 interconnectedness と相互依存 interdependence の世界における一般人の視点」を引き受けるという方法を挙げておきたい。いわば、分析法理学者たちが採用してきた人々の自己理解への注目を一部で引き継ぎつつ、グローバル化という社会の構造変容に自覚的に向き合うという、ここでの目的の観点から理想的な態度をとる人々が持つであろうこの世界に対する見方をその出発点として措定することにより、新しい法の規定を得ることができるであろうというのが、Culver = Giudice の見立てである[23]。

　この新しい規定の獲得との関係で、上述の「評価的な判断」について、少しばかり敷衍しておくことにしたい。この判断における「評価」性は、

---

23)　Culver & Giudice（n 4）105.

Dickson の議論に従い、あくまでも間接的である[24]。つまり、その判断は「説明的」な側面に関わり、構築されるであろう理論による説明の良し悪しの観点からなされる。そして、その良し悪しは、理論それ自体が、社会に埋め込まれた存在であるところの「法的なるもの」について、社会のあり方そのもの——ここでは、グローバル化という社会の構造変容——を十全に反映した説明を提供しているか否か、という観点から判定されるものとするのが適当であろう。おそらく、Culver = Giudice が、グローバル化という現在の社会的な文脈において従来の「国家中心的」な見方を維持するようにして理論を構築するとある種の「説明上の歪曲 explanatory distortion」が発生するのだと指摘した時に行ったのは、まさにこの種類の判断であるといえよう[25]。

　もちろん、このように新しい法の規定から出発するとはいえ、新しい法理論が従来のものから完全に切り離された形で構築されることはないであろう。前述の Culver = Giudice や Roughan の例に見られるように、多くの議論は、過去の議論と注目する法の性質を共有したり、あるいは過去の議論で得られた知見を引き継ぎつつ、グローバル化に関連する新しい要素を付け加えるという形で展開されることになるであろう。

6　おわりに

　法哲学に対するグローバル化の方法論上のインパクトとは、結局のところ、これまで法理論の構築の際に出発点として定位されてきた「国家中心的」な法理解から離れて、この過程において前景化したさまざまな現象を取り込むことを可能にする新しい法の規定を導入し、そこに見出される顕著で重要な諸特徴を理論的に把握することが強く求められる点にあると理解することが

---

24)　ここで注意すべきは、Dickson 自身はあくまでも人々の自己理解を所与として、そこに含まれる諸特徴のうちから顕著かつ重要なものを同定するという点に評価的な要素を見出していたのに対して、ここでは人々の自己理解の改定、つまり新しい規定の獲得というその前段階にも評価的な要素を見出しているという点である。しかし、後者もまた道徳的な内容を含んでおらず、説明的な理論の構築の過程において必要となる評価であるという点に鑑みれば、ひとまずは、前者と同じく「間接的」と分類しておいても良いように思われる。

25)　Culver & Giudice（n 4）xxiii-vii.

できる。

ところで、このような問題意識に基づいて構築されるべきはいかなる法理論であるのかという問いは、最初に述べたように、あくまで「実質的」な問いであり、この小論の対象ではない。ここでは、すでに取り上げたように、グローバル化という事態を踏まえた法理論が幾つか提示されており、その先駆的な議論の検討が最初になされるべきことのみ言及しておくにとどめる。

むろん、法哲学上の探求は、このような説明的な理論の構築に止まるものではなく、さらに規範的な理論の展開へと歩みを進めるものである。とはいえ、そのような規範的な考察は、あくまでも、グローバル化により変容を遂げた諸要素の適切な説明が提供する理解に基づいてなされる必要がある。この点もまた、グローバル化との関係で注意が必要な方法論上の考慮である。

最後に、グローバル化という問題を軸に形成されうる法哲学と実定法学の関係性について触れておきたい。ひとつは、法哲学から実定法学への関係性である。たとえば、グローバル化を意識した法哲学上の議論は、実定法研究がこの変化に適切に対応することができるよう、その議論の土台となる法の基礎的な説明を提供できる。このような「水路付け」の機能は、法哲学が実定法学に貢献できるあり方のひとつであるように思われる。

もうひとつは、実定法学から法哲学への関係性である。グローバル化への適切な感受性をともなう実定法学上の議論は、上述の「発展した、相互接続と相互依存の世界における一般人の視点」を洗練したものとして、法の新しい規定の手がかりを提供するであろう。それゆえ、実定法学の諸分野に属する研究者たちが、その各々の分野でグローバル化のインパクトを検討し始めたことは、法哲学者にとって本当に歓迎すべき出来事なのである。

付記：本稿は、平成 30 年度科学研究費補助金若手研究（B）「制度理論の再検討——グローバル法秩序の構造把握の試み」（研究課題番号 17K13598）の成果の一部である。

第3部

グローバル化による法学研究の変容と
学問共同体の課題

グローバル化時代の市民生活と民法学

横山美夏

1　はじめに

　グローバル化に直面する法学の重要な課題のひとつは、国家主権を単位とする国家法とその法秩序の揺らぎ[1]、さらにはその再構成をめぐる問題である。これらは、現在、公法学を中心に活発に議論されている[2]が、もちろん、私法とも無関係ではない[3]。実際、身近なところでも、ソーシャルネットワークサービス（SNS）の利用規約や、国際競技団体によって定められるスポーツのルールなど、国家を媒介としない国際的なルールが私人の活動を規定する例は少なくない。

　しかし、それとは別に、グローバル化現象、とりわけ、経済のグローバル化による経済活動の相互依存性の増大や、技術革新のグローバル化がもたらしたインターネット社会の広がりなどが、それ自体として市民生活に多大な

1）　この問題に関する最近の総合的な研究として、浅野有紀＝原田大樹＝藤谷武史＝横溝大編著『グローバル化と公法・私法関係の再編』（弘文堂、2015 年）参照。
2）　本書第 1 部「グローバル化による法源論の変容」、第 2 部「グローバル化の下での主権国家の地位低下と法学の課題」でも、主権国家を単位とする法秩序の変容が度々取り上げられている。
3）　浅野有紀「私法理論から法多元主義へ──法のグローバル化における公法・私法の区分の再編成」浅野ほか編著・前掲注 1）303 頁以下参照。

126　第3部

影響を及ぼしていることも見逃すことはできない。確かに、見方によっては、このような文脈でのグローバル化は、われわれが歴史を通じて何度も経験してきた大きな経済的・社会的変化のひとつにすぎないといえるかもしれない。だが、たとえそうであるとしても、グローバル化にともなう事象が私法の領域で様々な課題を提起していることもまた事実である。そして、それらの課題の局面は一様ではない。グローバル化にともなって生じる新たな法律問題への対応が求められることもあれば、より一般的に、グローバル化現象が既存の法概念や法理論を再考する契機となることもあろう。

　本稿では、グローバル化時代における民法学の課題を探るための前提作業として、主として技術革新のグローバル化を念頭に、二つの異なるテーマを取り上げる。まず、グローバル化によって生じる新たな事象への法の適用が問題となる例として、「民泊サービス」[4]と区分所有建物の「住居としての使用」との関係をみる。つぎに、より一般的・理論的な問題として、情報の活用と独占をめぐる最近の議論から、その前提でもある、「物」に対する権利の排他性の今日的課題について考えてみたい。

2　グローバル化と市民生活——「民泊サービス」を例として

(1)　民泊サービスと住戸専用規約条項

　民泊サービスは、インターネットにより急成長したシェアリングモデルであり、利用者も提供者も世界的な広がりをもつ。住居をシェアする目的は地域によって異なるようであるが、わが国では、現在、訪日外国人の急増を背景に、宿泊施設の不足を補いあるいは空き家問題を解消して不動産資産を有効に活用する手段と期待されている[5]。他方で、民泊サービスは、同じように世界的に拡大している配車サービスと異なり、インターネットとまったく関わりをもたない人々の生活、それも居住生活の平穏に大きな影響を広く及ぼしうるという特徴がある。とくに集合住宅では、各住戸は互いに密着し居

4）「民泊サービス」という用語は、厚生労働省「『民泊サービス』のあり方に関する検討会」による（後述注5）参照）。

グローバル化時代の市民生活と民法学　　127

住者が通路やエレベーターを共用するため、民泊施設として登録された住戸に不特定の見知らぬ者が常に出入りすることにより、他の居住者の生活の平穏に影響を及ぼす可能性は否定できない。

　この点、区分所有建物については、規約によって事前に調整をすることが可能である（建物の区分所有等に関する法律（以下、区分所有法という。）30条参照）。このことは、区分所有法を介してではあるが、国内法秩序においても私人が策定したルールの役割が重要となっていることを示している[6]。

　具体的には、明文の規約により専有部分を民泊施設として利用することを禁止するほか、そうでなくても、既存の規約に専有部分の用法を住居に限定する条項（以下、「住戸専用規約条項」という。）が存在するときは[7]、専有部分を宿泊施設として利用することは規約違反となる[8]。しかし、民泊サービスの態様も様々であり、たとえば、長期滞在型については家具付賃貸借契約との区別が、また、居住者が居室の一部に利用者を宿泊させるときは住居と

5）　宿泊サービスの提供が宿泊料を受けて人を宿泊させる営業であるときには、旅館業法との抵触が問題となる。この点に関連して、厚生労働省生活衛生・食品安全部による「『民泊サービス』のあり方に関する検討会」は、「『民泊サービス』のあり方について（中間整理）」（平成28年3月15日）において、住宅の全部又は一部を活用して宿泊サービスを提供する「民泊サービス」につき、簡易宿所として旅館業法の許可取得を促進すべきとしたうえで、客室面積基準の緩和などを提言した（この提言に基づき、旅館業法施行令が改正され、宿泊者数を10人未満とする場合には簡易宿泊所の客室面積基準が緩和された（同年4月1日施行））。また、すでに、国家戦略特別区域法に基づく国家戦略特別区域外国人滞在施設経営事業については、一定の要件の下で旅館業法の適用除外が認められていた（同法13条）が、『民泊サービス』のあり方に関する検討会最終報告書（平成28年6月20日）は、住宅を活用した宿泊サービスの提供につき、年間提供日数上限（半年未満の適切な日数）による制限のもとで旅館業法に基づく営業許可を不要とする方向性を提唱した。そして、平成29年6月16日に公布された住宅宿泊事業法は、同法2条1項に定める住宅に人を宿泊させる事業につき、年間180日を超えないものについては旅館業法に定める営業者以外の者が行うことができるとしている（同条3項）。

6）　規約は、区分所有者の特定承継人に対しても効力を生じる（区分所有法46条1項）点で契約とは異なる。

7）　国土交通省が作成した「マンション標準管理規約（単棟型）」には、「区分所有者は、その専有部分を専ら住宅として使用するものとし、他の用途に供してはならない」（12条）との条項がある。「同（団地型）」12条、「同（複合用途型）」12条1項も参照。

8）　「マンション標準管理規約（単棟型）」には、区分所有者等が規約に違反したときは、管理組合の理事長は、理事会の決議を経て規約違反行為の差止めを求めることができる旨の条項がある（67条3項1号）。「同（団地型）」77条3項1号、「同（複合用途型）」72条3項1号も参照。

128　第3部

しての利用の範疇に入るかが、住戸専用規約条項の解釈にあたって問題とな
る[9]。同様のことは、民泊施設としての利用を禁止する条項を規約を設けた
場合にも、当該条項の解釈問題として生じうる。

(2)　「生活の本拠に相応しい平穏な使用」

　住居としての利用かどうかを判断するに際しては、「住宅として使用する」
ことの実質的意味が問題となる。この点につき、民泊サービスに関する事案
ではないが参考となる裁判例として、東京地判平成17・6・23判タ1205号
207頁がある。同判決は、多くの住戸部分が規約に反して事務所として使用
されていた区分所有建物の専有部分を、カイロプラクティック治療院として
使用したことが住戸専用規約条項違反となるかが争われた事案につき、つぎ
のように述べて規約違反を肯定した。すなわち、住居として使用するには、「生
活の本拠というに相応しい平穏さが求められる」[10]ところ、本件治療院は、「そ
の規模、予想される出入りの人数、営業時間、周囲の環境等を考慮すると、
事業・営業等に関する事務を取り扱うところである『事務所』としての使用
態様よりも、居住者の生活の平穏を損なう恐れが高いものといわざるをえず、
到底住戸使用ということはできない」。判旨は、他の居住者の生活の平穏を
損なう恐れのある使用方法は、生活の本拠というに相応しい平穏な利用では
ないとするものである。そして、施術者1名が日・祝日を除く午前9時から
午後7時まで完全予約制で営業をしていた本件治療院につき、事務所として
の使用よりも居住者の生活の平穏を損なう恐れが高いと判断した[11]。もっと
も、上記判旨は判決の結論に直結するものではなく[12]、当該事案へのあては

---

9)　仙波英躬「営業の制限」塩崎勤編『裁判実務大系第19巻　区分所有関係訴訟法』（青林書院、
　　1992年）306頁参照。

10)　この表現は、国土交通省「マンション標準管理規約コメント（単棟型）」12条関連とほぼ同
　　じである。それによれば、「住宅としての使用は、専ら居住者の生活の本拠があるか否かによっ
　　て判断する。したがって利用方法は、生活の本拠であるために必要な平穏さを有することを要す
　　る。」

11)　このほか、本判決は、治療院に不特定多数の患者が常に出入りしている状況は、良好な住環
　　境であるとは言い難いとして、本件治療院として専有部分を使用することは区分所有者の共同の
　　利益に反する（区分所有法6条）と判示した。

めの妥当性にも異論の余地はある。とはいえ、本判決がその判断に用いた考慮要素は、区分所有建物における生活の本拠としての利用を実質的に判断するのに有用である。

　本判決の考え方を民泊サービスにあてはめると、民泊施設として利用する場合、1日に出入りする人の数は通常の居住の場合と同じであるが、延べ人数はかなりの数になり得る。また、利用者は無限定に範囲の広い不特定者であり、その利用時間に制限はない。これらの点を考慮すると、区分所有建物の使用実態にもよるが[13]、1ヶ月程度の長期滞在を前提とする場合であっても、それが繰り返されるときは、他の居住者の生活の平穏を損なう利用と解しうる。反対に、夏休みの帰省中に限って民泊施設として提供するなど、その利用頻度が限定的なときは、他の居住者との関係でも生活の本拠としての平穏さは保たれているといえよう。また、専有部分の一部を民泊サービスに利用する場合であっても、居住者の生活と無関係に利用者が専有部分に出入りするときは、他の居住者に宿泊者と居住者の関係性が示されない点では専有部分全部を利用する場合と相違なく、その利用頻度が高ければ生活の本拠に相応しい平穏さを満たさないと解する余地はある。

　民泊サービスの例は、技術革新のグローバル化が市民生活に波及する広がりが大きく、思わぬところで新たな法律問題を生じさせる可能性があることを示している。他方、これまで行ってきた検討は、ローカルな問題の解決を目的としてもっぱら国内に目を向けて行われており、ここには、民法学がグローバル化の影響を受ける契機は存在しない。

---

12)　本判決は、原告である管理組合が、大多数の用途違反を放置しながら、とくに合理的な理由もなく、かつ用途違反を行っている多数の区分所有者の賛成により、本件治療院としての使用の禁止を求める管理組合の行為は、クリーン・ハンズの原則に反し、権利濫用にあたるとして、請求を棄却した。

13)　たとえば、専有部分の多くが既に賃貸物件として使用され居住者が常に入れ替わっている場合、居住者の特定性は希薄であるため、民泊サービスによる不特定者の出入りが他の居住者の生活の平穏に影響を及ぼす可能性は低くなると考えられる。

130　第3部

3　グローバル化と民法——「物」に対する権利の再考

(1)　財としての情報をめぐる問題状況

　技術革新と経済のグローバル化によって注目されている問題のひとつに、経済的価値を有する情報とそれをめぐる法的課題がある。実際、情報技術の高度な発達とインターネットの世界的な広がりは、情報の活用可能性とその価値をこれまでになく増加させている。わが国でも、ビッグデータの活用可能性とその課題が注目されているが、経済的側面からは、ビッグデータの取引を観念する際にそもそもデータが特定人に帰属するのかが問題となる。

　また、経済のグローバル化は、知的財産制度を通じた情報の専有を世界規模で生じさせている。医薬品へのアクセスをめぐる議論はよく知られているが、最近では、知的財産権による遺伝資源の囲い込みとアグリビジネスのグローバル化による、農業経営の自律の揺らぎや食糧生産に対する社会的・経済的影響[14]、さらにはバイオパイラシーをめぐる議論が国内外で活発にされている。

　もっとも、情報については、それが知的財産権の対象となる場合には知的財産法の領域であって民法学の対象範囲を超えるとの考え方もありうる。あるいは、遺伝資源の囲い込みは発展途上国では深刻な問題ではあるが、日本の農業や食糧事情の状況は同じではなく、日本法の問題として扱うのは適切でないとの疑問も生じうる。しかし、知的財産権のありかたをめぐる上記の議論は、同時に医薬品や食糧の供給および選択、伝統知識の保存と利用のありかたなど、人間の肉体的・精神的必要に深く関わる問題を含んでおり、これらは民法にも関連する。また、経済のグローバル化による相互依存性が高い今日、世界の問題状況はわれわれの生活と無関係ではなく、さらに、世界に目を向けることにより日本の問題状況をよく知ることができることもある。したがって、グローバル化のなかでの日本民法のありかたを考えるには、国

---

14)　久野秀二『アグリビジネスと遺伝子組換え作物——政治経済学的アプローチ』（日本経済評論社、2002年）37頁以下参照。種子に対する権利の囲い込みについて、v. Quin, La《Grande transformation》des semences, in Penser une démocratie alimentaire, vol. 1, 2013, p. 155 et s.

内における具体的な問題の対処とは別に、世界に視野を広げることが有益であり必要であると考える。

　ところで、民法は、「『物』とは、有体物をいう」（民法85条）と定めていることから、わが国では、情報を物と扱うことができるかが有体物所有権との対比で議論されている。しかし、上記の問題状況に照らすと、わが国の議論には、その前提も含めなお検討の余地があるように思われる。以下では、フランス法の議論を参照しながら問題の所在について検討してみたい。

(2)　日本民法の「物」と無体物

(a)　起草者の見解

　はじめに、民法が「物」を有体物に限定した理由につき、民法起草者の説明をみておこう。起草者は、無体物も物であるとすると、物権に対する物権や人権の物権などを認めることになるが、それは財産権を物権と人権とに分ける「大区別に反する」こと[15]、また有体物に限るのが「普通の感念」であることなどを理由として挙げている[16]。これらは、主として民法典の体系に由来し、そこには、後の学説のように、無体物が有体物とは異なる原理に支配されるとの発想は存しない。

(b)　学説の議論

　学説は、「物」に関する規定を無体物に適用ないし準用するか否かにつき見解が分かれている。まず、肯定説には、電気・熱・光などを念頭に有体物を「法律上の排他的支配の可能なもの」と解して物の観念を拡張すべきとする見解[17]、法の欠缺と考えて無体物の性質と問題に応じ物または物権に関する規定を類推適用すべきとする見解[18]、さらには、アプリオリに所有権の対象は有体物でなければならないと硬直的に考えるのは適切ではなく、無体物を対象とする排他的権利を構想することが可能かつ有益な場合もあるとして、

---

15)　もっとも、地上権を目的とする抵当権（民法369条2項）など、担保物権については物権に対する物権が現行民法制定当初から存在する。

16)　水津太郎「物概念の構造——パンデクテン体系との関係をめぐって」新世代法政策学研究12号（2012年）229頁以下参照。

17)　我妻榮『民法総則』（岩波書店、1951年）176頁。

18)　四宮和夫『民法総則』（弘文堂、1972年）136頁。

債権債務を含む包括財産に対する排他的権利などを例としてあげる見解などがある[19]。これに対し、最近では、無体物を目的とする排他的権利を認めるべきではないと解し、情報を念頭に無体物は民法の「物」概念から除外すべきとする否定説もある[20]。否定説は、その理由として、競合財である情報は、有体物と異なり各人の自由の調整を空間的に行う必要がないこと[21]、情報は偏在するためこれを秘匿しない限り占有できないこと[22]、情報は物理的な境界が不確定なため他者の自由に干渉する可能性が高いことなどを挙げる。否定説によれば、情報は所有権を典型とする排他的物権の対象とならない。

　無体物、とくに情報につき、行動あるいは利用の自由を強調して排他的権利の設定を否定する考え方を貫徹するならば、知的財産権についても、それが立法によるとしても、厳格な判断に従って正当性が確認された範囲に限り、かつ必要最小限の効力をともなって認められるべきことになろう。しかし、翻ってみると、知的財産制度の存在のほか、知的財産権の内容や範囲がその正当化根拠とともに議論されていること自体、無体物である情報についても各人の自由の調整が必要であることを示しているように思われる。また、知的財産権など特別法が適用されない限り情報は原則として誰にも帰属しないとすると、たとえば、自己の収集したビッグデータを他に販売した者は、その対価を自分の財産とするわけではなく事実上利益を得ているにすぎないことになるが、そのような結論は情報の安定的な活用を阻害しないか[23]。さらに、行動の自由を出発点とすべきであるならば、なぜ有体物については排他

---

19)　四宮和夫＝能見善久『民法総則〔第5版〕』(弘文堂、1999年) 131頁、同『民法総則〔第9版〕』(2018年) 181頁。

20)　水津太郎「民法体系と物概念」NBL1030号 (2014年) 20頁以下、森田宏樹「財の無体化と財の法」NBL1030号 (2014年) 34頁以下。なお、日本私法学会シンポジウム「財の多様化と民法学の課題」私法77号 (2015年) 12頁 [田村善之コメント] 参照。水津・前掲30頁は、「基本法としての民法がなすべきことは、『物』から情報を潔癖に排除することで、各人が自由に行動できる領域を守り抜くというスタンスを、はっきりと表明すること」であるという。

21)　水津・前掲注20) 30頁以下。

22)　森田・前掲注20) 36頁。ただし、森田は、秘匿された情報については占有を観念し、かつ、占有保護請求権によって、不正手段による侵害状態を排除し、「情報の秘匿＝占有の状態を回復する」ことを認める (同39頁)。このほか、情報の占有および占有訴権の可能性について、麻生典「情報の占有理論による保護」NBL1071号 (2016年) 37頁以下参照。

23)　前掲注20)「財の多様化と民法学の課題」私法77号6頁 [横山美夏コメント] 参照。

的絶対権として所有権の成立が当然視されるのか。一般的に考えても、有体物か無体物かが財の帰属原理を正反対にするほど決定的意味をもつのかには疑問の余地がある。

(3) 物に対する権利と効用の独占

(a) フランスにおける所有権をめぐる議論

ところで、情報を所有権の目的とすることを否定する見解は、所有権には目的物の排他的利用権がともなうとの理解を前提とする。これは、わが国の通説でもある。これに対し、日本民法 206 条とほぼ同じ内容の条文をもつフランスでは、伝統的通説は所有権につきわが国の通説と同様に解しているものの、様々な観点から所有権概念を再考する議論が活発である[24)25)]。なかでも、本稿との関係では、所有権と目的物の排他的利用を直結させない見解がいくつか主張されているのが注目される。

まず、所有（権）の意味につき、物を対象とする権能ではなく、物の法主体への排他的帰属を本質とする見解が、1960 年代以降有力に主張されている。それをもっとも徹底させた Ginossar[26)] によれば、所有とは財（bien）の特定人への帰属関係をいう。したがって、所有の対象は有体物に限定されない。そして、所有者は財の自己への帰属関係を基礎に財を支配することができる[27)]が、用益権などの設定により支配を失った所有権も存在するから、財の支配は所有権の必然的効果ではないという。

---

24) 議論の内容については、拙稿「フランス法における所有（propriété）」概念——財産と所有に関する序論的考察」新世代法政策学研究 12 号（2012 年）257 頁以下参照。フランス民法典は日本民法と異なり、条文上物を有体物に限定していないが、伝統的通説は、所有権概念につきわが国の通説と同様の理解に立ち、所有権の対象を有体物に限定している。

25) 情報の所有権に関するフランス法の議論については、原恵美「フランスにおける情報に対する所有権」NBL1071 号（2016 年）46 頁以下参照。

26) 同様の見解として、Zenati の学説が知られているが（拙稿・前掲注 24）283 頁以下参照）、Zenati は、帰属関係に基づき所有者に付与される権利（droit subjectif）をも所有権とする点で、Ginossar ほど徹底していない。

27) Ginossar, Droit réel, propriété et créance, 1960, p. 27 et s. Ginossar の学説を紹介するわが国の文献として、佐賀徹哉「物権と債権の区別に関する一考察（2）」法学論叢 99 巻 2 号（1976 年）36 頁以下参照。

また、最近では、所有権の個人主義的排他権としての性質を絶対視せず、物の効用の一部が所有者以外の多数者に開放されるタイプの所有を観念する見解もある[28]。この見解は、具体的には、水や森林などの自然資源や有形文化財につき、個人の所有権と、共同体による利用および物の適切な維持を共存させることを企図する。また、知的財産権に関わる分野につき、この考え方により特定の医薬品を貧困国の人々に開放することを根拠づけようとする見解もある[29]。所有権の排他性を再考する理由について、たとえば、Ost は、所有権の排他性は近代の要請に応えて確立したものの、それが 21 世紀の社会に適合的かは別であるという。そして、動物は私的所有の対象となってもその遺伝子は人類の共通財産であるように、また、私有の歴史的建造物が共同体による保存やアクセスの対象となるように、所有者が目的物の効用を独占することは私的所有権の必然的帰結ではないとする[30]。同様に、Rochfeld は、所有権思想の基礎である個人の自由の再定義にその理論的根拠を求める。すなわち、「排他的私権」としての所有権は、18 世紀には個人の自律的領域を提供するという個人の自由に必要な条件を満たすものであった。しかし、相互依存の深まる今日の世界で個人の自由を保護するのは、社会全体によって蓄積された生産資源の享受から排除されない権利という意味での所有権であり、それは、「包摂する権利」[31]としての所有権である[32]。また、Rochfeld は、牧草地、森林、漁場、灌漑システムなど、競合的かつ排他性のない共有資源（common-pool resources）の管理について、資源の適切な利用と維持の

---

28) Ost, La nature hors la loi: l'écologie à l'épreuve du droit, 1995, p. 295 et s.; Parance et De Saint Victor,《Commons, biens communs, communs》in Repenser les biens communs, 2014, p. 9 et s.; Rochfeld, Quel modèle pour construire des《communs》? in Repenser les biens communs, p. 122 et s.

29) TRIPS 協定 30 条および 31 条につき、2001 年ドーハ閣僚会議「TRIPS 協定と公衆衛生に関する宣言」の方向性が例として挙げられている。Rochfeld, op.cit., p. 126 et s.

30) Ost, op. cit., p. 323 et s.

31) マクファーソン（西尾敬義＝藤本博訳、田口富久治監修）『民主主義理論』（青木書店、1978 年）220 頁、リフキン（渡辺康雄訳）『エイジ・オブ・アクセス』（集英社、2001 年）322 頁以下参照。

32) Rochfeld, Quels modèles juridiques pour accueillir les communs en droit francais? in Le retour des communs, 2015, p. 103. Rochfeld はこのタイプの所有権を古法時代の重層的所有権と類比させる。Rochfeld (2014), p. 124 et s.

ためには共同体による管理が個人の排他的所有より効率的であることを指摘した Ostrom の経済学説[33]を参照する。これら後者の考え方によれば、所有物の効用配分は、物の物理的性質のみならずその物の社会的機能[34]や社会的状況によっても変わりうる[35]。

(b) 検 討

上記２つの見解は、どちらも所有権が権利者による目的物の利用権の独占を必然としないと解する点で共通する。そして、これらの議論は、立法論を含め日本法における物権のありかたを検討するうえで、また、われわれがグローバル化社会にどのように向き合うかを考えるためにも、有用な示唆を与えうる。第一に、物の人への排他的帰属関係を所有（権）の本質とする考え方によれば、有体物と無体物とを問わず、帰属はしているが利用を独占できず、あるいは処分もできない所有（権）も観念しうる。たとえば、ビッグデータの収集者に所有権を認めることは、所有者の資産にデータを帰属させるが、データの専用を肯定することを直ちに意味しない。しかし、データは所有者の資産に帰属するから、データが他に売却された場合その対価は代位物として収集者の資産に帰属する。つまり、このような考え方によれば、無体物の所有（権）を認めることは、無体物が権利でない場合に物の帰属関係を確定させる意味がある[36]。もっとも、情報について所有（権）の帰属原因をどのように考えるかは別の問題であり、帰属原因がなければ収集者はデータの所有（権）を取得できない。

第二に、同一物に関する所有者およびそれ以外の複数人による利用を共存

---

33) Ostrom, Governing the commons: the evolution of institutions for collective action, 1990; Ostrom, Private and Common property, in Encyclopedia of Law and Economics, 1999, p. 346. http://encyclo.findlaw.com/2000 book. pdf（2016 年 5 月 2 日）Ostrom は、「コモンズの悲劇」を批判し、共同体による管理が資源の利用と維持のために有効であることを検証した。その際、Ostrom は、長期にわたる共同資源の維持管理のために必要な 7 つの設計原理を提示し、とくに、資源の利用に関する規約による自主管理の重要性を強調する。Ostrom（1990）, p. 90.

34) 物の社会的機能や状況による所有の多様性を主張する見解として、v. Chazal, La propriété: dogme ou instrument politique? RTDCiv, 2014, p. 788 et s.

35) Chazal によれば、すでに Pothier が、生存不可欠な小麦と、知識や楽しみを与える本とを同列に扱うことはできないとし、所有者の権能は物によってあるいは社会的状況によって変化しうることを指摘していた。Chazal, op. cit., p. 789.

136   第3部

させる考え方は、有体物と無体物とを問わず、所有者による物の独占による
弊害を緩和し、物の効用の配分につき新しい可能性を開こうとするものであ
る。この点、日本民法の物権にも、物に対する直接的であるが排他的ではな
い権利はある。地役権は、物の効用を独占せずに、所有者による所有権の行
使と、要役地の効用増加を共存させる非排他的権利である。また、日本の入
会権は、Ostrom により共同資源管理のひとつの成功例として分析対象とな
っている[37]が、入会権は、他の入会権者との関係で排他性はなく、個人の資
産への帰属関係も存在しない物権である。これらの物権の活用可能性および、
他の非排他的物権の設定可能性については、今後、わが国においても検討の
余地があろう。もっとも、そのような配分を当事者が合意で行うことは、わ
が国では物権法定主義に反するおそれがある。また、立法による調整を行う
としても、どのような場合に他人の所有物あるいは財産権の効用へのアクセ
スを認めることを正当化しうるかが問題となる。この点は、フランスでも十
分に議論されているとはいえず、今後の課題として残されている。たとえば、
Rochfeld は、医薬品へのアクセスにつき、公衆衛生や人間の尊厳、生への
権利などを挙げており、これらは公序に属するともいえる。しかし、正当化
事由は公序には限られないように思われる。たとえば、農民と種子との関係
につき、種子育成権に対し農家の自家採種を認める UPOV 条約[38]は、農家

---

36)　ドイツ法に関してこの点を論じるものとして、ヘルベルト＝ツェヒ（兼平麻渚生訳）「デジタ
ルの世界における財の帰属」法時 87 巻 9 号（2015 年）71 頁以下参照。ツェヒは、立法によりビ
ッグデータ作成者に移転可能な排他権を導入することを提唱する。その理由のひとつとして、彼
は、経済的な意味で責任のあるデータ作成者に原始的に排他権を保障することにより、ビッグデ
ータ活用におけるデータをめぐる利益の帰属を明確化できることを挙げている（81 頁）。また、
フランスでも、Catala がこの点を指摘する（原恵美・前掲注 25）52 頁）が、その見解は所有権
と目的物の利用の独占を直結させている点で本文の考え方とは異なる。

37)　Ostrom（1990）p.65 et s. 現代日本の入会をめぐる状況およびその法的課題につき、鈴木龍也
＝富野暉一郎編著『コモンズ論再考』（晃洋書房、2006 年）、中尾英俊『入会権―その本質と現
代的課題』（勁草書房、2009 年）、鈴木龍也「日本の入会権の構造」室田武編著『グローバル時
代のローカル・コモンズ』（ミネルヴァ書房、2009 年）52 頁以下、中尾英俊＝江渕武彦編『コモ
ンズ訴訟と環境保全――入会裁判の現場から』（法律文化社、2015 年）参照。

38)　「植物の新品種の保護に関する国際条約」（UPOV 条約）15 条(1) i および(2)参照。UPOV 条約
の展開と農業者の自家採種に関する議論につき、v. Yamthieu, Accès aux aliments et droit de la
propriété industrielle, 2014, n°9 et s, n°233 et s.

が収穫物を自己の経営地で栽培したという事実、すなわち、利用を必要とする者とその物との強い関係性によっても正当化する余地がある[39]。

　検討すべき課題は多いが、わが国においても、一方で、権利ではない無体物についても特定人への帰属可能性を検討し、他方で、有体物と無体物とにかかわらず物の物質的性質のみならず社会的機能に即してその効用の配分と維持を可能にする物権法理論を探ることは、考えられてよい。

4　おわりに

　情報通信技術の高度化は、われわれが、欧米のみならず世界中の市民の直面する民事上の問題に日々接することを可能にした。また、日本の消費者の選択行動が地理的に遠く離れた国々の人々の生活に重大な影響を及ぼしうるほど、世界経済は相互に深く依存している。このようなグローバル化社会に民法学がどのように貢献できるかはわからない。しかし少なくとも、世界の市民に起きていることを自分のものとして見ることは必要だろう。そのことはまた、日本の民法がよりよいものとなることにもつながるはずである。

---

39)　同様のことは、農民の品種や伝統的知識に対する農民の権利を認める「地域共同体、農民、育成者の権利の保護と生物資源へのアクセスの規制に関するアフリカモデル法」（2000 年）が、その根拠として、農民が植物・動物資源の保全、開発、持続可能な利用に多大な貢献をしてきたことに言及していることにもあてはまると考えられる。同モデル法 26 条 1) a) および d) 参照。v. Yamthieu, op. cit., n°242 et s.

グローバル化社会と国際私法

国際家族法の視点から

西谷祐子

1　はじめに

　今日、人の国境を越えた活動は飛躍的に活発化しており、多様な国際的法律関係を生み出している。国家に集中していた立法権限には多方向から遠心力が働いており、超国家的、国際的、地域的レベルでの法規範が発展するとともに、非国家主体や私的アクターの活動に基づく非国家規範も生成しつつある。このようにグローバル化とローカル化が同時進行し（「グローカリゼーション」）、法規範が多元化する現象は、主として強行法規から成り立ち、国家の専権事項とされてきた国際家族法の領域においても看取されうる。もとより国際家族法の規律は、現在でもその多くを国家に負っている。しかし、国際的家族関係をより実効的に規律するために、国家よりも上位の条約やEU 規則等による規範設定およびネットワーク化による協力関係が発展しつつある。また、国家よりも下位の宗教共同体や少数民族等が形成する非国家

＊　筆者は、2016 年以来、ハーグ国際私法会議による親子関係及び代理懐胎専門家会合に政府代表として出席している。もとより本稿において意見にわたる部分は、筆者の個人的見解である。また、本稿の執筆にあたっては、大谷美紀子弁護士に貴重なご示唆をいただいた。記して御礼申し上げる。

規範の存在も無視できなくなり、国家法との関係や正統性をめぐる議論が生じている。これは、国家法同士の抵触を出発点として、国籍や常居所等の連結点を介して価値中立的に準拠法を決定するという従来の国際私法（抵触法）の手法では対応できない法現象が生じていることを意味する。

　グローバル・ガヴァナンスと国際私法をめぐる議論は、まだ緒についたばかりである[1]。ローカル化の観点からは、ヨーロッパにおけるムスリム移民の流入を契機とした国際家族法における国家法と宗教規範の対立と協働という現象も興味深いが[2]、その詳細な検討は他日を期すこととする。本稿においては、とくに国境を越えた子の連れ去りおよび代理懐胎を素材として、もっぱらグローバルな規範形成の可能性とその実行について考察することで、国際私法の変容と発展の可能性を探ることにしたい。

2　グローバルな規範形成とその展開

(1)　子奪取条約の意義

　国際的な婚姻またはパートナー関係が破綻すると、一方の親が他方の親に無断で子を連れて自国に戻ることが少なくない。それが他方の親の監護の権

---

1)　先行研究として、横溝大「抵触法と国際法との関係に関する新たな動向」法律時報 85 巻 11 号（2013 年）26 頁以下、同「グローバル化時代の抵触法」浅野有紀ほか編『グローバル化と公法・私法関係の再編』（2015 年、弘文堂）110 頁以下、同「グローバル法多元主義の下での抵触法」論究ジュリスト 23 号（2017 年）79 頁以下、高杉直「国際不法行為訴訟によるグローバル・ガヴァナンス」国際法外交雑誌 115 巻 1 号（2016 年）1 頁以下、拙稿「国際家族法における個人のアイデンティティー（1）～（2・完）」民商法雑誌 152 巻 3 号 231 頁以下および同 4=5 号 370 頁以下（2015 年）、同「レークス・メルカトーリアと自主規制」法学論叢 180 巻 5=6 号（2017 年）341 頁以下、同「グローバルな秩序形成のための課題——国際法と国際私法の協働をめざして」論究ジュリスト 23 号（2017 年）43 頁以下、Horatia Muir Watt, "Private International Law beyond the Schism", *Transnational Legal Theory* 2 (2011), pp. 354 ff.; Horatia Muir Watt/Diego Fernández Arroyo (eds.), *Private International Law and Global Governance* (Oxford 2014) ; Yuko Nishitani, "Global Citizens and Family Relations" ("Global Citizens"), *Erasmus Law Review* 7 (2014), pp. 134 ff.; idem, "Identité culturelle en droit international privé de la famille", *Recueil des cours de l'Académie de droit international de La Haye* (forthcoming 2019) ほか。

2)　Nishitani, Global Citizens, *supra* note (1), pp. 142 ff., 拙稿・前掲注 1) 民商法雑誌 152 巻 4=5 号 370 頁以下、同「子どもの自己決定権に関する一考察——ドイツの割礼事件をめぐって」『労働法と現代法の理論・西谷敏古稀記念論文集（下）』（2013 年、日本評論社）205 頁以下参照。

140　第3部

利を侵害すれば、不法な子の連れ去りに当たる。ところが、子は可塑性に富み、新しい生活環境にもすばやく順応するため、時間が経過するにつれて残された親との関係が希薄となり、子の連れ去りが既成事実化するおそれがある。そこで、ハーグ国際私法会議（HCCH）による1980年10月25日「国際的な子の奪取の民事上の側面に関する条約」（以下、「子奪取条約」という）は、締約国間の行政協力を柱として、子を迅速に元の常居所地国へと返還する仕組みを整えている。すなわち、子がA国法上の監護の権利を侵害する形で締約国Aから締約国Bに連れ去られると、B国は監護権の本案に立ち入ることなく原則として直ちに子をA国に返還し、A国が監護権の本案を審理する。B国は、返還申立てを却下するまでは、監護権の本案について審理することができない。このように子奪取条約は、手続に関する条約として、締約国間の管轄を分配する役割を負っている。また、親子のつながりを維持するために、面会交流も促進している。

　2014年に日本が子奪取条約を受諾する以前は、外国から日本への子の連れ去りがあった場合に、残された親が日本で人身保護請求をしても[3]、あるいは民事訴訟、家庭裁判所による監護者指定、外国裁判の承認執行[4]などによって子の引渡しを求めても、実効性に乏しかった。とくに親権および監護権に関する争いは、一方の親と子が日本国籍であれば日本法が準拠法となるため[5]、離婚後の共同親権または監護権は認められず、養育親による監護が継続性および安定性を理由に優先され、事実上子の連れ去りを追認する結果となっていた。また、残された親が欧米基準の定期的かつ長期の面会交流（休暇を共に過ごすなど）を申し立てても、家庭裁判所は他方の親の同意なしには認容しようとせず、面会交流もなかなか実現しなかった[6]。これは、グローバルな問題に対応する際の伝統的な国際私法の手法の限界を示すものでもあった。

　もとより日本では、外国での夫のDVや生活苦から逃れて子を連れ帰った

3）　最判昭和60・2・26家月37巻6号25頁、最決平成22・8・4家月63巻1号97頁。

4）　最判・前掲注3）、東京高判平成5・11・15家月46巻6号47頁ほか。

5）　法の適用に関する通則法（以下、「通則法」という）32条。

6）　大谷美紀子「子の監護をめぐる国際問題」国際問題607号（2011年）7頁以下。

日本人母を保護すべきことや、日本の伝統・価値観との齟齬を理由に、子奪取条約に反対する向きもあった。しかし、子の連れ去り前の常居所地国が監護権の本案について判断するという構造は、国家間の平等と相互の尊重に基づく価値中立的なもので、合理性がある。しかも欧米諸国で生活していた日本人親の中には、日本が非締約国であるゆえに共同監護権や出国許可を得ることができず、不利益を被る者もいた。また、日本から外国に子が連れ去られた場合には、子の返還を確保する手段がないことも問題となっていた[7]。それゆえ、国家間の規律権限を調整して協力体制を構築し、子を迅速に返還して子の福祉を実現することで、子が父母双方と密接な関係を維持する権利を保障するには（児童の権利条約9条3項および10条2項）、日本もグローバル・スタンダードとしての子奪取条約を受諾するしかなかったといえよう[8]。今後は、日本においても子の連れ去りの違法性や面会交流の尊重という欧米諸国において確立した価値が少しずつ浸透し、子の親権および監護権並びに面会交流に関する国内法の解釈適用、さらには立法論にも影響を及ぼすことが期待される。

(2) グローバルな規範としての子奪取条約

　子奪取条約は、ハーグ国際私法会議が初めて締約国間の行政協力を基盤として作成した条約であり、不法な子の連れ去りがあれば、締約国の中央当局同士が連携して子の所在を特定し、迅速な返還を支援し、任意の返還を促す（条約7条）。子の連れ去り先の国は、返還事由に該当すれば（3条）、返還拒否事由に当たらないかぎり（12・13・20条）、迅速に子の返還を命ずる。

　子奪取条約は、現在98の締約国をもつ（2018年5月現在）。ヨーロッパおよび北南米諸国のほか、ロシア、オーストラリア、ニュージーランドなどが、アジアでは日本、韓国、香港・マカオ、タイ、シンガポール、フィリピン、

7）　金子修編『国際的な子の連れ去りへの制度的対応』（2015年、商事法務）5頁以下ほか。これまで外国から日本への子の連れ去りと日本から外国への子の連れ去りの件数は、ほぼ拮抗している。平成23年外務省アンケート調査結果（http://www.mofa.go.jp/mofaj/press/release/23/2/0202_03.html）、平成26〜29年度実施状況及び外務省領事局長主催研究会（http://www.mofa.go.jp/mofaj/ca/ha/page25_000833.html#section1）参照。

8）　平成26年条約第2号（平成26年1月24日署名及び受諾書寄託、同4月1日発効）。

パキスタン、スリランカなどが、中近東およびアフリカではトルコ、イスラエル、イラク、チュニジア、モロッコ、ギニア、ブルキナファソ、ガボン、ザンビア、ジンバブエ、南アフリカなどが含まれる。子奪取条約は、1980年に欧米資本主義諸国の条約として出発し、20世紀末には63の締約国しかなかったが、2000年以降に東欧から、2010年以降にアジア、中近東およびアフリカからの加盟が急増し、世界各地に拡大しつつある[9]。

しかし、子奪取条約は、グローバルな規範設定を行っているとはいえ、「結果の義務」として子の返還を定めているにすぎない。そこで、条約の実施においては、各国が広い裁量をもつ[10]。中央当局となる機関およびその機能と権限は、締約国によって相違しており、中央当局が残された親の代理人として返還申立てを行う国もあれば、中立的に当事者双方を支援する国（日本ほか多数）もある。また、子の返還手続も、管轄の集中のように共通する手法はあるものの[11]、各国ごとにその手続法制の枠内で、子の意見聴取や手続補佐人およびソーシャルワーカーの関与等を含めて独自に運用されている。申立権者は、一般には残された親であるが、その他の利害関係人を含める法制もあり、中央当局（オーストラリア、ドイツ）や検察官（フランス）を指定する国もある。強制執行の手法については、直接強制を認める国が多く、英米法系は法廷侮辱罪や警察による引取命令も利用するが、日本は間接強制を前置し、代替執行に移行した後も執行官が説得を試みるなど、実力行使を制限して任意の子の引渡しを重視している点に特徴がある[12]。日本の裁判例とし

9）　ハーグ国際私法会議ウェブサイト（http://www.hcch.net/）参照。

10）　子奪取条約の運用に関する比較法については、拙稿「子奪取条約の運用に関する比較法的検討」ケース研究329号（2017年）4頁以下、同『「国際的な子の奪取の民事上の側面に関する条約」の調査研究報告書』（2011年）6頁以下（http://www.moj.go.jp/content/000076994.pdf）、同「国際的な子の奪取に関するハーグ条約とドイツにおける運用」民月65巻11号（2010年）69頁以下のほか、Nigel Lowe/Michael Nicholls QC, *International Movement of Children. Law, Practice and Procedure*, 2nd ed.（London 2016）, pp. 371 ff.; Jeremy D. Morley, *The Hague Abduction Convention*, 2nd ed.（Chicago 2016）, pp. 1 ff.; Rhona Schuz, *The Hague Child Abduction Convention: A Critical Analysis*（Oxford 2013）, pp. 7 ff. などを参照。

11）　国際的な子の奪取の民事上の側面に関する条約の実施に関する法律（以下、「実施法」という）32条。

12）　実施法140条1・2項。

ては、これまでに例外的な事案において返還決定を変更した最決平成29・12・21および返還を実現する手段として人身保護請求の可能性を認めた最判平成30・3・15が公表されており、今後の発展が俟たれている[13]。

　もっとも、子奪取条約の運用を各国の分離独立したプラクティスにゆだねるだけでは、子の迅速な返還は確保されない。そこで、ハーグ国際私法会議常設事務局は、文献の公表やデータベースの整備等を通じて、条約の望ましい実施方法や各国判例等に関する情報提供を行っているほか、定期的に特別委員会や地域会合を開催して関係者による議論と情報交換の場を設けている。それによって条約上予定された中央当局同士の協力関係を越えて、裁判官やソーシャルワーカー、NGOなどの関係者を含む国内外の非公式なネットワークが構築されている。とくに連携裁判官制度は、評価が高く、現在80ヶ国以上から約120名の裁判官（日本からは3名）が指名されている。各国の連携裁判官は、国内で中央当局および他の裁判官と協力するとともに、他国の連携裁判官ともインターネット通話や電話、電子メール等を通じて情報交換しており、子の返還後の保護措置を確保するのに役立つことも多い[14]。たとえば、ドイツから米国に子を返還する際には、事前に連携裁判官を介して担当裁判官同士が連絡を取り合い、中央当局の協力も得ながら、米国の当該州で子を連れてきた親に対する逮捕状を取り下げられるか、返還後に親子が施設に入居できるか等を確認し、安全な返還を実現しているという[15]。

　このようなネットワークの中で、いわばピアレビューとして相互に条約の実施状況が確認されることで、条約の解釈適用の統一が図られ、運用上もさまざまな工夫がなされている。たとえばドイツでは、1990年12月1日に子奪取条約が発効し、1990年4月5日実施法[16]によって運用が開始された当初は、620余りの家庭裁判所が子の返還事件の職分管轄をもっており、非効率で強制執行にも時間がかかっていた。そこで、1999年4月13日改正実施

---

13)　最決平成29・12・21裁時1691号10頁および最判平成30・3・15裁時1696号1頁（いずれも裁判所ウェブサイト〔http://www.courts.go.jp/〕でも公表）参照。

14)　https://www.hcch.net/en/instruments/conventions/specialised-sections/child-abduction 参照。

15)　ただし、連携裁判官制度には、裁判官の独立および中立性、そして手続の透明性に観点から懸念もあり（Schuz, *supra* note (10), pp. 297 f.）、日本の連携裁判官も具体的な事件に関する情報提供は行っていない。

法[17]によって管轄を集中させ、さらに2005年1月26日国際家事事件手続法[18]によって上訴を制限し、職権による強制執行を導入することで、飛躍的に実務を改善している。また、各国では、特別委員会での議論を通じて和解や調停が円満な解決のために重要であることが認識され、広く実施されてきている。とくに裁判所や行政機関のほか、Reunite[19]やMiKK[20]などのNGOも調停を行っており、中央当局や裁判所がその利用を推奨することでシステムに組み込まれ、各国でノウハウが共有されている。条約実施のための既存の枠組みは、新規加盟国にとっても有益であり、加盟前から情報収集のために連携裁判官制度に参加する国も出てきている。

　子奪取条約の実施を担保するメカニズムは、長期的には各国実務の均質化をもたらし、事実上国家の裁量を限定する方向に働くことが予想される。ハードな規範がソフトな手法によって運用される中で、次第にハードな規範が補充または修正されていく可能性もある[21]。このように見ると、もはや国際法と国内法は単純な二元論で割り切ることはできず、両者の協働と相乗作用による発展の方向性を看取できる領域も出てきているといえよう。

---

16) Gesetz zur Ausführung des Haager Übereinkommens vom 25. Oktober 1980 über die zivilrechtlichen Aspekte internationaler Kindesentführung und des Europäischen Übereinkommens vom 20. Mai 1980 über die Anerkennung und Vollstreckung von Entscheidungen über das Sorgerecht für Kinder und die Wiederherstellung des Sorgeverhältnisses (SorgeRÜbkAG) vom 5.4.1990 (BGBl. I S. 701).

17) BGBl. 1999 I S. 702.

18) Internationales Familienrechtsverfahrensgesetz (IntFamRVG) vom 26. 1. 2005 (BGBl. I S. 162).

19) Reunite International (http://www.reunite.org/).

20) Mediation bei internationalen Kindschaftskonflikten (http://www.mikk-ev.de/).

21) たとえば子の返還手続を行う国の裁判所は、父母が調停で監護権の帰属に合意しても、返還却下決定が下されるまでは監護権の本案について判断できない（子奪取条約16条）。それゆえ、ドイツの家庭裁判所は、父母の合意内容を反映した返還決定を下す際には、わざわざドイツに監護権の本案に関する国際裁判管轄がないため、法的拘束力がないことを明記しているという。しかし、子の円滑かつ任意の返還を促すには、ハーグ国際私法会議の家事調停専門家会合が提案しているように、父母による裁判外の合意に端的に法的拘束力を与える仕組み（ただし司法機関または行政機関による確認手続を要件とする）が検討されてよいであろう（同36条参照）。2018年5月現在、同会合では家事調停実務ガイドを作成している（https://www.hcch.net/en/projects/legislative-projects/recognition-and-enforcement-of-agreements 参照）。

(3) 子奪取条約の地域化と法規範の多元性

　グローバルな規範としての子奪取条約の運用は、地域レベルでの規範設定と法規範の多元化によっても変容を被っている。これは、とりわけヨーロッパにおいて顕著であり、欧州連合（EU）による地域協力の緊密化と、欧州評議会（COE）による欧州人権裁判所の判例を通じた地域の特殊性の発現という二つの側面がある[22]。

　EU は、「婚姻事件及び親責任事件の裁判管轄及び判決の承認執行に関する規則」（ブリュッセル IIbis 規則）[23]によって、構成国間での迅速かつ円滑な子の返還システムを構築している。とくに同規則 11 条 4 項は、子の返還後の適切な保護措置が確保されている場合には子の返還を拒否できないとすることで、子奪取条約上の重大な危険による返還拒否事由（13 条 1 項 b）の妥当範囲を限定している。また、同規則 11 条 7・8 項では、子の連れ去り先の国の裁判所による返還却下決定よりも、子の元の常居所地国の裁判所による監護者指定および子の引渡し決定を常に優先させ、他の EU 構成国での自動的な執行力を付与することで（42 条）、子の迅速な返還を保障している。このように EU は、市場統合の枠組みの中で、構成国間の連携と協力関係を強化する形で子奪取条約を運用している。しかもブリュッセル IIbis 規則の運用上、欧州司法裁判所の先決裁定を通じて、常居所および監護の権利の概念や EU 構成国間の管轄の分配に関する解釈が統一されつつあり[24]、それが間接的に子奪取条約の解釈にも影響を与えている。現在、EU では、ブリュッセル IIbis 規則の改正作業が進んでいる。2016 年 6 月 30 日の欧州委員会提案は[25]、子の返還手続をさらに効率化かつ迅速化し、EU 構成国裁判官および中央当局間の協力関係を強化することを想定しており[26]、欧州議会および

---

22)　欧州評議会による 1980 年 5 月 20 日「子の監護及び子の監護の回復に関する決定の承認及び執行に関する欧州条約」もあるが（1983 年 9 月 1 日発効。現在 37 締約国）、本案の外国裁判の承認執行によるだけで実効性に乏しい。ドイツや英国においては、子奪取条約およびブリュッセル IIbis 規則が同条約に優先することを明記している（§ 37 IntFamRVG; s. 16 § 4 (a) Child Abduction and Custody Act 1985）。

23)　Council Regulation (EC) No 2201/2003 of 27 November 2003 concerning jurisdiction and the recognition and enforcement of judgments in matrimonial matters and the matters of parental responsibility, repealing Regulation (EC) No 1347/2000, O.J. 2003, L 338/1.

146　第3部

欧州理事会による採択が俟たれている[27]。

　他方、欧州人権裁判所は、欧州評議会（COE）による欧州人権条約[28]の解釈適用を行う権限をもつ。欧州人権裁判所は、子奪取条約との関係では、2010年ノイリンガー事件大法廷判決[29]において、スイスの裁判所が子のイスラエルへの返還決定の執行を命じたことが母と子の家族生活の尊重を受ける権利（欧州人権条約8条）の侵害に当たると判断して以来、締約国裁判所が家族関係その他の諸事情を実質的かつ包括的に審査し、当事者の利益衡量を行い、子にとっての最善の解決策を探求したか否かを基準として、その決定の人権規範適合性を審査する傾向にあった[30]。しかし、このような運用は、個別事案ごとの「具体的な子の福祉」に依拠するもので、子の迅速な返還が「一般的な子の福祉」にかなうとする子奪取条約の基本観念と矛盾し、その

---

24)　CJEU 11 July 2008, *Inga Rinau* (Case C-195/08 PPU), Rep. 2008 I-5271; CJEU 23 December 2009, *Detiček v Sgueglia* (Case C-403/09 PPU), Rep. 2009 I-12193; CJEU 1 July 2010, *Povse v Alpago* (Case C-211/10 PPU), Rep. 2010 I-6673; CJEU 15 July 2010, *Purrucker v Vallés Pérez* (Case C-256/09), Rep. 2010 I-7353 and 9 November 2010 (Case C-290/10), Rep. 2010 I-11163; CJEU 5 October 2010, *J. McB. v L. E.* (Case C-400/10 PPU), Rep. 2010 I-8965; CJEU 22 December 2010, *Aguirre Zarraga v Pelz* (Case C-491/10 PPU), Rep. 2010 I-14247; CJEU 22 December 2010, *Mercredi v Chaffe* (Case C-497/10 PPU), Rep. 2010, I-14309; CJEU 9 October 2014, *C v M* (Case C-376/14 PPU) ; CJEU 10 November 2015, *P v Q* (Case C-455/15 PPU) ; CJEU 8 June 2017, *OL v PQ* (Case C-111/17 PPU) ; CJEU 10 April 2018, *CV v DU* (Case C-85/18 PPU) (for digital reports of CJEU decisions, see https://curia.europa.eu/).

25)　Proposal for a Council Regulation on jurisdiction, the recognition and enforcement of decisions in matrimonial matters and the matters of parental responsibility, and on international child abduction (recast), 30 June 2016, COM(2014) 411 final. 欧州委員会提案は、従来の運用の改善を目的としている。Commission Staff Working Document Impact Assessment Accompanying the document Proposal for a Council Regulation on jurisdiction, the recognition and enforcement of decisions in matrimonial matters and the matters of parental responsibility, and on international child abduction (recast), 30 June 2016, SWD(2016) 207 final, pp. 35 ff.

26)　主な改正点については、拙稿・前掲注10）ケース研究329号18頁（注47）参照。

27)　2007年12月13日欧州連合の機能に関する条約（リスボン条約）81条。

28)　1950年11月4日人権及び基本的自由の保護のための条約（欧州人権条約）（1953年9月3日発効）。

29)　ECtHR (Grand Chamber) 6 July 2010, *Neulinger and Shuruk v Switzerland* (App No 41615/07) (for digital reports of ECtHR decisions, *see* https://hudoc.echr.coe.int/).

30)　ECtHR 26 October 2010, *Raban v Romania* (App No 25437/08) ; *also* ECtHR 12 July 2011, *Šneersone and Kampanella v Italy* (App No 14737/09).

円滑な運用を妨げると批判されていた[31]。そこで、欧州人権裁判所は、2013年のポヴセ事件判決およびX対ラトヴィア事件大法廷判決を経て[32]、子奪取条約およびブリュッセルIIbis規則による子の返還システムに従い、審査対象を締約国裁判所による子奪取条約の適用過程の適否に限定するようになった。そして、締約国裁判所の決定の人権規範適合性を積極的に審査することで、むしろ子奪取条約の運用を担保する側面も出てきている[33]。2017年のセヴェレ事件判決は、オーストリア裁判所が、相手方が請求異議や裁判官の忌避等を争う間にフランスへの返還決定の執行を行わず、5年半後に子らが新しい環境になじんだことを理由に執行不能によって事件を終結させたのは、申立人の家族生活の尊重を受ける権利（欧州人権条約8条）の侵害に当たると判断しており[34]、オーストリアでの子奪取条約の運用を改善する契機となろう。このようにヨーロッパにおいては、法規範が多元化する中で、グローバルな規範としての子奪取条約とローカルな規範としてのEU規則や欧

---

31) とくにUK Supreme Court, 10 June 2011, *Re E*（*Children*）（*Abduction: Custody Appeal*）〔2011〕UKSC 27; idem, 14 March 2012, *Re S*（*A Child*）（*Abduction: Rights of Custody*）〔2012〕UKSC 10による批判を参照。

32) ECtHR 18 June 2013, *Povse v Austria*（App No 3890/11）; ECtHR（Grand Chamber）26 November 2013, *X v Latvia*（App No 27853/09）.

33) ECtHR 15 January 2015, *M.A. v Austria*（App No 4097/13）; ECtHR 21 July 2015, *G.S. v Georgia*（App No 2361/13）; ECtHR 21 July 2015, *R.S. v Poland*（App No 63777/09）; ECtHR 8 October 2015, *Vujica v Croatia*（App No 56163/12）; ECtHR 1 March 2016, *K.J. v Poland*（App No 30813/14）; ECtHR 3 October 2017, *Vilenchik v Ukraine*（App No 21267/14）; ECtHR 18 January 2018, *Oller Kamińska v Poland*（App No 28481/12）; ECtHR 30 January 2018, *Edina Tóth v Hungary*（App No 51323/14）. 欧州人権裁判所の動向については、Nigel Lowe, "Strasbourg in Harmony with The Hague and Luxembourg over Child Abduction?", in: *Festschrift Coester-Waltjen*（Bielefeld 2015）, pp. 543 ff.; Dieter Martiny, "Internationale Kindesentführung und europäischer Menschenrechtsschutz — Kollision unterschiedlicher Ansätze", Ibid., pp. 597 ff.、早川眞一郎「欧州人権条約の視点から見た子の奪い合い紛争——ハーグ子奪取条約の『重大な危険の抗弁』をめぐる最近の一動向」『日本民法学の新たな時代：星野英一先生追悼』（2015年、有斐閣）1016頁以下、拙稿・前掲注10）ケース研究329号18頁以下ほか。また、国際私法上の公序と人権規範の関係については、林貴美「公序のヨーロッパ化および普遍化」国際法外交雑誌116巻2号（2017年）25頁以下、山内惟介『国際私法の深化と発展』（2016年、信山社）211頁以下、拙稿「国際私法における公序と人権」国際法外交雑誌108巻2号（2009年）57頁以下および同「『文化の衝突』と国際人権」国際人権28号（2017年）60頁以下ほか参照。

34) ECtHR 21 September 2017, *Severe v Austria*（App No 53661/15）.

148　第3部

州人権条約等の相剋によって垂直方向の法抵触が生ずるだけではなく、両者の相互作用によって規範が調和し、発展していく傾向も見ることができる。

　ヨーロッパ以外の地域では、米州機構による 1989 年 7 月 15 日「国際的な子の返還に関する米州条約」がある[35]。この条約は、二国間の特段の合意がないかぎり、子奪取条約に優先して適用され（34 条）、中南米の 14 締約国の結束の固さを示している[36]。コモンウェルス諸国の結び付きも緊密である。とくにイングランド・ウェールズの判例は、他の法域に大きな影響を及ぼす一方で、近時の連合王国最高裁判所（旧貴族院）は、米国、カナダ、オーストラリアなど他のコモンローの法域の判例を積極的に引用する傾向にあり[37]、法域間の相互交流が見られる。イスラーム諸国には、ハーグ国際私法会議のマルタ・プロセス会合を通じて子奪取条約の仕組みが紹介されているが、条約に加盟する国はまだ少なく、調停に基づく任意の子の返還が重視されている[38]。アジア地域で子奪取条約に加盟した国々は、まだ国内での条約の実施方法を模索している段階にあるが、定期的な地域会合を通じて相互理解が深まり、次第に各国の実務も確立していくと思われる[39]。今後も子奪取条約の運用上、地域ごとの連携と協力関係が強化されることが予想され、いかにしてグローバルな規範としての子奪取条約を遵守しながら、ローカルな規範との整合性を図っていくかが重要な課題となるであろう。

35）　Inter-American convention on the international return of children, adopted at Montevideo on 15 July 1989.

36）　これまでベネズエラが 34 条の留保宣言をしたにすぎない（http://www.oas.org/juridico/english/sigs/b-53.html）。

37）　たとえば、UK House of Lords, 2 March 2000, *Re H.* (*A Minor*) (*Abduction: Rights of Custody*) [2000] 2 AC 291; UK Supreme Court, 9 September 2013, *A* (*Children*) (*AP*) [2013] UKSC 60 参照。

38）　イスラーム協力機構（Organization of Islamic Cooperation）の構成国のうち、子奪取条約に加盟しているのは、アルバニア、トルコ、モロッコ、イラク、カザフスタン、ウズベキスタン、トルクメニスタン、ギニア、ブルキナファソ、ガボンの 10 ヶ国である（2018 年 5 月現在）。

39）　大谷美紀子「ハーグ条約の実務における地域主義の発展とアジア太平洋地域の展望」法の支配 165 号（2011 年）107 頁以下参照。

グローバル化社会と国際私法　　149

3　グローバル・ガヴァナンスの可能性

(1)　国際的な代理懐胎をめぐる法的課題

　子奪取条約のような規範設定がない中で、グローバルな対応を要する重要課題となりつつあるのが、国境を越えた代理懐胎と親子関係の規律である。この問題は、代理懐胎を禁止または制限する国に居住する依頼者が、代理懐胎を容認する外国に赴き、代理母（サロゲートマザーとホストマザーの双方を含む）と契約を締結して子を産んでもらい、自国に連れ帰ろうとすることで起こる（代理懐胎ツーリズム）。子の出生国では、一般に依頼者を法律上の親とするための出生登録、認知または裁判が行われるが、依頼者の居住国では、これまで日本を含めて公序違反または法律回避等を理由にその承認を拒絶するのが通常であった[40]。そこで、子が跛行的親子関係のためにいずれの国の国籍も取得できず、依頼者の居住国への入国を拒否され、出生国に止め置かれ[41]、入国できても依頼者との親子関係を否定され、法的な監護養育を受けることができないなど[42]、子の福祉に反する結果となってきた。しかも、代理懐胎に内在する問題として、子の出自を知る権利が保障されず、アイデン

---

40)　最決平成19・3・23民集61巻2号619頁。日本の国際私法上、外国で成立した親子関係の承認は、それが出生または法律行為に基づく場合は通則法28〜30条に、外国裁判に基づく場合は民訴118条の適用または類推適用によってきた。外国裁判の承認は、平成30年4月25日人事訴訟法等の一部を改正する法律（平成30年法律第20号）の施行後は、民訴118条または家事手続79条の2（民訴118条を準用）による。ドイツやスペインも同様の法制であるが、諸外国では、出生または法律行為による親子関係も承認アプローチによる法制が多い。HCCH, "A Study of Legal Parentage and the Issues arising from International Surrogacy Arrangements"（Prel.Doc. No 3C: 2014 Council), para. 84 ff.

41)　日本人の依頼者夫婦が離婚したために子がインドに止め置かれ、祖母が引き取った事件がある（Supreme Court of India, 29 September 2008, *Baby Manji Yamada v Union of India*［2008］INSC 1656)。また、ドイツ人の依頼者夫婦が、代理懐胎による双子が無国籍者とされて身分証もパスポートも発行されなかったために子らを連れて帰国できず、夫だけがインドに残って双子を監護養育し、2年余りして養子縁組が成立した後にようやく帰国できた事件もある（VG Berlin, 26 November 2009, *AuAS* 2010, 86; see Konrad Duden, *Leihmutterschaft im Internationalen Privat- und Verfahrensrecht*（Tübingen 2015), p. 2)。

42)　従前のフランス判例（Cour de cassation, 6 April 2011, n° 09-17130; Cour de cassation, 13 September 2013, n° 12-18315 & 12-30138; Cour de cassation, 19 March 2014, n° 13-50005) 参照。

150　第3部

ティティーの形成に支障をきたすおそれがある。また、途上国の一部は、安価な代理懐胎を提供することで先進国から依頼者を呼び込んできたが、子が遺棄、虐待または人身売買されたり、貧困層の女性が収入源としたり家族や悪質な仲介業者によって搾取されたり、依頼者が仲介業者の詐欺に遭ったりするなど、さまざまな問題が生じている。

(2)　代理懐胎に関する各国の実質法制

　これらの問題の背景には、各国の代理懐胎法制の相違がある[43]。伝統的な法制は、国内法上代理懐胎を明文で禁止または解釈上違法としている（①類型：ドイツ、フランス、オーストリア、スイス、ルクセンブルク、イタリア、スペイン、アイルランドなど)[44]。日本には、明文規定はないが、代理懐胎は原則として禁止すべきものと解されている[45]。①類型の国では、代理懐胎契約は、子と代理母の尊厳および身体の不可処分性と抵触し、公序良俗に反することを理由に無効とされる[46]。そして、一般原則に従い、分娩をした代理母（およびその夫またはパートナー）が法律上の母とされる。

　他方で、近時は、欧米においても厳格な規制の下に代理懐胎を認める国が広がっている（②類型：米国・カナダ・オーストラリアの多数の州、英国、ニュージーランド、南アフリカ、香港、ルーマニア、ベルギー、オランダ、ポルトガル、イスラエル、メキシコ、ブラジル、アルゼンチンなど)。②類型の国では、一般に非営利目的の代理懐胎契約だけが有効とされ、厳格な資格要件が代理母（年

---

43)　比較法については、Katarina Trimmings and Paul Beaumont (eds), *International Surrogacy Arrangements* (Oxford 2013), pp. 443 ff.; HCCH, "A Preliminary Report on the Issues Arising from International Surrogacy Arrangements" (Prel.Doc. No 10: 2012 Council), para. 10 ff.; HCCH, *supra* note (40) のほか、筆者が親子関係及び代理懐胎専門家会合において接した情報に依拠している。

44)　フランス刑法 227-12 条以下。ドイツは、1989 年改正養子縁組斡旋及び代理母斡旋禁止法が斡旋・募集等を、1990 年胚保護法が施療を罰則付きで禁止することで、間接的に代理懐胎を禁止している。

45)　西希代子「日本学術会議における検討」『生殖補助医療と法』(2012 年、日本学術協力財団) 16 頁以下、幡野弘樹「代理懐胎と親子関係」法律時報 87 巻 11 号 (2015 年) 24 頁以下ほか。

46)　フランス民法 16 の 7 および 16 の 9 条、ドイツ民法 138 条。日本での議論について、幡野弘樹「代理懐胎の合意と公序 (1)」立教法学 89 号 (2014 年) 198 頁以下ほか。

齢、健康状態、婚姻および出産歴など）および依頼者（年齢、家族構成、妊娠不能など）に課される。法律上の親は、子の出生時には代理母（およびその夫またはパートナー）であり、一定期間内に裁判所の決定を得ることで、事後的に依頼者に転換する法制が多い[47]。ただし、子の出生後の代理母の同意等を要件として、自動的に依頼者を親とする法制もある[48]。②類型の国では、外国からの代理懐胎ツーリズム防止のため、一般に依頼者が内国の国籍または常居所をもつことが要件とされる。そこで、むしろこれらの国に居住する依頼者がより要件の緩やかな外国に赴いて代理懐胎を利用する例が散見される[49]。

　それに対して、外国からの代理懐胎ツーリズムを惹きつけてきたのは、広く代理懐胎を容認する国である（③類型：米国の複数州〔とくにカリフォルニア州〕、ギリシア、ロシア、ウクライナ、ジョージアなど）。③類型の国では、営利目的の代理懐胎契約も有効とする法制がある一方で、少なくとも片方の依頼者と子の遺伝的なつながりを要件とする法制が多い。親子関係は、代理母の同意等を要件として、事前に裁判所の決定を得ることで[50]または事後的に出生登録を行うことで[51]、依頼者と子の間に成立し、同性カップルの依頼者による代理懐胎も認める法制が多い。

　ところで、アジア地域においては、タイが従来③類型に属しており、広く外国からの依頼者による代理懐胎を実施していた。しかし、2014年にガミー君事件[52]や15人の子をもった日本人男性の事件[53]などの重大事件が発生

---

47)　英国、オーストラリア各州やイスラエルでは親決定（parental order）に、ニュージーランドでは養子縁組決定による。

48)　カナダのブリティッシュ・コロンビア州、ブラジルなど。

49)　ガミー君事件では、オーストラリア人夫婦がタイで代理懐胎を依頼し、障害のあった双子の男児の引き取りを拒み、女児だけ連れ帰ったため、国際的に非難が起こった。その後、代理母と依頼者夫婦の間で監護権をめぐる争いが生じたところ、オーストラリア裁判所は、依頼者父母の親子関係を否定しつつも、女児を同国での生活になじんだ後にタイに返還するのは子の福祉に反するとして、監護権を肯定している。Family Court of Western Australia, 14 April 2016, *Farnell & Anor v Chanbua* [2016] FCWA 17.

50)　米国カリフォルニア州ほか。

51)　ロシア（ただし出生時には代理母が母）ほか。ウクライナでは、自動的に依頼者夫婦が親となる。

52)　前掲注49) 参照。

152 第3部

したため、2015年2月19日法によって代理懐胎を厳格に規制するに至っている[54]。そこで、タイで代理懐胎を扱っていた病院等は、ネパールに移転して事業活動を続けたが、ネパールも、2015年8月25日に代理懐胎によって出生した子の出国禁止措置をとることで、依頼者の流入を抑止する方向に舵を切った[55]。他方、インドも当初、広く営利目的の代理懐胎を容認し、日本を含む外国から多数の依頼者を受け入れており、産業の一つとまで言われていた。しかし、子の福祉や女性保護の観点から問題のある事案が頻発したため[56]、インド保健省は、2015年9月30日に生殖補助医療技術規制法案を、2015年11月4日にガイドラインを公表し、営利目的の代理懐胎は認めず、外国人には代理懐胎目的の滞在許可を与えないこと、また出生した子の出国も禁止することを示した[57]。その後、欧米諸国の依頼者は、ベトナムおよびカンボジアへと殺到したが、カンボジア保健省は、2016年10月31日省令によって代理懐胎を禁止し[58]、ベトナムも2015年9月15日婚姻及び家族法によって依頼者父母の受精卵を用いた非営利目的の代理懐胎だけを認めるに至っている[59]。現在は、ラオスや中国への代理懐胎ツアーが増えているとされ、アジアの途上国が門戸を閉じる度に、次々に規制の緩やかな国へと代理懐胎の場が移っている状況にある。このように国境を越えた代理懐胎においては、南北問題としての側面も強く表れている。

---

53) 2014年8月7～21日および2015年2月20日付日本経済新聞ほか。

54) 現行法上依頼者はタイ人夫婦か、一方が外国人の夫婦で3年以上婚姻している者に限られる（同性カップルを除く）。また、代理母は、原則として依頼者の親族で（直系尊属・卑属は除く）、妊娠経験のある者でなければならず、卵子提供は禁止されている（米国議会図書館ウェブサイトhttps://www.loc.gov/ 参照）。

55) HCCH, "The Parentage/Surrogacy Project: An Updating Note"（Prol.Doc. No 3A: 2015 Council）para. 19; HCCH, "Background Note for the Meeting of the Experts' Group on the Parentage/ Surrogacy Project"（2015）, para. 22.

56) 前掲注41) 参照。

57) インド保健省保険研究局ウェブサイト（http://www.dhr.gov.in/）参照。2016年には、代理懐胎規制法案が議会に提出されたが、まだ成立には至っていないという。

58) Prakas of 31 October 2016（see HCCH, "Background Note for the Second Meeting of the Experts' Group on the Parentage/Surrogacy Project", para. 22）.

59) 2015年9月15日ベトナム婚姻及び家族法（2016年1月1日施行）（米国議会図書館ウェブサイト http://www.loc.gov/ 参照）。

⑶ 代理懐胎に基づく親子関係

　上述のように、これまで自国で代理懐胎を禁止する国（①類型）や厳格な規制を行う国（②類型）は、一般に、③類型の外国において代理懐胎が行われ、出生登録、認知または裁判によって依頼者と子の親子関係が成立しても、日本を含めて公序違反または法律回避等を理由に承認を拒否してきた。そして、分娩した代理母（およびその夫またはパートナー）を法律上の親としてきた。もとより①②類型の国が国内法上の規制を貫徹し、承認を拒否することには一定の合理性がある。しかし、代理懐胎によって出生した子の福祉の観点からすると、依頼者の居住国が代理母を親とみなしても、子の出生国では依頼者が親となっており、法律上も事実上も代理母による監護養育を期待できないことが問題となる。準拠法次第では、依頼者父による認知を認める余地もあるが、代理母の夫またはパートナーに父性推定が及んでいる場合、あるいは代理母の同意が要件となる場合等には、依頼者父の父子関係が認められない可能性がある。

　子が依頼者による安定した監護養育および扶養を受け、国籍や氏を取得するには、養子縁組による方法もある[60]。しかし、依頼者の居住国が厳格な入国審査を行い、子の縁組前の入国を拒む場合に対応するため、子の出生国で養子縁組を申し立てても、すでに依頼者と子の親子関係が成立しているために認容されないのが通常である。しかも依頼者と子の養子縁組は、ハーグ国際私法会議による 1993 年 5 月 29 日「国際養子縁組に関する子の保護及び協力に関する条約」（以下、「養子縁組条約」という）の複数の規定と抵触するため、養子縁組条約の締約国は、他の締約国との関係では適法な国際養子縁組を行いえない[61]。また、養子縁組による親子関係の創設は不安定であり、依頼者が夫婦関係の破綻や子の身体障害などを理由に翻意すれば、子は監護者がいない状態に置かれてしまう。

---

60) 日本もこれまで特別養子縁組を認めてきており、最決・前掲注 40)（横溝大・戸時 663 号 11 頁（2010 年）13 頁以下）のほか、国内事件として神戸家（姫路支）審平成 20・12・26 家月 61 巻 10 号 72 頁がある。学説として、早川眞一郎「国際的な生殖補助医療と法——ハーグ国際私法会議のプロジェクトを中心に」法曹時報 67 巻 11 号（2015 年）46 頁ほか。ドイツでの議論として、Chris Thomale, *Mietmutterschaft* (Tübingen 2015), pp. 93 ff. を参照。

154 第3部

　そこで、ヨーロッパ各国は、2011 および 12 年のオーストリア憲法裁判所
判決を皮切りに[62]、徐々に外国で代理懐胎によって成立した依頼者と子の親
子関係を端的に承認するまたはそれに沿って自国で親子関係を創設する方向
に動いている。その重要な契機となったのは、欧州人権裁判所による 2014
年 6 月 26 日メネソン判決およびラバセ判決[63]である。

　メネソン判決およびラバセ判決は、フランスが子と遺伝上の父である依頼
者夫とのいかなる父子関係も認めず、外国出生証書の転記、認知、身分占有、
養子縁組のいずれによる父子関係も否定したことは[64]、子の私生活の尊重を
受ける権利（欧州人権条約 8 条）の侵害に当たるとした[65]。それを受けて、
2015 年にフランス破毀院およびスイス連邦裁判所は、外国出生証書ないし
外国裁判において遺伝上の父である依頼者が父とされていた事案で、父子関
係を肯定している[66]。2014 年にはドイツ連邦通常裁判所が、男性登録パー
トナー同士が米国カリフォルニア州で独身女性に匿名ドナーの卵子を用いた
代理懐胎を依頼し、精子提供者の方が現地のドイツ領事館で胎児認知し、依
頼者双方を父とする同州裁判所の決定を得た事案で、双方の父子関係を承認
した[67]。さらに、2017 年にはイタリア憲法裁判所も、遺伝上のつながりの

61)　その理由は、代理母による養子縁組への同意（親権の放棄）が通常子の出生前になされるこ
　　と（養子縁組条約 4 条 c 号）、内国養子縁組の優先による「補充性の原則」が妥当しないこと（4
　　条 b 号）、子を常居所地国から送り出す前に十分な事前審査を行いえないこと（17 条）、そして
　　養親と養子の事前接触の禁止に触れること（29 条）にある。HCCH, "Private International Law
　　Issues surrounding the Status of Children, including Issues arising from International Surrogacy
　　Arrangements" (Prel.Doc. No 11: 2011 Council), para. 43.
62)　Verfassungsgerichtshof (Austria), 14 December 2011 and 11 October 2012, *IPRax* 2013, 271（受
　　精卵を提供した依頼者夫婦について外国で成立した親子関係を承認）。
63)　ECtHR 26 June 2014, *Mennesson v France* (App No 65192/11) and *Labassee v France* (App
　　No 65941/11). 詳細は、幡野・前掲注 45) 26 頁以下、林貴美「国境を越えた代理懐胎と公序
　　——ドイツでの議論を中心に」同志社法学 68 巻 7 号（2017 年）610 頁以下参照。
64)　フランスの従前の判例については、前掲注 42) 参照。
65)　欧 州 人 権 裁 判 所 は、2016 年 7 月 21 日 判 決（ECtHR 21 July 2016, Foulon and Bouvet v
　　France (App No 9063/14 and 10410/14)）でも同様に判断した。
66)　Cour de cassation (France) 3 July 2015, n° 14-21.323 & 15-50.002; Bundesgericht (Switzerland)
　　21 May 2015 (5A_748/2014)（遺伝上の父の男性パートナーによる父子関係は否定）。スペイン
　　司法省も、2014 年 7 月に依頼者父を親として記載した外国出生証書の受理および登録を命じて
　　いる。

ある依頼者の親子関係を承認する可能性を認めている[68]。承認原則を支持する論者は、その根拠として、国内法上の代理懐胎の禁止または制限はその予防を目的とするに過ぎず、すでに子が出生している場合には子の福祉を優先させるべきこと、子は自らの出生を左右できないため、依頼者の脱法行為の責任を子に負わせるべきでないこと、国内法上の規制は属地的に限定された効力しかもたず、外国での代理懐胎には及ばないこと等を挙げている。そして、一般に代理母が任意に子を引き渡し、依頼者が子を監護養育する意思をもつ場合には、外国で成立した依頼者の親子関係を端的に承認しても問題はないという[69]。

　もっとも、ヨーロッパ各国の判例の射程はまだ定まっていない。メネソン判決およびラバセ判決は、フランスが遺伝上の父である依頼者との関係で、外国出生証書の転記、認知、身分占有、養子縁組のいずれによる父子関係も否定したことが子の人権侵害に当たるとしたにすぎない。それゆえ、理論的には承認原則ではなく、フランスが事後的に認知や養子縁組による新たな父子関係の創設を認めれば足りると解する余地がある。また、両判決とも、母子関係にはまったく触れておらず、依頼者母が遺伝上の母である場合も含めて、常に分娩者である代理母を法律上の母とすることを否定しているわけではない。実際にも、2017年のフランス破毀院判決は、遺伝上の父である依頼者と代理母が記載された出生証書のみが、フランスにおいて有効に転記されうると判示している[70]。さらに、欧州人権裁判所の2017年1月27日パラディーゾ事件判決[71]およびヨーロッパ各国の判例[72]は、依頼者双方とも子

---

67) Bundesgerichtshof（Germany）10 December 2014, BGHZ 203, 350. 詳細は、林・前掲注63）616頁以下参照。

68) Corte costituzionale（Italy）18 December 2017, n° 272.

69) Duden, *supra* note（41）, pp. 133 ff.; Nina Dethloff, *JZ* 2016, pp. 207 ff.; Dieter Henrich, *IPRax* 2015, p. 229; Claudia Mayer, *StAZ* 2015, p. 33 ほか。東京高決平成18・9・29（最決・前掲注41）原審）も参照。

70) Cour de cassation（France）5 July 2017, n° 825, 826 & 827.

71) ECtHR（Grand Chamber）24 January 2017, *Paradiso and Campanelli v Italy*（App No 25358/12）（イタリアがロシアの出生証書に基づく依頼者夫婦の親子関係を承認せず、子を取り上げて第三者による養子に出したことは、イタリア法の潜脱を許さない措置として合理性があり、欧州人権条約8条の侵害に当たらないとした）。

156　第3部

との遺伝上のつながりを欠いていた事案において父子関係を否定しており、遺伝上のつながりを承認要件とすることを示唆している。そのほか非営利性を要件とするか、代理母が子の引渡しを拒む場合や依頼者が子の引取りを拒む場合の扱いをどうするかなども明らかではなく、今後検討されるべき課題が多く残されている。

(4)　グローバルな規範設定の可能性

　国境を越えた代理懐胎について各国の法制が分断されている中で、個別事案ごとに解決法を探ることには限界がある。上述のように、タイ、ネパール、インド等のアジア諸国は、国内法上の規制を及ぼすことで外国からの依頼者を排除してきたが、ラオスや中国など他の国が受け入れるかぎり、代理懐胎ツーリズムをめぐる問題は不可避的に発生する。

　そこで、ハーグ国際私法会議常設事務局は、代理懐胎に関するグローバルな規範設定を行うことを視野に入れて入念な準備作業を行ってきた。そして、2014年には、承認原則を基礎とした法文書を作成して、代理懐胎の最低基準（医療上の基準、代理母の適格性および任意の同意、仲介業者の適性審査、代理懐胎契約の内容規制など）とその要件（依頼者と子の遺伝的なつながり、常居所など）を定めること、場合によっては、依頼者の常居所地国と代理母の常居所地国の行政協力を組み合わせることで、実効的な規制を行う可能性を示唆していた[73]。しかし、このような仕組みは価値中立的ではなく、外国において基準を満たす代理懐胎が行われれば、各国がそれに基づく依頼者と子の親子関係を承認することを前提とするため、間接的には①②類型の国内法の潜脱を公認することになる。それゆえ、これまで2016年から2018年までの間に3回開催された専門家会合においては、多数の国から国内法制との不整合が指摘されたほか、ヨーロッパ各国からも、欧州人権裁判所および国内の

---

72)　Bundesgericht (Switzerland) 14 September 2015 (5A_443/2014)（米国カリフォルニア州の出生証書による親子関係の承認拒否）および Corte di cassazione (Italy) 11 November 2014, n° 24001（ウクライナ法上も無効の代理懐胎契約について出生証書による親子関係の承認拒否）。ただし、いずれも養子縁組の可能性を認めている。

73)　HCCH, "The Desirability and Feasibility of Further Work on the Parentage/Surrogacy Project" (Prel.Doc. No 3B: 2014 Council), para. 52 ff.

判例が流動的で基本姿勢が定まっていない現時点では、法文書の採択は難しいとの意見が相次いできた。現在、専門家会合では、代理懐胎を視野に入れつつも、まずは親子関係全般について、外国で出生登録、認知または裁判によって成立した親子関係を承認する法的枠組みを構築する方向で検討を進めている。しかし、法文書を作成するフィージビリティが認められるか否かは定かではなく、2019年初めには一定の結論を出すべき段階にある。

もとより代理懐胎のように各国の政策も法制度も区々に分かれており、まだ実質的価値が共有されていない領域においては、グローバルな規範設定の試みは、時期尚早であるのかもしれない。しかし、現実に各国法上の規制を潜脱して国際的な代理懐胎が行われ、子の福祉や女性保護の観点から見て問題が多発しているのは確かである。いずれは国連等の場で国家間合意を締結するか、あるいは広くソフトローを活用した規整枠組みを構築することで、グローバル・ガヴァナンスを達成していくことが望まれるであろう。

4 おわりに

現代においては、グローバル化の進展とともに主権国家の機能が少しずつ後退し、その権限が多方向に分散している。そして、徐々に超国家的な規範設定が進んでいる一方で、地域的な統合が発展してローカルな規範設定がなされ、法規範が多層化する現象が見られる。国際家族法におけるエンフォースメントは、まだ基本的に国家に頼っているが、子奪取条約の例に見られるように、ネットワーク化によるソフトな運用の手法が確立しつつあるのは、グローバル化時代の特徴であるといえよう。

19世紀にマンチーニが構想し、アッセルが実現したハーグ国際私法会議の目的は、条約による国際私法の統一と国際的判決調和の達成にあった。しかし、現実には、ハーグ国際私法会議は準拠法条約によるハードな国際私法の統一に必ずしも成功していない。これは、妥協のために複雑化した抵触規則が多いこと、外国法の適用を前提とする抵触規則は法廷地法主義をとる英米法系諸国にとって魅力がなかったこと、既存の国内法もしくは条約またはEU規則等で対応できていることなどが原因であろう。むしろハーグ国際私

158 第3部

法会議の諸条約のうち成功したのは、民事手続に関する条約（司法共助条約）のほか、子奪取条約、養子縁組条約、さらには 1996 年子の保護条約および 2007 年扶養料回収条約であり、ハードな法規範の統一というよりも、中央当局制度を柱として締約国間の連携と協力によるネットワークを構築することで、子の実効的な保護を図ることを目的とした条約である[74]。もとより国際私法の役割は、第一義的には実質法上の特定の価値の実現ではなく、規制的権威の調整にあり、それによって各法秩序の権威を保障して多元性を尊重することにあるが[75]、このような法的枠組みを構築するには、少なくとも基盤となる一定の基本的価値が共有されていなければならない。子奪取条約のようにグローバルな価値が共有されていれば、ネットワーク化による効果的な運用も可能であるが、代理懐胎のように各国法制が区々に分かれ、代理懐胎の禁止または規制と、子および代理母の保護の実現という価値が相剋する領域では、まだ規範設定自体が難しいと言わざるをえないであろう。

今後もグローバル化が進展する中で、国際法と国内法、また公法と私法の伝統的な境界を越えて、法規範の多元化と合流（confluence）[76]が進んでいくことが予想される。その営みの中で国際私法の方法論も多元化し、国家間の協力体制による実効的な保護の実現、あるいは外国で成立した法律関係の承認[77]なども志向されていくであろう。これから国際私法の方法論がどのように変容し、多層的に発展していくのか注目される。

---

74) 拙稿「法統一の展開と非国家法の意義（2・完）」民商法雑誌 153 巻 6 号（2018 年）963 頁以下。ハーグ国際私法会議による諸条約については、同ウェブサイト（前掲注 9））参照。

75) 中野俊一郎「国際社会における法規範の多元性と国際私法」国際法外交雑誌 116 巻 2 号（2017 年）1 頁以下、横溝大「レギュレーションと抵触法」国際私法年報 17 号（2015 年）121 頁以下ほか。

76) Alex Mills, *The Confluence of Public and Private International Law*（Cambridge *et al.* 2009）, pp. 211 ff. 参照。

77) 承認原則については、中西康「EU 法における『相互承認原則』についての考察」法学論叢 162 巻 1=6 号（2008 年）218 頁以下、北澤安紀「EU 国際私法における承認論」法学研究 88 巻 1 号（2015 年）147 頁以下、林貴美「EU 国際私法における承認原則」国際私法年報 18 号（2016 年）2 頁以下のほか、加藤紫帆「国際的な身分関係の継続に向けた抵触法的対応（1）～（4・完）」名古屋大学法政論集 262 ～ 266 号（2015/16 年）参照。

グローバル化と開発法学

マルチラテラルな法形成への法学の対応

松尾　弘

1　はじめに——グローバル化と開発法学の接点

　開発法学の理論枠組みを提示することを企図した前著の冒頭において筆者は、「開発法学（Law and Development）とは、法制度の改革を通じて、社会の開発を促し、その構成員である人々の幸福を増進させる方法を探求する学問分野である」という一般的な定義を提示した[1]。この段階では、開発法学がグローバル化とどのような接点をもつものかは、まだ明確には浮かび上がってこない。しかし、この中で「法制度の改革を通じて」ということをさら

---

1 ）　松尾弘『開発法学の基礎理論』（勁草書房、2012 年）1 頁。開発法学の学説史に関しては、紙幅の関係から、以下の文献に譲る。David Trubek, "Toward a Social Theory of Law: An Essay on the Study of Law and Development," *Yale Law Journal*, Vol. 82, 1972, pp. 1-50（松尾弘訳「法の社会理論へ向けて——法と開発研究に関する小論」慶應法学 15-16 合併号〔2010〕273-343 頁）; John Merryman, "Comparative Law and Social Change: On the Origins, Style, Decline & Revival of Law and Development Movement," *American Journal of Comparative Law*, Vol. 25, 1977, pp. 457-491; Brian Tamanaha, "The Lessons of Law-and-Development Studies," *American Journal of International Law*, Vol. 89, 1995, pp. 470-486（松尾弘訳「開発法学の教訓」慶應法学 4 号〔2006〕227-269 頁）; Kevin Davis and Michael Trebilcock, "The Relationship between Law and Development: Optimists versus Skeptics," *American Journal of Comparative Law*, Vol. 56, 2008, pp. 895-946; 松尾・同前 22-31 頁。

160　第3部

に深く探求する段階になると、一体誰が、どのようにして法制度改革を行うべきか、法制度改革の主体と方法を問わざるをえない。そして、今やこの問題に答えるためには、法制度改革のための国際協力の必要性と成果の普及・拡大を無視することができない。この観点から、開発法学の主要な研究対象のひとつである、国家法の整備に対する国際協力としての法整備支援（legal assistance）ないし法整備協力（legal cooperation）の重要性が注目される。この段階において開発法学とグローバル化の接点がにわかに顕在化することになる。

　それは、法整備支援（協力）がグローバル化の一側面でもある規範形成のグローバルなネットワーク化の一環とみることができるからである[2]。しかも、それはいわゆる先進国から途上国への開発支援という一方通行の作用ではなく、およそ先進国・途上国を問わず、今や一国の国内法の整備においてすら、諸外国および地域からの要求や国際標準を無視して具体化することができなくなってきており、そうした現象を通じて各国間に双方向的な規範形成の国際ネットワークが幾重にも形成されつつあるとみることができる。

　一例として、国内私法の基本法である民法（大陸法諸国の民法典、英米法諸国の財産法・契約法・担保法・契約外債務法・家族法・相続法等）の整備は、最早国内的関心事項にとどまらず、法整備支援（協力）の典型的な対象になっている。たとえば、債権譲渡を制限する債権者・債務者間の特約の効力を、債権の譲受人等の第三者にどの程度認めるべきかは、外国からの投資や国際取引が活発化し、債権取引に外国企業や外国人が普通にかつ頻繁に関わるようになった現代においては、国内的事情のみならず、諸外国の民法との比較や国際的ルールにも目を向けて検討せざるをえない。また、一見最もドメスティックにみられる家族法や相続法においても、外国人との婚姻や養子縁組が珍しくない現代においては、婚姻・離婚や養子縁組・離縁の要件および効果、親権や扶養の権利・義務の内容、未成年者の父母の離婚後の親権の所在等々はやはり国内的関心事項にとどまらない。さらに、民法を離れて、各国

2）　法整備支援（協力）活動を通じた法整備協力ネットワークの生成と現段階につき、松尾弘『良い統治と法の支配』（日本評論社、2009年）119-121頁、とくに120頁図表9—②参照。

の技術進歩を反映した国内立法をする際にも、外国法との比較や外国政府との協力が欠かせないものになっている。このことは知的財産立法においてすでに顕著であるが、その他にも、たとえば、日本が自動車の自動運転技術の進歩を実用化すべく、国内の道路交通法を改正するためには、既加盟の国際条約（1949年ジュネーブ道路交通条約）における自動車運転のルールを改正すべく、他の加盟国の理解と協力が不可欠である[3]。こうした法整備協力の例は、今や枚挙に暇がない[4]。

　こうした形で展開する法整備支援（協力）についての考察を経たうえで、この観点も加味して改めて筆者は冒頭に言及した前著の末尾において、開発法学を以下のように再定義した。

　「開発法学とは、グローバル化する社会において、各国の政府、国際機関、NGO等を担い手とする法整備支援（協力）による規範形成のネットワークづくりを通じて、ひとつでも多くの国家における良い統治の構築を促すことにより、平和的国際秩序としての地球的統治を実現するために、各国の歴史的発展経緯と現状の政治・経済・社会状況に照らして、最も適合的な法制度改革の内容と方法を探求する学問分野である。」[5]

　このように法整備支援（協力）というプリズムを通してみると、開発法学はそもそも本来的にグローバル化と不可分の関係にあることが浮き彫りになる。その際、開発法学は「グローバル化」の概念を国家の政治的企図や経済的戦略から切り離された価値中立的な学問的概念として用いている。すなわち、グローバル化（globalization）とは、一般的に、国際社会が、主権国家間における相互依存関係の緊密化を意味する国際化（internationalization）の段階から、ひとつの擬似コミュニティ（quasi-community）——たとえ現段階で

3）「国際ルール難航　自動運転走らず」日本経済新聞 2018 年 3 月 17 日 1 頁参照。

4）　もっとも、法整備協力はけっして国家間のルールの共通化を図ることを目的とするものではなく、そうした短絡的な誤解は回避されるべきであることに留意しておきたい。各国の国内法の整備は、今やさまざまな分野で、さまざまな意味と程度において外国政府や国際社会の関心事項になっているが、それらを考慮に入れながらも、最終的には各国の経済・政治・社会の発展状況に最も適合するルール形成が図られるべきである。この意味で、開発法学における「法」は、各国の社会の変容に応じて相関的で動態的なルールとして捉えられている（松尾・前掲注 1）2-3 頁）。

5）　松尾・前掲注 1）291 頁。

162　第 3 部

は想定上のコミュニティであるとしても——として把握可能な状態へと進化する動きを意味する、と解釈するものである[6]。

　しかしながら、開発法学が前提とするグローバル化は、主権国家が解体し、ひとつの世界政府の下に統合されるような、世界の統一的秩序を——たとえ将来展望としてであっても——想定するものではない、ということにも注意する必要がある。むしろ、開発法学におけるグローバル化概念は、主権国家からなる国際社会が、世界政府をもつことなしに、平和的な共存秩序を構築し、維持するシステムという意味でのグローバル・ガバナンス論に立脚している[7]。その理由は、イマヌエル・カントがいみじくも述べたように、「法は統治範囲が広がるとますます重みを失」う一方で、世界政府を勝ち取った国家ないし一大政治勢力が、専制政治に堕した暁には、これを是正する手段がすぐには見出されず、やがては無政府状態に陥ることになる[8]、と考えられるからである。

　したがって、開発法学が講想するグローバル化は、依然として独立し、相互に依存しつつも分離された主権国家間の「きわめて生き生きとした競争による力の均衡によってもたらされ、確保される」[9]というグローバル・ガバナンス観に基づき、それぞれ特色ある諸国家が相互の承認と協力を通じてコミュニティ化の度を深めることを意味する。そこでは、ウェストファリア条約（1648 年）以降の主権国家が、さまざまな国際組織および国際ルールの形成によって制約を受け、機能を変容させつつも、依然として国際秩序の形成・維持の「コーディネーター」としての重要な役割を果たしている[10]。開発法学は、そうしたグローバル・ガバナンスを構成する国家の良い統治（good

---

6）　開発法学におけるグローバル化の意味に関しては、ひとまず、松尾・前掲注 1）263-269 頁参照。

7）　松尾弘「グローバル・ガバナンスと法整備支援」石川明編集代表『櫻井雅夫先生古稀記念論集　国際経済法と地域協力』（信山社、2004 年）31-60 頁、松尾・前掲注 1）274-280 頁参照。

8）　カント（宇都宮芳明訳）『永遠平和のために』（岩波文庫、1985 年）72 頁。

9）　カント（宇都宮訳）・前掲注 8）71 頁、73 頁参照。

10）　James Rosenau, "Governance in the Twenty-first Century," *Global Governance*, No. 1, 1995, pp. 28, 34; 吉高神明「環境・開発と『グローバル・ガバナンス・パラダイム』」信夫隆司編『環境と開発の国際政治』（南窓社、1999 年）61 頁。

governance）の構築を目指すものである[11]。このように、開発法学が前提と
するグローバル化は、国家の機能縮小や弱体化を意味するものではないこと
に注意を要する。むしろ、その中で各々の国家およびその国民が歴史と文化
に誇りをもって、より生き生きと活動し、良い統治の構築を推進することの
できる状態ないし環境の形成を意味する。

　このような「グローバル化」概念に基づく開発法学は、今やどの国家も、
いわゆる先進国か途上国かを問わず、もっぱら国内関係を規律する国内法の
整備においてすら、グローバル化の作用やグローバル・コミュニティの形成
動向を無視することができない、という認識を足場にして、法整備支援の「戦
略的」な展開方法を探求してきた[12]。

　しかしながら、そこで取り上げられるべき個別問題は広範な論点に及び、
多くの業績が蓄積されてきている中で[13]、まだ十分に論じられていない論点
も少なくない。以下では、そうした問題点のひとつとして、さまざまな国際
機関、諸国家の政府、企業、NGO 等が多様な形態で関わるようになってい
る法整備支援を通じたマルチラテラルな法形成＝多主体関与型の法形成（後
述 2(2)）に着目し、それに対する法学の対応としての開発法学の存在意義を
分析する。それはグローバル化が開発法学に与える影響として現在最も重要
な論点のひとつということができる。

2　法整備支援（協力）を通じた法形成のマルチラテラル化

(1)　法の支配のマルチレベル化

　各国における法形成に対し、前述した意味でのグローバル化の作用を及ぼ
し、グローバルなコミュニティ形成への関わりを促そうとする動きは、国家
および国際社会を構成するさまざまな組織において、法整備支援（協力）の

---

11)　松尾・前掲注 2) 13 頁、同・前掲注 1) 9-21 頁。
12)　「法整備支援戦略」の意味と必要性につき、松尾・前掲注 1) 286-289 頁参照。
13)　安田信之『開発法学』（名古屋大学出版会、2006 年）、香川孝三＝金子由芳編『法整備支援論』
　（ミネルヴァ書房、2007 年）、鮎京正訓『法整備支援とは何か』（名古屋大学出版会、2011 年）な
　どがある。

164 第3部

戦略目標とされる「法の支配」（the rule of law）の浸透を企図する活動の強化を背景にしている[14]。すでに国連総会は、ミレニアム宣言（2000年）において「国内・国際両レベルにおける良い統治および法の支配の推進」を提言し（V 24, II 9, VIII 30）、その具体化をモニターするための指標をミレニアム開発目標（2000年）の「開発のためのグローバルな連携の推進」の中に取り入れた（目標8・標的12）。その後、2005年世界サミット成果文書（A/RES/60/1）は、国内・国際両レベルにおける法の支配の現実的推進の必要性を再確認し、法の支配を専門に推進する事務局の設置、国際司法裁判所の管轄拡大と機能強化等の具体化策に言及した（134節）。それは、2006年国連総会決議「国内・国際両レベルにおける法の支配」によって確認され（A/RES/61/39）、その進捗状況をモニターするための準備作業を第6委員会（法律）に委ねた。これに基づき、第6委員会（法律）における法の支配審議が開始され（2007年10月）、その実現に向けた戦略を策定・遂行すべく、法の支配調整リソース・グループ（Rule of Law Coordination and Resource Group: RLCRG）が設置された（2007年）。その活動をサポートするために、国連副事務総長・事務局内に法の支配支援ユニット（Rule of Law Assistant Unit: RLAU）が設置され（2007年）、RLCRGの活動をサポートしている。

　そして、ミレニアム開発目標（MDGs）の後継として、「国連持続可能な開発サミット」（2015年9月25日～27日）が採択した成果文書「我々の世界を変革する：持続可能な開発のための2030アジェンダ」（A/70/L.1）に含まれた「持続可能な開発目標」（Sustainable Development Goals: SDGs）は、目標16「持続可能な開発のための平和で包摂的な社会を促進し、すべての人々に司法へのアクセスを提供し、あらゆるレベルにおいて効果的で説明責任のある包摂的な制度を構築する」の中で、「国家及び国際的なレベルでの法の支配を促進し、すべての人々に司法への平等なアクセスを提供する」（標的16.3）を承認した。

　こうした国連による法の支配の推進に向けた一連の活動は、加盟国政府、

14）　法整備支援（協力）の戦略目標としての「法の支配ユビキタス世界」につき、松尾・前掲注1）284-289頁参照。

世界銀行等の国際金融機関、さまざまな NGO を巻き込み、国際レベルの法の支配（国際的な通商、投資、環境、犯罪捜査、平和構築、安全保障に関する交渉とルール形成、国連や国際金融機関等の国際機関内部における法の支配の増進）および国家レベルの法の支配（強い政府の確立と政府権力のコントロールの同時要請、市場ルールの整備・運用、合法的な企業活動、市民への法普及、市民による法遵守、人間の安全保障の具体化）を進展させてきた。これは、国際レベルと国家レベルのそれぞれにおいて進行する法の支配のマルチレベル化ということができる。

(2) 法形成のマルチラテラル化

　こうしたいわば縦方向に展開する法の支配のマルチレベル化を背景にして、それらが相互に影響し合い、さらに縦横両方向に影響し合う形で展開する法形成のマルチラテラル化が進んでいる。ここでいう法形成のマルチラテラル化とは、ある国家の国内法の形成を例にとれば、当該国家の法案起草者や立法者だけでなく、複数の国際機関、外国政府、企業、NGO、個人などが、多様な形態で直接または間接に関与する現象である。たとえば、日本がこれまでに法整備支援（協力）を実践してきたベトナム、カンボジア、ラオス、ネパール、ウズベキスタンなどでは、民事および行政関連の法令の制定に関し、国連開発計画、世界銀行、アジア開発銀行、アメリカ、ドイツ、フランス、スウェーデン、日本などの外国政府、弁護士会、その他の NGO などが、草案の起草支援、相手国の立法関係者への関連知識のインプットを目的とする研修、シンポジウムやワークショップの開催、草案へのコメント等を通じて関与してきた。そうした法整備支援（協力）は、各国の国家法の（一部の）国際化（internationalization of national law）を生じさせている[15]。

　それと同時に、そうした法整備支援（協力）の実践が、法整備支援（協力）の受入側（レシピエント）のみならず、提供側（ドナー）の間における「スタンダード」の生成を通じて、超国家的な法理論が形成され、それをドナーと

---

15)　松尾弘「『法の支配』をめぐる国際的動向と『法の支配ユビキタス世界』への展望—国連総会および NGO の動きを中心に」慶應法学 12 号（2009 年）221-260 頁。

レシピエントの双方を含む各国が模倣し、そこからその国の国内法が変化・進化する現象が顕著になっていることも指摘されている[16]。

重要なのは、法形成のマルチラテラル化は、このような法整備支援（協力）のドナーへのフィードバックを含む双方向の作用であり、そのサイクルの全体を意味しているということである。こうした法形成現象は、一部の国家・地域における、一部の法分野における、限られた時期の現象にとどまらず、徐々に拡大してゆくことが予想される。そのプロセスが今や開発法学の最も重要な分析対象となりつつある。

3　法整備支援（協力）における国益の対立

しかしながら、マルチラテラルな法形成においては、いくつかの課題も生じている。そのひとつが、法整備支援（協力）における国益、とりわけ、複数のドナー国政府間の国益の対立である。ここでは、法整備支援（協力）が誰の、どのような利益を目指して行うべきかという観点からの、法整備支援（協力）のあり方の再検討が求められている。

1990 年代の初頭、旧ソ連および東欧諸国の社会主義経済体制が崩壊し、市場化に向けた法整備支援（協力）が活発になった頃、法整備支援（協力）の主要なドナーであったアメリカとドイツの間で、会社法、証券取引法等の導入をめぐり、法整備支援（協力）競争が行われた。そこでは、コモン・ローとシビル・ローの「制度間競争」(institutional competition) と「助言戦争」(war of advice) の存在が指摘された[17]。この状況は「ヨーロッパ大陸のナポレオン民法典の伝統がアングロ・サクソンのコモン・ローと闘わされている」とも報じられたが、その背景には自国に近い法制度の導入に成功することが、自国の法制度に習熟した企業や法律家にとって有利であり、ひいては自国の国益に資するという俗信があった。このことを象徴的に表現したスロ

---

16)　市橋克哉「行政法整備支援とその行政法学への示唆」国際開発研究 20 巻 2 号（2011 年）39-41 頁。

17)　「助言戦争がロシアを襲撃：外国人アドバイザーは注意を引くために闘わなくてはならない」(John Lloyd, *The Financial Times*, 21 Dec 1992, Pg. 3)。

ーガンが、「法律を書いた者が仕事を取る。」（He who writes the laws gets the business.）というものであった[18]。

　もっとも、すべてのドナーがそうした法整備支援（協力）戦争に巻き込まれたわけではない。事実、日本政府が国際協力機構（JICA）および法務省法務総合研究所国際協力部（ICD）を中心に、研究者や実務家が協力する形で、1990年代半ばから本格的に実施してきた法整備支援（協力）においては、レシピエント国の歴史と現状に鑑みて最も適合的な法制度を、しかもレシピエント国の担当者のイニシャティブを維持しながら、ステップ・バイ・ステップで進めることが、レシピエント国の利益を最大化することを通じて、ドナー国の利益にも資するという信念が、当初からごく一般的に共有されてきた[19]。そうした日本のスタンスは、法整備支援（協力）を研究する外国人からも、率直に評価されており、それは西洋による法整備支援（協力）の独占の時代が急速に後退し、「法整備支援（協力）の東アジア・モデル」の形成の萌芽である、と捉える見方も示されている[20]。

　もっとも、法整備支援（協力）を外交政策の一環として捉える立場からは、法整備支援（協力）がどのようにしてドナー国の国益に通じているかという関心が根強く存在していた。これに加え、法整備支援（協力）を国家の経済政策の一環として捉える立場からは、レシピエント国に進出するドナー国企業にとって有利なビジネス環境の構築のために法整備支援（協力）がいかに役立っているかという点への関心が高まってきたことも事実である。とりわ

---

18)　「2つのビジネス様式が東欧で優劣を競う―アメリカ人とドイツ人が彼らの法を刻印したがる動機」（Mark Nelson, *Wall Street Journal*, 3 Apr 1995, Pg. A. 10）。

19)　これは、法整備支援（協力）活動の最前線に立つ者の偽らざる確信から発したものとみることができよう。筆者自身も2001年8月からそうした活動に直接に参加し始めたが、そうした考え方がごく自然に共有されていることを感じ取ってきた。

20)　Pip Nicholson and Teilee Kuong, "Japanese Legal Assistance: An East Asian Model of Legal Assistance and Rule of Law?," *Hague Journal on the Rule of Law*, Vol. 6, 2014, pp. 174-175. そこでは、他国と比較した場合の日本の法整備支援（協力）の特色として、①比較法の知識をもった法律専門家が主要アクターとなる、②トップ・ダウンではなく、開発プロセスにおけるレシピエント国のオーナーシップを尊重し、「自助努力」を支援している、③異なる経済的・法的モデルの中から、レシピエント国が選択できるような形で選択肢を提供し、日本法の押付けをしない（自国法の売りは控え目にする謙虚さ）、④漸進主義、⑤多様な専門家が関与し、人間関係を重視し、柔軟なサイクルを用いて長期的に実施している、といった点が指摘されている。

け、後者の経済政策的観点は、長引く景気低迷とリーマン・ショックからの回復にあえぐ日本経済にとって、次第に強く意識されるようになってきたように思われる。そのひとつの表れが、「法制度整備支援に関する基本方針」（2009年4月、法制度整備支援に関する局長級会議）を2013年に改訂するに際して、その基本方針の第4項目として追加された「日本企業の海外展開に有効な貿易・投資環境整備や環境・安全規制の導入支援」という考え方である[21]。

　これに対しては、主として国際開発協力の最前線で活動してきた専門家から、それが欧米列強による植民地への西洋法導入の動機と変わらないことを理由に、強い異論も提起された[22]。おそらく法整備支援（協力）の現場で活動している専門家にとっても同じ思いであり、そうした基本方針が対外的に示されるとすれば、いわれのない勘繰りを受けることに当惑するに違いない[23]。もっとも、このことを一方的に批判することもできない。そもそも政府開発援助の枠組みで他国の法整備に関わるに際しての国益の捉え方について、その確固とした学問的基礎づけを提供してこなかった開発法学の未成熟にもその責任の一端があると考えられるからである。

　国家の外交政策や経済（通商）政策の現場では、国際協力という文脈においてすら、抜き差しならない露骨な「国益」の対立が存在することは、周知の事実であり、そうした現実を看過した理想論では済まされない。むしろ、そうした現実を直視しつつも、なぜ法整備支援（協力）のレシピエント国の利益を最大化することが、ドナー国の「国益」に最も資することになるのかを説得的に論じることができなければ、真の批判になりえない[24]。では、そ

---

21)　「法制度整備支援に関する基本方針〔改訂版〕」（2013年5月、法制度整備支援関係省庁〔外務省、法務省、内閣府、警察庁、金融庁、総務省、財務省、文部科学省、農林水産省、経済産業省、国土交通省、環境省を含む〕が協議・策定）「基本的考え方」4)。

22)　浅沼信爾＝橋本敬市＝松尾弘（司会）「鼎談　法整備支援は途上国の発展に寄与しうるか？」法学セミナー709号（2014年）20-21頁（浅沼信爾）。

23)　この改訂は、法制度整備支援の基本方針という国家の法整備支援（協力）の基本戦略を練る過程で、現場の専門家の活動の実態や姿勢を正確に汲み取ることなく、限られた関係者の間で進められた感が否めない。

24)　無論、法整備支援（協力）においても、ドナー国の国益への関心や執着は恥ずべきものでもないし、隠すべきものでもない。美辞麗句によるカモフラージュは、かえって信頼を損ねることもいうまでもない。

の答えはどこに求められるであろうか。

　法整備支援（協力）を通じたドナー国の国益を正確に識別するためには、前述したグローバル化の進展によるグローバル・ガバナンスの利益を明らかにする必要がある。なぜなら、法整備支援（協力）は既述のように、グローバル・ガバナンスの構築手段であり、それによる国家の安全保障の確保という利益を度外視しては論じることができないからである。これをここで詳細に論じる余裕はないが、法整備支援（協力）が「司法外交」の切り札として、積極的平和主義外交の基盤、国際協調主義の要として認識され出した状況にあるだけに[25]、それが国家の安全保障を最も着実に確保することを通じて、国益に貢献していることの学問的基礎づけが急務になっているといえる[26]。

4　地域統合が法形成に与える影響

　マルチラテラルな法形成の意義を検討するうえで、国益の捉え方と並んで考慮すべき第二の要素は、グローバル化と並行して進む地域統合の影響をどのように捉えるべきかである。たとえば、日本の法整備支援（協力）の対象国である東南アジアでは、東南アジア諸国連合（ASEAN）の枠内でASEAN経済共同体（AEC）が結成され、地域統合が急速に進んでいる。その一方で、それと並行する形で、東アジア地域包括的経済連携（RCEP）、環太平洋戦略的経済連携協定（TPP）等も進んでおり、そうしたさまざまな地理的・分野的範囲の統合は、国内法改革のあり方に対しても影響を与えつつある。こうした地域統合の傾向は、グローバル化とどのような関係に立つものであろうか。はたしてグローバル化と矛盾するものであろうか。

　大小さまざまな地域統合への参加の動機は多様であるが、そこへの参加によって国内法改革に影響が及ぶことも事実である。たとえば、地域統合への

---

25)　衆議院予算委員会における安倍晋三首相の答弁（平成28年2月3日衆議院予算委員会速記録23頁）。

26)　ひとまず、法整備支援（協力）がドナー国にとって、グローバル・ガバナンスへの寄与を通じて、国家安全保障の確保に通じる「平和へのもう1つの道」であることにつき、松尾・前掲注2）26-27頁、同・前掲注1）276-277頁参照。

170　第3部

参加が、環境保護のための規制、薬物使用の取締、知的財産の保護等、国内における新たなルール形成を求めることも少なくない。その際、共通ルールの内容や要求水準等は、地域統合の種類によって異なりうる。

　しかし、グローバル化は、たとえそれがどれほど深化しようとも、われわれの生活のすべてを包み込むような一元的で包括的なシステムではありえないことに留意する必要がある。むしろ、国益・地域益・グローバル益は、相反する存在ではなく、国益を中心に同心円状に拡大した利益であると捉えるのが正確であるように思われる[27]。したがって、各レベルにおける利害関係とルールの相違は、各国の発展のペースに合わせて調整する必要があり、それは可能であると考えられる[28]。そうした動きに積極的に対応することもまた、マルチラテラルな法形成を促すものといえるであろう。

5　各国に固有の事情を織り込んだ法形成の要請

　マルチラテラルな法形成においては、第三に、法整備支援（協力）のレシピエント国における慣習法や、司法制度の運用慣行など、既存のルールの存在と機能を無視することができない。それをリセットして新しいルールに置き換えることは不可能であり、つねに既存のルールという「足場」から出発し、既存のルールを変更するためのルール（メタ・ルール）を用いて漸進的に制度改革を進める以外に、制度変化の可能性はないことが、開発法学の基本認識となっている[29]。

　しかし、こうした総論的認識を前提に、具体的に法整備支援（協力）の特定のレシピエント国との間で、当該国家の歴史と現状を踏まえて、既存の法制度をどのように評価し、その改革の必要性、内容、順序、ペースを提言すべきか、各論的な議論となると、相当に判断が難しい問題も少なくない。

---

27)　松尾・前掲注1) 267 頁参照。
28)　場合によっては、たとえば、有害薬物の使用規制のために、政府が国内の反対勢力を抑えるために、共通の規制ルールを採用する地域統合の枠組みに参加し、国内法を整備することも考えられる。
29)　松尾・前掲注1) 128-137 頁参照。

たとえば、地域ごとに数多くの慣習法（adat）が併存するインドネシアにおいて、国家法（hukum）を整備してゆく際に、両者をどのように関連づけてゆくべきかが、この論点に関して興味深い問題を提起している。国家法が既存の慣習法をただちに駆逐したり、置き換わるのではなく、どのように枠づけてゆくかという観点からのアプローチが提示されている[30]。そのプロセスにおいて国家法が既存の慣習法をどのように扱うかを判断するに際しては、既存の慣習法の内容が、それが形成された背景事情に照らして、どのような理由（reason）をもっているのかを探求することが肝要であろう[31]。マルチラテラルな法形成に際しては、そうした配慮を欠くことができない。

6 法整備支援（協力）を通じた制度変化の可能性と方法

マルチラテラルな法形成に際しては、第四に、法整備支援（協力）のレシピエント国における制度変化の現実的な可能性と方法をつねに考えながら、法改革に協力する必要がある。なぜなら、法改革を通じた制度変化のありうるパターンは、国によって大きく異なるからである[32]。

その際には、はたしてどのような状態になれば、制度が実際に変化したとみることができるのか、制度変化のプロセスおよび内容についての分析を深化させる必要がある[33]。それを踏まえて、どのようにすれば、法整備の成果がレシピエント国の一般大衆に浸透しうるかを検討しなければならない。それは、①立法支援、②法曹養成支援からさらに進んで、③大学等における法

---

30) 高野さやか『ポスト・スハルト期インドネシアの法と社会』（三元社、2015 年）。

31) たとえば、婚姻適齢については、男女同年齢とする立法例・法改正例も多い中で、日本民法731 条は男性 18 歳、女性 16 歳を維持してきた（ちなみに、改正前民法 765 条（旧民法人事編 30条）は、民法施行前は何ら規定がなかった婚姻適齢につき、男性 17 歳、女性 15 歳と規定した）。その後、男女とも 18 歳とする民法改正案要綱（1996 年）を経て、成人年齢引下げと合わせた改正が検討され（毎日新聞 2016 年 9 月 2 日 3 頁）、2018 年 3 月 13 日、成人年齢も婚姻適齢も男女ともに 18 歳とする民法改正案が閣議決定され、国会に提出された（日本経済新聞 2018 年 3 月14 日 6 頁）。これも社会のルールを国家法が徐々に枠づけてゆく一例とみることができよう。

32) 松尾・前掲注 1) 137 頁参照。

33) 制度変化のプロセス、および制度変化の内容（制度変化の次元と水準）につき、松尾・前掲注 1) 128-142 頁参照。

172   第3部

学教育支援および小・中・高校生や一般市民を対象とする法教育支援のレベルにまで踏み込むことになるであろう。

　たとえば、環境保護に関する法整備は、とくに対外直接投資を積極的に取り込んで経済発展の渦中にある国家においては、非常に難しい問題である。ここでも、国家が一方的・形式的に規制立法を制定するだけでは、現実の制度改革は実現しないであろう。制度変化を担う利害関係者、とりわけ規制に関連する国内外の企業の行動やその構成員の認識と規範意識、それを取り巻く社会構成員の認識と規範意識を慎重かつ地道に探求しながら、その変化を探り、法形成へのコミットを促すことが求められる[34]。

7　おわりに——法整備支援（協力）へのコミットメントと協力行動の普遍化

　以上に検討してきたことを踏まえ、最後に、マルチラテラルな法形成に際しては、誰が、どのような形で、法整備支援（協力）にコミットすべきかを、より広い視野の下で再考する必要がある。というのも、既述のように、マルチラテラルな法形成は、ごく一部の者によって担われる、特殊な現象ではなく、法整備支援（協力）のレシピエント国においても、またそのドナー国においてもレシピエント国からフィードバックを受ける形で進行する、より普遍性をもった制度形成プロセスとみることができるからである。そして、法形成を通じた制度改革が現実のものとなるためには、一般大衆に及ぶ利害関係人の包摂的（inclusive）な参加が不可欠であるとすれば[35]、マルチラテラルな法形成は誰もが参加しうるものでなければならないし、それによって将来的には誰もが参加すべきものとなることが目標になる。

　そして、法整備支援（協力）がレシピエント国とドナー国との双方向的なプロセスであるとすれば[36]、法整備支援（協力）もまた誰もが参加しうるも

---

34)　日本はこの点で、近代化プロセスにおける富国強兵・殖産興業政策、および第二次大戦後の高度成長期における経済成長政策を実施する中で発生・悪化した公害問題（足尾鉱毒事件、イタイイタイ病、水俣病等）の経験を忘れることなく、経済発展と環境・人権保護との相克をめぐる制度変化の経緯を一層深く分析し、その成果を国内外で共有すべきである。

35)　前述6参照。

のでなければならないし、誰もが参加すべきものとなることが目指されなければならない。まさに、Anyone can do legal assistance![37]ということができる。さらに進んで、Anyone should do legal cooperation! というべきかもしれない[38]。それはどのような形であれ、たとえ国家の法律の整備協力でなくとも、各人の職場や学校、コミュティやボランティア団体のルールであっても、問題を感じ取ったときには、工夫を凝らし、関係者に説明し、働きかけ、理解を求めて、現在のルールを少しでも改善することができるし、すべきであること[39]、たとえそれがすぐには成果を生まなくとも、けっして馬鹿げた（stupid）行動ではないことを意味する。開発法学は、今後このような認識の正しさを学問的に基礎づけてゆく必要がある。マルチラテラルな法形成における包摂的参加が普遍化することなしには、法整備支援（協力）は実はその究極目標である法の支配の遍在化（法の支配ユビキタス）[40]を達成することができないであろう。

---

36)　前述 2(2)参照。

37)　これは、法務省法務総合研究所ほか主催「法整備支援へのいざない」（2016 年 6 月 18 日、法務省法務総合研究所国際協力部）において、阪井光平・国際協力部長が提示した言葉である。

38)　ブラッド・バード監督・脚本「レミーのおいしいレストラン（Ratatouille）」に登場する今は亡き天才シェフ・グストーの幽霊は、料理修行に苦戦する料理見習いのリングイニを天井裏から見下ろしながら、主人公のねずみレミーにこう語りかける。「君はいったいなぜ私たちが誰でも料理ができる（anyone can cook）っていってるかわかるかい」。レミーは「うーんまあ、誰でも『できる』（can）ねえ。でもそれは誰もが『すべき』（should）ってことを意味しないでしょ」と問い返す。これに対してグストーは「でもそれは彼にとって馬鹿げた（stupid）ことではないよ。ごらん」と答えて、スープを台無しにしてしまっているリングイニを見守るのである。

39)　そうした身近なところにある制度を改革すること自体が立派な制度整備協力であり、時には法整備協力にも通じうる。そうした地道で小さな努力の価値を開発法学は尊重するものである。このことに関連して、大村敦志『『法学教育』をひらく』（第 6 回）は、つぎのように述べている。「法律を作るだけでなく、様々な場で何らかの基準とか規格とか仕組みを作り出す…。それは狭い意味での法律家の仕事の外にあることかもしれないけれど、…そういう形で何か新しいものを、小さなものでも作り出していくことを感じ取ってもらうことは大事なことと思います。『社会の仕組みを改善していくやり方はいろいろあるけれど、皆さんいろいろなところで、いろいろなことができますよ。職場で直面した問題について、今勉強したことをもとにして、1 ついい仕組みを作れば、世の中に大きな影響を及ぼしうるかもしれないし、そうでなくても一定の小さな影響は生じるでしょう』そういうメッセージを〔開発法学は〕含んでいるような気がします」（http://www.houkyouiku.jp/interview01）。

40)　松尾・前掲注 2) 286-287 頁、同・前掲注 1) 281-285 頁参照。

174 第3部

ある現地法人法務課長の体験が語るもの
米国住友商事事件

齊藤真紀

1 はじめに

1977年12月、日本商社の米国現地法人に雇用されていた現地採用の女性従業員が、同現地法人の雇用慣行の1964年公民権法違反を主張し、差別的雇用慣行の中止と損害賠償の支払を求めて、NY州連邦地方裁判所に提訴した。現地法人側が、1953年日米友好通商航海条約（以下、単に「条約」という）8条1項により、日本企業の米国現地法人に同法は適用されないと争ったため、この点が先決問題となり、連邦最高裁判所の審理に取り上げられた。1982年、連邦最高裁判所は、米国現地法人には条約8条1項の適用はないと判示し、現地法人側の主張を一部認めた控訴裁判所の判決を破棄し、地裁に差し戻した。いわゆる米国住友商事事件である。

友好通商航海条約の解釈のリーディングケース[1]、そして日本企業が外国

---

1) 高桑昭「日米友好通商条約第8条と米国公民権法」国際商事法務10巻8号（1982年）446頁、澤田壽夫「本件最高裁判決評釈」アメリカ法1985年2号（1985年）321頁、山川隆一「在米日系企業とアメリカ雇用差別禁止法」武蔵大学論集40巻2・3号（1993年）153頁、桜井雅夫「会社の国籍（二）」法学研究61巻4号（1988年）71頁、中谷和弘「友好通商航海条約の解釈・適用」法学教室339号（2008年）12頁等。

で直面する法的紛争の先例として[2]知られる本事案を、本稿においては、上記現地法人の初代法務課長であったN氏の証言を交えて振り返る。耳目を集めた企業と個人との間のこの種の紛争について、企業内部の様子が知られることはあまりない。本紛争における現地法人側の対応を、一人で取り仕切る立場にあったN氏の話には、日本企業の事業活動が国境を越えるとき、法域の接合点にいる者の前に、法はどのように立ち現れるかが語られており、質的データに基づく事例研究の素材としての意義が認められる[3]。

なお、本稿の目的は、日本企業の、当時の（あるいは現在の）雇用慣行の「後進性」を指摘することではない。本事案を、企業の営利目的とは異なる政策（性別による差別の禁止）を促進するために、国家権力が間接的に介入し、企業行動に変化をもたらした例証として紹介することである。

2　事　案

(1)　現地法人の雇用体制

N氏が、日本の親会社からNY市にある米国現地法人本社に出向した1974年当時、同本社には、100人程度の日本人社員と、120人程度の現地採用の社員がいた[4]。現地採用社員の大半はセクレタリー（secretary）と呼ばれる女性社員であったが、男性も、数人が人事等の管理部門におり、セールスを担当する年俸制の男性契約社員も少数名いた。

「女性のほうは、週給で、毎週決まった曜日にチェックを渡します。求職時に、希望の職種を書く欄があって、多くは事務職員（secretary）と書いて

2）　在米日系企業の雇用差別問題にかかる報告として、花見忠編『アメリカ日系企業と雇用平等』（日本労働研究機構、1995年）参照（国内外の文献一覧あり）。本事案の紹介として、加藤雅信＝クリストファー・T・ルーツ「日本企業のアメリカ進出と雇用差別」国際商事法務11巻5号(1983) 300頁、中山義寿「日系企業の雇用差別紛争解決事例」前掲書277頁。

3）　本稿は、2014年11月および2017年2月にN氏に行った聞き取り調査に基づいている。本稿は、このような聞き取り調査を、事実と経験に関する回答者の記憶を調査者が一方的に聞き取り、記録する作業ではなく、回答者の証言に回答者と調査者が意味を与えていく協同作業であると捉えている（谷富夫＝芦田徹郎編著『よくわかる質的社会調査技法編』（ミネルヴァ書房、2011年）78頁参照）。本文中のN氏の証言は、聞き取り調査の内容を齊藤が再構成し、N氏に最終確認を得たものである。

きますが、3分の1ほどは『GF』と書いてくる。現地の人が Gal Friday のことだと教えてくれました[5]。ロビンソン・クルーソーの小説に出てくる Man Friday の女性版。ご主人様のために何でも事務をやります、というニュアンスが含まれています。」

現地法人の役員および上級管理者は、日本から出向した若手・中堅社員が占めており、これは米国に進出していたほとんどの日本企業の子会社でみられた光景であった。1985 年男女雇用機会均等法制定前の日本の雇用慣行が、米国に持ち込まれていたのである。

「現地の日本化です。日本の流儀で、日本語で仕事をする。部・課という組織があって、社長がすべてを統括する。legal manager もほかの課長と同列、社長の指示を仰ぐ存在。アメリカの general council とまったく違う。日本企業は、その当時まだ小さかったし、アメリカの当局のチェックも甘くて、自由にできた部分が多かったんです。」

米国においては、1964 年に制定された公民権法が性別による雇用上の差別を禁止しており、当時はウーマンリブ運動が真っ盛りの 1970 年代であった。

「米国企業においては、女性の管理職登用も進み、女性役員も登場していた時代でした。それなのに、この会社では、本国からきた日本人の男性が、右も左も分からず、英語も得意ではないのに、みな manager に就く。女性は長年勤めているにもかかわらず、地位にも仕事にも変化がないし、管理職には一人もいない。当然のことながら、女性の人たちには強い不満があったと思います。もちろん、女性社員にもさまざまな考え方の人たちがいましたので、皆がみなそうであったというわけではありませんが、その中には当然、権利意識の高い人もいました。」

4） 住友商事株式会社の有価証券報告書によれば、米国現地法人の設立は 1952 年 3 月 27 日であり、1975 年 3 月期現在の現地法人全体（本社のほかに 9 の支店がある）における日本からの派遣社員は 165 人、現地採用の社員は 226 人である。現地法人には、それまで法務専属のスタッフがおらず、前任者が役員秘書としての業務の傍ら法務関係の仕事もしていた。N 氏は、初めての法務専属の課長として配属された。

5） Girl Friday という用法もある。

(2) 事の発端

　「事の発端は、日本人男性社員が米国人の女性社員を呼ぶために発した言葉でした。『カモーン（C'mon）！』と。そして、手招きしたんです。これが、その女性を憤らせた。それは、犬を呼ぶ仕草だと。強く侮辱されたと感じたのです。そして、その女性は、高学歴の、権利意識の高い女性の一人でした。」

　しかし、女性は直ちに事を荒立てはしなかった。

　「プリーズをつけてほしい（Say please）、といったのです。しかし、男性社員は、なぜプリーズをつけなければならないのか、と食い下がり、その場で論争になった。これが引き金になりました。」

　1976年、同女性は、他の11人の女性と、EEOC（Equal Employment Opportunities Commission、雇用機会均等委員会）に苦情を申し立てた[6]。

　「原告が駆け込んだ弁護士は、いわゆる plaintiff lawyer と言われる弁護士で、成功報酬ベースで労働問題や公害問題などを原告の立場で引き受けます。このような弁護士のよくあるイメージは、いわゆる ambulance chaser としてこの種の事件を集団訴訟にして多額の報酬を獲得することを狙う、というものですが、後でわかったことですが、本件の原告弁護士は違いました。高い教育を受けた富裕な弁護士でありながら、弱い立場の人々を擁護することを信条としていました。こちらから和解の話を持ち出したこともありましたが、足して2で割るような話には到底応じてもらえるような弁護士ではありませんでした。」

　米国の雇用差別禁止法違反をめぐる紛争には、EEOC による紛争解決手続が前置されており、これが不調であれば、EEOC が当事者に訴権付与状を発行して、裁判手続への移行を認める[7]。女性社員側の主張は、第一に、多数の女性が雇用されているにもかかわらず、女性の管理職登用がまったくないことは、公民権法第7篇（いわゆるタイトルⅦ）が禁じる性別による差別に該当する、第二に、管理職はすべて日本人で占められており、米国人が

6）　後述の裁判は、Avagliano et al. v. Sumitomo Shoji America, Inc. と引用されるが、Avagliano 氏の名前が筆頭に挙げられるのは、原告の名前がアルファベット順に並べられるからであり、Avagliano 氏が本文の女性であったわけではない。

7）　中窪裕也『アメリカ労働法〔第2版〕』（弘文堂、2010年）232頁。

いないことは、同法が禁止する出身国による差別に該当する、というもので
あった[8]。

　「米国企業においては女性登用が進んでいましたので、性別の差別につい
ては、統計的にみても圧倒的に分が悪い。EEOC から、社員の全待遇を明
らかにするよう求められました。とくに困ったのが、日本人出向社員の給与
体系をそのままの形では出せなかったことです。出向社員の給与には、海外
生活にかかる諸費用、子どもの教育費、住居費、医療費などをまかなうため
に一定額が加算されていました。しかし、手当として別立てになっておらず、
給与と一体で支給されていて、この金額をそのまま提示すると、現地雇用社
員の給与と大きな隔たりがあるかのような印象をもたれるおそれがあった。
後で知ったのですが、アメリカの企業が海外に進出するときには、専門コン
サルタントやマニュアル本もあって、たとえば、東京行きなら、住宅手当は
いくらといった具合に、都市ごと、項目ごとの相場もあったのです。でも、
そのようなことを知りませんでした。」

(3)　裁判への移行

　そこで、米国において日本企業の労務慣行を維持する正当性を主張し、資
料準備の時間も確保するために、現地法人側の弁護士が思いついたのが、条
約 8 条 1 項の解釈問題を持ち出すことであった。

第 1 項　いずれの一方の締約国の<u>国民及び会社</u>も、他方の締約国の領域内
において、<u>自己が選んだ</u>会計士その他の技術者、<u>高級職員</u>、弁護士、代理
を業とする者その他の<u>専門家</u>を<u>用いる</u>ことを許される。（後略）

1. Nationals and <u>companies of either Party shall be permitted to engage</u>,
within the territories of the other Party, accountants and other technical
experts, <u>executive personnel</u>, attorneys, agents and other specialists <u>of
their choice</u>.…（下線部筆者）

---

8)　原告 12 人のうち、11 人は米国籍の女性であり、1 人は日本国籍の女性で現地で採用された者
であった。

上級管理職（executive personnel）も自由に選択できる（be permitted to engage…of their choice）とされている以上、日本企業の米国現地法人の上級管理職に誰を登用するかは自由であって、公民権法の適用はないという主張である。本事案の（第一の）地裁判決に先立つ1979年4月10日、同様の解釈問題につき、伊藤忠商事株式会社の現地法人（伊藤忠アメリカ）を被告とする事件の地裁判決が、テキサス州で出され[9]、後者のほうが、本争点にかかる最初の司法判断として知られることになった。

「条約の解釈を争うという方法を考えたのは、私たちの弁護士事務所です。私たちがEEOCで争っていたときに、この論点を持ち出しました。その後、伊藤忠のほうでも、EEOCでこれを持ち出した。伊藤忠アメリカ側の弁護士事務所と私たちの弁護士事務所は連絡を取り合っていました。会社間の連絡はまったくありませんでしたが。」

条約解釈の権能を持たないEEOCは、女性社員に訴権付与状を発し、争いの場は法廷に移った。訴答において、被告である現地法人側は、同様の主張をし、連邦民訴規則12条b(6)に基づき却下を申し立てた。

(4)　第一の地裁判決

1979年6月5日、被告側の却下申立てを斥ける判決が出された（以下、同判決を「第一の判決」といい、後述の再審理後の判決を「第二の判決」という）[10]。

NY州南部地区連邦地方裁判所は、条約22条3項が、「（前略）いずれか一方の締約国の領域内で関係法令に基いて成立した会社は、当該締約国の会社と認められ、且つ、その法律上の地位を他方の締約国の領域内で認められる」と定めていること、連邦法上、会社は、設立に際して準拠した州法の州の市民であると扱われることに照らし、NY州法に基づいて設立された現地法人は、米国の会社であって、米国内の日本の会社に関する条約8条1項を援用できる地位にないとした。同じ立場の伊藤忠アメリカ事件地裁判決も引用された。

証拠として提出されたEEOC宛ての国務省の書簡（1978年10月17日付け）

9）　Spiess v. C. Itoh & Co. (America), Inc., 469 F.Supp. 1 (S.D.Tex.1979).
10）　Avigliano et al., v. Sumitomo Shoji America, Inc., 473 F.Supp.506 (S.D.N.Y. 1979).

は、支店と子会社を区別すべき理由はない、という立場であり、以下の部分が決定に引用されている。

> （前略）自由に選択できる（of their choice）という文言は、（日本で事業を営む米国の会社は、米国の人材を重要な地位に就けることができ、逆もまたしかり、という）意図を実現するように解釈されるべきであり、したがって、我々は、条約8条1項は、日本の会社の米国現地法人における「高級職員（executive personnel）」に当たる職のすべてが、treaty traders[11]として入国が許可された日本国民で占められることも認めていると考えている。（中略）我々には、米国において設立された会社であって、日本の会社がその株式を保有し、管理しているものと、日本の会社の支店であって、米国内の法人格を有しないものとを区別すべき理由も、また、条約8条の適用可能性を、組織形態の選択に依存させるべき政策上の理由も見いだされない。

　しかし、裁判所は、条約の解釈にあたり、条約の交渉・執行を担当する政府の機関が示した理解に大きな重みが与えられるべきことを指摘しつつも、上記の書簡においては、そこで示された見解の論拠が与えられていないため、前述の文言解釈および確立された法人格に関する会社法の原則を覆すほどの説得力はないとして、この立場を斥けた。

(5)　キッシンジャーの電報

　これに対して、被告側は再審理の申立て（motion to reconsideration）をした。「Freedom of Information Act に基づいて、国務省に条約に関連するすべての文書の開示を要求していたのですが、国務長官であったキッシンジャーの電報が見つかりました。長官在任中に日本の米国大使館の担当者に宛てた、条約の解釈についての訓電です。」

---

11)　treaty trader とは、当時、米国で事業活動に従事する日本人の入国へのビザ発給手続において、日米友好通商航海条約に基づいて一定の条件を満たす日本人に与えられた資格である。

裁判記録によれば、厳格な控訴期間の制限から、被告は、期間内に形だけ控訴した上で、控訴裁判所に、地裁がキッシンジャー電報等を踏まえた判断を出すまでは、判断を差し控えるように要請し、控訴裁判所は、既判力が生じないような形で控訴を却下し、地裁における審理をやり直させるという異例の経緯をたどったが、キッシンジャーの電報等の新たな証拠を踏まえて、地裁で再審理されることになった。

　「国務省への書類の開示請求は、裁判が始まる前から行っていたのですが、キッシンジャーの電報が出てきたのが最初の決定後だったので、このような経緯となりました。開示された資料は膨大で、分析には多くの労力を必要としました。私は、主任弁護士であるヒックス（Hicks）氏とやりとりするだけでしたが、背後に、研究者なども含む大きな弁護団がありました。その弁護士事務所には、それだけの人脈があったわけです。キッシンジャーの電報も、国務省は、出すのをずいぶん渋っていて、最初は日本でも見かけるような黒塗りの状態で渡されました。再度の請求で、ようやく全文が出てきたのです。このようなことが実現したのも、弁護士事務所の力だと思います。ペラっとした一枚の紙ですが、投資形態が子会社か支店かは区別しない、という趣旨のことが書かれてあった。（条約の解釈問題を争った一連の活動は）米国の弁護士事務所がもつ人材、政治力や人脈を駆使した知恵の結晶でした。」

　キッシンジャーの電報は、その全文が後述の第二の地裁決定に引用されており、その中には、次のような件がある。

　（前略）会社の国籍（nationality）は、それが設立された場所によるが、このことは、日本政府がアメリカ合衆国の会社が日本で設立した子会社の条約上の権利を自由に制限して良いことを意味するわけではない。会社の地位及び国籍は、設立された地によるが、法人格の承認自体が、この条約の他の箇所で扱われている実体的な権利を作り出すわけではない。条約７条により、締約国の国民および会社は、彼らが設立または取得した企業の管理運営につき内国民待遇を与えられる。したがって、アメリカの会社（すなわちアメリカ法に準拠して設立された会社）は、日本の子会社（日本法に準拠して設立された会社）を運営することができる。同様に、

182　第3部

条約1条は、アメリカの国民が、日本に投下した資本を指揮するために日本に入国することができるとしており、たとえ、この投下資本が日本の会社という形態であっても、結論は同じである。つまり、アメリカ合衆国民およびその会社の、日本における投下資本にかかる実体的な権利は、本条約がアメリカ合衆国民およびその会社に彼らの投下資本につき特定の権利を与えているために生じるのであって、前述の技術的な理由により、投下資本の地位及び国籍がその設立地により決定されることとは無関係である（後略）。

(6)　国務省の見解変更と第二の判決

　一方、国務省は、条約の解釈にかかる見解を変更した。後述の第二の判決で引用されている、国務省が EEOC に宛てた、（再審理開始判決後の）1979年9月11日付け書簡には、以下のようにあった。

　　米国国務省は、1953年に日本と締結したものを含めて、二国間友好通商航海条約の交渉資料につき、広範な見直し作業を実施し、この条約が（相手国の）現地法人に適用されるかという問題、すなわち、伊藤忠アメリカ・テキサス地裁決定および NY 州の地裁においてより最近出された決定（米国住友商事事件および Linskey v. Heidelberg Eastern, Inc 事件（引用略）における争点を検討した。（中略）米日友好通商航海条約8条1項1文の適用範囲にかかるさらなる検討の結果、我々は、現地で設立された子会社にまで適用を及ぼすのは交渉担当者の意図ではなかったのであり、したがって日本の会社の米国における子会社は、条約の本条項を援用することはできない、という立場によるべきであると考えるに至った。雇用、管理その他の点において、上記のような子会社の権利は、内国民待遇と最恵国待遇を定めている条約7条1項および4項における一般的な定めによって定まる。我々は、伊藤忠アメリカ事件において裁判所が子会社への適用問題について判示したところにすべての点において賛成するわけではないが、裁判所の理由付けにおける一般的な点、そして、とりわけ、条約8条1項1文の範囲にかかる解釈に関する結論には賛成

する（下線部、筆者）。

　結局、1979 年 11 月 30 日の第二の判決においても、地裁の立場は覆らなかった。地裁は、設立準拠法主義を定めた条約 22 条 3 項と、条約上の権利を誰が援用できるかの問題は別であることは認めたものの、条約の文言が締約国の会社とその子会社を区別していることを重視し[12]、条約 8 条 1 項が出てくることすらないキッシンジャーの電報は、同項中の締約国の「会社」に一方の締約国の会社が支配する相手国の現地法人は含まれないという解釈を覆すには十分ではないとした。

　本争点につき、即時の中間上訴（28 U.S.C. §1292b）が認められた。

(7) 控訴審判決

　1981 年 1 月 9 日、第 2 巡回控訴裁判所は、以下の論拠を挙げて、条約 8 条 1 項における「締約国の会社」には、締約国の会社が子会社形態で相手国に投資する場合も含まれるという判決を下した[13]。(1)支店と子会社を区別すれば、実質を無視する、(2)条約の目的は、支店形態の投資ではなく、相手国への投資一般を保護することにある、(3)支店に適用を限定しても、支店に変更することは容易である、(4)支店は、締約国の会社に付与されたすべての権利を享受できるのに、子会社が享受できるのは子会社に言及する条約 6 条 4 項、7 条 1 項・4 項の権利に尽きるとすれば、条約はおかしなパッチワークとなるため、これらの条項は、締約国の会社が（支店形式において）享受する権利に加えて、追加的な権利を付与したものと読むべきである、(5)オランダ・米国間の同種の条約の交渉では、現地法人がその親会社と同じ取扱いを受けるべきことが前提とされており、とりわけ、米国側がそのような理解を示していた。

　他方で、控訴裁判所は、条約 8 条 1 項によっても、現地法人は公民権法の適用を免れないとした。すなわち、この種の条項は、（締結当時、米国の州や

---

12) 条約 6 条 4 項、7 条 1 項・4 項参照。
13) Avigliano v. Sumitomo Shoji America, Inc., 638 F.2d. 552 (2nd Cir. 1981).

184　第3部

諸国にみられた）州民ないし国民でない者の雇用制限の適用を排除し、相手国において会社役員に自国民を就けるために設けられたものであり、現地法人側が主張するほどの広い解釈を許すものではない。現地法人側の解釈によれば、児童労働の禁止等を定める制定法も現地法人には適用されないことになる。

　しかし、控訴裁判所によれば、このように解しても、条約の趣旨は損なわれない。というのは、日本人社員には BFOQ が認められる余地があるからである。BFOQ とは、公民権法 703 条 e に「……出身国という属性が、特定の事業の通常の運営において合理的に必要とされる真正な職業資格（a bona fide occupational qualification）である場合には、雇用者が、被用者を……出身国に基づいて雇用したとしても、違法な雇用とされてはならない」と規定されている例外を指す[14]。通常は厳格に解されるが、控訴審裁判所によれば、条約8条の権利を享受する日本企業への適用においては、条約の趣旨から、(1)日本の言語および文化的な能力、(2)日本の製品、市場、習慣および企業実務の理解、(3)日本の親会社における人物や業務の知識、(4)現地法人の取引相手の意向などの観点が加味されるべきであるという。そして、そのような審査は、外国の雇用者に対して不当な負担を課すものでもない。

(8)　上　告

「控訴審の判断は、こちらに有利でしたので、ここで和解にすることもできました。しかし、主任の弁護士が、これは勝てるので上訴したいと言い出した。この訴訟は新聞にも出るし、アメリカの社会の関心がとても高かったのです。ここで勝てれば、主任弁護士も法律事務所もレピュテーションも上がります。根の明るい人で、負けるなんてまったく思っていない様子でした。でも、負ければ、ダメージはその分大きいはずです。アメリカの弁護士事務所は、こういうリスクテイクをするのだな、と思いました。

　しかし、別の事務所に依頼したセカンドオピニオンでは、上告審で勝てる見込みはない、と和解を勧められました。BFOQ 該当性についても裁判所

---

14)　中窪・前掲注8) 205 頁。

がどちらに判断するかは分からない、とあり、私も同意見でした[15]。

　当時、日本人社員は 200 人くらいでしたが、営業担当者は認められる可能性が高かった。扱うのは日本の商品だし、取引先も日本の会社、営業上必要な日本の人脈もある。でも、管理部門が日本人でなければならないという立証は難しい。実際に、人事課や審査課には米国人もいましたし、通信課はテレックスなどをチェックするだけでしたから、日本人でなくてもできる仕事が多い。BFOQ の争いになれば、200 人の社員一人ひとりがデポジションで呼び出されたりして、気の遠くなるような作業になります。幸い、当時、公民権法の事件は、陪審制や懲罰的損害賠償の対象ではありませんでしたが、それでも最終判決まで争うことは考えられませんでした。

　上司である現地法人の社長に相談しても、君が自分で考えろ、という有様で、親会社の担当部署にも何度も手紙で報告しましたが、なしのつぶてです。親会社の関係者にも事の本質を理解することが難しかったのだろうと思います。これまでずっと同じ形態でやってきたのに、突然差別だと言われても、といったところでしょう。この事件が後々日本の企業に及ぼした影響を思えば、今だったら、親会社どころか[16]、他の日本企業を巻き込んで対応してもおかしくない事案でしたが、私一人で決めなければならなかった。悩みましたが、結局、主任弁護士の意見を尊重して、上告しました。結局、相手方も上告したので、同じ事でしたが。」

　1981 年 11 月 2 日にサーシオレーライ（certiorari）が出され、連邦最高裁判所で 1 時間の弁論が開かれることになった。

　「それからがまた大変でした。ますます有名になってしまったわけです。会社には、市民団体などから批判の電話もたくさんかかってきました。しか

---

15)　伊藤忠アメリカ事件の控訴審判決（1981 年 4 月）の多数意見は、条約 8 条 1 項の現地法人への適用を認め、同条約は公民権法に優先し、現地法人は、同条約に認められる範囲で日本人社員を上級管理職に就けられるとした。Spiess v. C. Itoh & Co. (America), Inc., 643 F.2d 353 (5th Cir. Tex). しかし、本事案の控訴審決定は、前述のとおり公民権法の適用を免れるものではないという立場であったから、公民権法上の例外である BFOQ 該当性が今後の争点になるという点においては、本事案の地裁決定と同様であった。
16)　当時、わが国の会社法学においても、企業集団レベルのリスク管理が議論の俎上に載せられていなかったどころか、取締役の監視義務に関する議論もまだ未成熟であった。

し、味方も増えました。アミカス・キューリィ・ブリーフ（a amicus curiae brief, 法廷意見書）も集まりました。原告側には、NY州、複数の市民団体、Solicitor General、こちらのほうは、日本の通産省、伊藤忠アメリカ、オランダのシェル、デンマーク企業の子会社[17]など。読むだけでも大変でした。

　そのような中、主任弁護士が所属する弁護士事務所のボスが、法廷で弁論する弁護士を代えると言い出しました。今の主任弁護士では弱い、と。それで、ハーバード大学の国際法教授であったエイブラーム・シェーズ（Abram Chayes）氏に変更することになりました。判事の中には、その教授の弟子のような人もいたから、その点も考えたのかもしれません。

　そうしたら、主任弁護士のヒックスは、『俺はとても耐えられない』といって、有力な部下を引き連れて、事務所をやめてしまったのです。これまでもらっていた高額の報酬ももちろん失われます。事務所だけでなく、クライアントである私にとっても大変迷惑なことでしたが、彼の気持ちはよくわかりました。連邦最高裁判所で弁論をすることは、弁護士にとって、滅多にない、とても名誉なことなのです。しかも、何年も主任を務めてきた事件ですからね。大きな弁護士事務所も内部は意外に脆弱で、離合集散は常態なのだとも感じましたし、このような大きな案件を抱えることは法律事務所にとってもいろいろなリスクをはらむものだということも分かりました。結局、彼は、元の事務所の向かい側のビルに事務所を構えましたが（笑）。」

　1982年4月26日に弁論を控えた同月18日付けのニューヨーク・タイムズには、以下のようなシェーズ教授のコメントの紹介がある[18]。

　　「その条項（訳注：公民権法8条1項）を条約に入れるよう主張したのは合衆国側であったのです」、とスミトモの事件で弁論する予定であるハーバード大学教授のエイブラーム・シェーズは言う。「条約の交渉担当者は、もし我々が海外でアメリカの企業のために働く役員を自由に選べないとしたら、日本における我々の投資を保護することはできないと

17）　デンマーク企業の子会社が被告になった同種の事件として、Linsckey v. Heidelberg E., Inc., 470 F. Supp. 1181, 1182-83（E.D.N.Y. 1979）.

18）　"Sex Bias or clash of cultures" NYTimes April 8, 1982（インターネットより入手可）。

考えていたのです。」合衆国が、BFOQ が立証された場合を除いて性別・人種・宗教・出身国による雇用上の差別を禁止した公民権法タイトルⅦを制定したのは、それから 11 年も経ってからである。

(9) 連邦最高裁判決

1982 年 6 月 15 日、連邦最高裁判所は、現地法人側の主張を退け、破棄差戻しの判決を下した[19]。判決内容の骨子は、以下のとおりである。

　条約の解釈は、条約調印国の意図や期待と相容れない結果をもたらさない限り、その文言を出発点とすべきである。定義を定める条約 22 条 3 項によれば、会社は、その設立に際して準拠された国の会社と認められる。米国住友商事は NY 州法に準拠して設立された以上、米国の会社である。

　日本と米国の両政府もこのような解釈を支持しており、条約の交渉・執行権限のある政府機関の見解は、裁判所を拘束はしないが、尊重されるべきである。条約の交渉当事者が特定の解釈に同意しており、それが条約の文言からも導かれうるとき、裁判所は、それと反対の結論を強く支持する事実関係がない限り、その解釈に従うべきである。

　戦後締結されたこの種の条約の目的は、外国会社に内国会社よりも多くの権利を与えることではなく、同じ地位で事業を営むことを保障することにある。現地で設立された子会社を、相手国の内国会社と扱うことで、本条約の目的は完全に達成される。

　このように解しても、控訴裁判所がいう「おかしなパッチワーク」が生じるわけではない。米国に設立された子会社が、米国の会社と扱われれば、当該子会社は、条約で付与される権利を（内国会社として）有することはもちろん、それ以外の権利も享受できる。子会社に認められず、支店に認められる唯一の利点は、条約 8 条 1 項の権利にすぎない。

---

19)　Sumitomo Shoji America, Inc. v. Avagliano, 454 U.S. 962 (1982).

188　第3部

　親会社の条約上の権利を現地法人が援用しうるかについては、判断が留保
された[20]。上記の判決に引用された日本政府の見解は、提出された意見書の
一部にすぎず、実際には、日本政府は、子会社形態においても、支店形態と
同じ条件で活動することが認められるべきことを主張していたようである[21]。

　審理は、地裁に差し戻され、公民権法違反の有無が争われることになった。

⑽　差戻審から和解へ

　差し戻し後も、クラスアクションの認証をめぐって攻防が続いたが、1984
年11月、クラスアクションが認証され、原告は、元従業員も含む1200人あ
まりに膨れあがり、ディスカバリー手続も開始された。

　「もう和解せざるを得ない。しかし、負けた事務所で和解するのは不利な
ので、弁護士事務所を換えないといけない。弁護士事務所を一つひとつ訪ね
たところ、労働省の元高官がやっているブティック事務所がありました。そ
れまで訪れたほかの弁護士事務所とはまったく雰囲気も違い、相談に来てい
る人の多くも、マイノリティに属する労務事件の原告側になりそうな人たち
でした。しかし、ほかの事務所は、『うまくやる』というだけ。でも、その
事務所は『とても難しい案件だ。やれるけれども、本気で和解がしたいなら、
君たちも相当の覚悟と犠牲が必要』とはっきり言ってくれたのです。この手
の案件に通じているということです。私たちも覚悟を決めました。」

　1987年1月9日、以下の内容を含む和解が成立し[22]、その内容がNYタ
イムズに公表された[23]。

　　a　肩書きおよび基本給
　・実際の作業を反映した肩書きと職務内容（ジョブ・ディスクリプション）
　　への変更、成果に合った給与体系の確立、成果の評価システムの構築。

---

20)　457 U. S. 190, at note 19.
21)　澤田・前掲注1) 325頁。なお、本判決の判断は、他国との友好通商航海条約には及ばないと
　　された。457 U. S. 185, at note 12.
22)　朝日新聞1987年1月10日朝刊22面「女性従業員差別訴訟1億2400万円の支払いで和解米
　　国住友商事」参照。
23)　Not Reported in F.Supp., 1987 WL 14653. 中山・前掲注2) 281頁以下。

・1987 年度から 3 年間の女性従業員の年間給与総額を 1986 年度から 16.7％増額。

　b　職務内容および昇進

・3 年間で裁量労働制適用社員（expempt position）[24] の女性の割合を 23 ％ないし 25％に引上げ（上級職 10 名は、日本からの出向社員が就くことを許容）、そのうちの 5％を管理部門、同 7％を営業部門の上級職にそれぞれ登用。

・（女性社員・管理職双方の）研修資金として最低 100 万ドルの準備。

・裁量労働制適用職（およびそれに準じる職）に異動または昇進した女性社員への手当として、3 年間に総額 37 万 5000 ドルの支出。

　c　一般的な差止め

・クラスアクションの担当弁護士への情報提供等、情報管理および報告体制の整備。

・上記弁護士による代理、専門の第三者機関の指名、EEOC または地方の人権機関における紛争解決手続への申立てを含む紛争解決手続の整備。

　d　未払賃金および損害賠償の支払

・元従業員用に総額 58 万ドル、現従業員用に総額 40 万 200 ドルの支払（一人あたり 1500 ドルないし 6000 ドル）。

　・名前が挙げられた原告に一人あたり 1 万 5000 ドルの支払。

　「和解の内容は非常に厳しいものでした。和解金は、かかったお金のごく一部です。昇進、給与の引上げや研修費用など、雇用に関連した義務づけの実施にかかる費用のほうが圧倒的に大きな金額でした。実施状況を 3 年間モニターされ、毎年報告書を原告すべてに送付し、異議を述べる人が多かったら、その部分を是正させられる。原告側の弁護士には、実施状況をチェックする権限が与えられていて、定期的に会社の人間が、状況を説明しなければならなかった。私の後任者は、この対応に忙殺されました。」

---

24)　連邦公正労働基準法上、超過勤務手当てが支給されない社員を指す。

190　第3部

　和解の内容に至るまで本事案を紹介したある論文には、「近い将来に答え
られるべき重要な問いは、第一に、この和解で米国住友商事に義務づけられ
た内容が、同社の恒常的な属性として定着したか、第二に、他の外国企業の
米国現地法人および支店が米国住友商事を模範とし、米国の法的な義務づけ
およびEEOの実務に抵触しない雇用慣行を採用するに至ったか、である」
とあるが[25]、回答のひとつが、以下のN氏の証言に見いだされる。

　「ですが、これで会社がよくなったんです。真のアメリカの会社になった。
女性社員の待遇を見直せば、日本人と男性社員との関係も見直さざるを得な
くなり、その結果、現地採用の優秀な男性社員が増えた。これは、親会社に
とっても、合理的なことでした。日本から高い費用をはらって多くの社員を
派遣しなくてもよいことになりますから。何年かして訪問したときには、オ
フィスの様子もまったく違っていましたし、業績も上がりました。最初から
そうしておけばよかったんです。高い授業料でした。」

　そして、本事案は、日本の産業界にも衝撃を与え、在米日系企業の雇用慣
行が見直される契機となった[26]。

3　若干のコメント

　連邦最高裁判所において争われたのは、条約8条1項の解釈であって、現
地法人における公民権法違反の有無ではなかったが、その判決により、現地
法人は、原告側に圧倒的に有利な和解案を受け入れ、女性社員だけでなく、
現地採用の社員全体の待遇向上がもたらされた。他方で、現地法人が和解内
容を実践するために負担したコストは、公民権法の適用により企業に生じる
費用の一例である。それを上回る経済的な利点がなければ、現地法人の親会

---

25)　Pauline C. Reich, *After Avagliano v. Sumitomo Shoji America, Inc.: What Standard of Title VII Will Apply to Foreign-Owned U.S. Subsidiaries and Branches?*, 10 B.C. Third World L.J. 259, at 284.

26)　たとえば、読売新聞1987年5月20日朝刊11面「日系企業　米従業員にピリピリ――住商の巨額示談に衝撃」参照。ただし、1990年代にも、日系企業の雇用慣行や日本人男性社員の言動を社会的に問題視する波が到来している。たとえば、花見忠「日系企業の雇用差別にみる日米比較文化」上智大学アメリカカナダ研究所編『アメリカと日本』（彩流社、1993年）263頁参照。

社は、撤退も含め、事業方針を経済合理性に適う形に見直したであろう。連邦最高裁判所の判断は、現地法人と現地採用の社員の間の大規模な富の（再）分配を実現し、現地法人が属する企業グループの米国への投資判断に影響を与え、これらの変化は、本事案の一被告だけでなく、米国の日系企業全体に及ぶ規模で生じた。

　親会社の権利援用の可否に関する判断が見送られ[27]、連邦最高裁判所の判断が原告側の主張を全面的に容れる範囲に止まったことは、和解交渉にあたり原告に有利に働いただけでなく、「現地法人側敗訴」という事実がインパクトをもって日本の産業界に伝わる結果をもたらしたといえる[28]。連邦最高裁判所は、現地法人に公民権法が適用されると判示したにすぎず、本事案の雇用慣行に公民権法違反を認めたわけではなかったが、日本企業の経営者に雇用慣行の見直しを促すには、それで十分であった。

　他の学問領域において法が語られるとき、法は、内容が明確で既定のもの、すなわち、何かのインプット（問い）があれば、決められた方法でアウトプット（解）が与えられ、社会をその解のとおりに動かすものと捉えられることが多い。しかし、法には内容が事前に確定されているといえない領域が存在し、個々の争点における法の解釈が社会に及ぼす作用も複雑である。そして、法廷における実際の争点は、一見そのような結果（現地法人における女性社員の待遇改善）とは関係がなさそうな専門的技術的な問題（条約8条1項の「会社」にその子会社である現地法人も含まれるか）として現れるが、裁判所の判断は、当事者（を抱えるコミュニティ）間の地位および富の分配を変更する影響力をもっている[29]。

---

27)　その後、現地法人が、親会社の条約上の権利を援用することを一定程度認める判決が出されている。Fortino v. Quasar Co., 950 F.2d 389 (7th Cir. 1991). これとは異なる判示をした裁判については、中谷・前掲注1) 128頁参照。条約8条1項が適用される場合の公民権法7篇との関係については、外国企業が自国民を取り立てることは、出身国による差別ではなく、公民権法7篇が禁止していない国籍による差別であるとする立場が、近時は有力のようである。ロナルド・E・リッチマン＝カリン・E・エンジェルソン「タイトル・セブンと日本友好通商航海条約に基づく駐在員の権利保護の関係」国際法務戦略9巻4号（2000年）17頁。
28)　N氏は、以下のように述懐する。「法務以外の人は、うちが負けたということしか知らないから、公民権法違反を認定された、と思っている人は多かったと思います。」

192　第3部

　連邦最高裁判所が、「結果として」展開したのは厳格な文言解釈であるが、伊藤忠アメリカ事件も含めた本事案の上訴に至るまでの経緯は、上告審が採用した立場が唯一の正しい解でありえたわけではないことを物語る。国務省による解釈の変更は、公民権法の制定、日本企業の進出拡大という、条約後の新たな展開を受けて、解釈上の考慮要素が変化したことをうかがわせる。条約の解釈という特殊さがあるものの、それもまた法解釈であるとすれば、本事案の経緯は、法解釈の背後に政策判断があることを強く推認させる。

　本事案においては、日本企業の事業活動が公民権法を抱える米国という別の法域に及んだために、1985年男女雇用機会均等法の制定に先立って、戦後の日本の産業政策で是認されてきた雇用慣行と性別による差別禁止との相克が法的紛争となり、また、自動執行性のある条約の解釈が問題となったために、米国内の事情だけでなく、日本政府の見解も考慮要素とされた。ひと・モノ・カネが容易に境をまたぐ時代においては、多様な価値の間の衝突が顕在化しやすく、法という形で現れる規範も複雑な様相を呈する。これらを分析し、実施すべき諸政策に照らしてもっとも望ましい規範の立て方、法制度の運用方法を見いだし、またそれが道徳にも適うかを考察するのが法学に期待される役割のひとつであろう。

　そして、規範の形成・運用を担う主体が多層的に存在し、諸規範の間の整合性を保障するメカニズムが欠如することが露呈した社会においては、既存の制度を支える考え方からいったん離れ、現実を実直に捉えることが必要である。そのためには、文化人類学者が、内在的な視点と外在的な視点を行き来しながら、社会のありようを読み解くように、慣れ親しんだ法の捉え方の外から、その有りようをつぶさに観察することも有効ではないかと思われる[30]。本稿は、N氏の証言を借りて、そのような視座を再現しようと試みたものである。

---

29)　わが国において同様のことが当てはまる例として、たとえば平成5年商法改正に先立って、株主代表訴訟の手数料が一律8,200円であるという立場を示した日興證券東京高等裁判所判決（東京高判平成5・3・30高民集46巻1号20頁）が挙げられる。

30)　vgl. Peer Zumbansen, The Constitutional Itch: Transnational Private Regulatory Governance and the Woes of Legitimacy, in: Michael Helfand (ed.), *Negotiating State and Non-State Law* (Cambridge Law Press, 2015), at 101-103.

「法の帝国」を再想像する[*]

船越資晶

1 はじめに

　現在、グローバル化と共に「法の帝国」が成立しつつある。だが、それは、ロナルド・ドゥオーキンが描いた姿[1]をしていない。これは、自分たちの信奉する道徳的原理について討議する人びとの共同体——主権国家[2]——を起点として、ボトムアップ式に法を継続形成すべきことを説くドゥオーキン理論が、前世紀にグローバル化した法的思考・社会派を現代化する試みにすぎないからである[3]。直ちに補足しよう。このような断定の背後には、ダンカン・ケネディの提出している「法的思考の系譜学[4]」がある。それがまず説くのは、法的思考の覇権が19世紀後期の古典派から20世紀前期の社会派へと移動したことである。これらはそれぞれ、概念法学（演繹）、社会法学（目的論的推論）

---

[*]　本稿は、科学研究費補助金基盤研究（B）（平成27 〜 29年度）の研究成果の一部である。

[1]　ロナルド・ドゥウォーキン（小林公訳）『法の帝国』（未來社、1995年）。

[2]　瀧川裕英「ドゥオーキンの帝国——なぜドゥオーキンはグローバルな正義に沈黙するのか」宇佐美誠＝濱真一郎編『ドゥオーキン——法哲学と政治哲学』（勁草書房、2011年）168頁は、ドゥオーキンを国家主義者とする。

[3]　船越資晶「初期アンガーの再活用——「法の支配」の歴史社会学」法学論叢172巻4 = 5 = 6号（2013年）349-351頁、352頁注49参照。

194　第 3 部

と言い換えることもできるので、ここまでは一般的な法学史が説くところと大きく異なるわけではない。とすれば、両者の前提とする国家像はそれぞれ、夜警国家、福祉国家であると言うことも許されよう。問題は、現在グローバル化している法的思考・現代派とはどのようなものかだが、「系譜学」によれば、それは政策分析（比較衡量）ということになる。本稿では、この点について再確認すると共に、現代派の前提とする国家像として、帝国——もちろん真の姿の——を登録することを試みたい。

　この作業にとって格好の手がかりとなるのが、欧州批判法学派の比較法学者ウゴ・マテイ[5]の刺激的な論文「帝国法の理論——アメリカのヘゲモニーとラテンの抵抗に関する研究[6]」である。というのも、同論文は、「法的思考のアメリカ化という一般的なプロセスの中で、冷戦後に生じた変化を説明する」(1)（以下、本文中の括弧内の数字は前掲注 6)「帝国法の理論」の該当頁を示す）ために、法を「帝国的ガバナンス[7]」の装置として理解することを目指しているからである (3)。そこで、本稿はマテイ論文を再構成しながら叙述を進めていくが、その際に導きの糸となるのが、「法的帝国主義の研究はグラムシのヘゲモニー観念の上に成立する」として、権力的支配を支える被治者の同意に着目すると同時に、「アルチュセールが論じたように……同意は国家のイデオロギー装置によって調達される」とするなど (5)、同論文がネオ・マルクス主義的な理論構成を採用しているという点である。というのも、批判法学は最初期から、グラムシやアルチュセールに依拠した仕事を

---

4)　Duncan Kennedy, "The Disenchantment of Logically Formal Legal Rationality, or Max Weber's Sociology in the Genealogy of the Contemporary Mode of Western Legal Thought," 55 *Hastings Law Journal* 1031 (2004)，船越資晶『批判法学の構図——ダンカン・ケネディのアイロニカル・リベラル・リーガリズム』（勁草書房、2011 年）第 3 章。

5)　その「本家」批判法学に対する評価は厳しい。それこそケネディ理論もヨーロッパの比較法学に対応物が見出されるとして、その革新性を低く見積もっている。Ugo Mattei, "Comparative Law and Critical Legal Studies," in Mathias Reimann and Reinhard Zimmermann, eds., *The Oxford Handbook of Comparative Law* 825-826 (2006) 参照。

6)　Ugo Mattei, "A Theory of Imperial Law: A Study on U.S. Hegemony and the Latin Resistance," 3 *Global Jurist Frontiers* 1 (2003).

7)　ここでマテイは、アントニオ・ネグリ、マイケル・ハート（水嶋一憲ほか訳）『〈帝国〉——グローバル化の世界秩序とマルチチュードの可能性』（以文社、2003 年）を参照している。Mattei, supra note 6, at 3, n. 10.

提出してきたからであり[8]、筆者はかつて、その成果からネオ・マルクス主義的法モデルを抽出したことがある[9]。それは、「ⓐ下部構造の法則性」「ⓑ下部構造による上部構造の決定」「ⓒ上部構造の一体性」「ⓓ上部構造による下部構造の正統化」という四つの要素で構成されるモデルであり、マテイ論文はこれによって無理なく整理することができるように思われる。

2　帝国の構造

　まず、帝国の基本構造を見ていこう。「経済のグローバル化が、帝国法の媒介者であり、強力な同盟者であり、受益者である」（1）。帝国は経済的下部構造と法的上部構造から成り立っている。一方では、現在展開中のグローバルな秩序においては、「市場が法を決定する」（ⓑ）（43-44）。マテイによれば、国際資本はとりわけ開発途上国における外部性（たとえば、環境破壊）から巨大な利益を得ており、法はこのような国際資本の要求を反映して、市場介入に対して抑制的な「受動的法哲学（reactive legal philosophy）」を体現するものになっている（1-3, 47-48, 54-55）。こうして他方では、政治的アカウンタビリティを欠く裁判所がグローバルな秩序の「正統化（legitimization）」を司ることになる（ⓓ）。その結果（とりわけ、財力も権力も持たない裁判所が、利害関係と技術的問題が複雑に絡み合った外部性問題に対処することは困難である）、社会的不平等が急激に拡大しているというのである（3-4, 47-48）。

　帝国下部構造の規定として、マテイは、ミシェル・アルベールの「ネオアメリカ型資本主義」を採用している（ⓐ）（3）。そこでは、「短期収益、株主、個人の成功が優先され[10]」、再分配——国家の能動的活動——には不信の目が向けられる（8-11）。重要なのは、このことにより、法が価値の配分に関わるものでなくなったということである。法は今や、グラフと数式で記述さ

---

8)　さしあたり、ロバート・W・ゴードン（深尾裕造訳）「法理論の新たな発展動向」松浦好治＝松井茂記編訳『政治としての法——批判的法学入門』（風行社、1991 年）参照。

9)　船越・前掲注 4）第 4 章第 4 節（1）、船越資晶「ネオ・マルクス主義的法モデル再論」和田仁孝ほか編『法の観察——法と社会の批判的再構築に向けて』（法律文化社、2014 年）参照。

10)　ミシェル・アルベール（小池はるひ訳、久水宏之監修）『資本主義対資本主義〔改訂新版〕』（竹内書店新社、2011 年）108 頁。

196　第3部

れ理解される技術的なツールとなり、政治的（民主的）正統性の観点から法を語ることは時代遅れとなった。法律家は市場という自然的存在（あるいは「貧困のない世界」という世界銀行の夢）に仕え、最適なインセンティブの提供を自らの使命と心得なくてはならない。後述するように、これは「法と経済学」が覇権を掌握したことを意味している（25）。

　ともあれ、帝国統治の要とされる法的上部構造だが、マテイはこれを、アメリカ法——ただし、これも後述するように、ギー・ドゥボールの意味で「スペクタクル[11]」と化したそれ——と規定している（ⓒ）（58-59）。そして、マテイはアメリカ法を、制度と意識の「パッケージ[12]」として解釈しているように思われる。マテイによれば、アメリカ法自体、大陸法を誇張することでスペクタクルなものとして成立したものにほかならない。制度面について言えば、司法審査制の創設などによる司法権の拡張を通じて、どのような政治問題もいずれは裁判所が裁定し得るというトクヴィル以来の信念[13]を徹底的に実現しているスペクタクルな司法部がそれである（7-8）。たしかに、アメリカの裁判所は、世界中からの権利実現要求に応えることで、グローバルな秩序を正統化する（アメリカ的な法的手続と法文化を世界に強制する）機能を果たしていると言えるかもしれない（31-35）。

　だが、むしろここで注目したいのは、マテイがアメリカの法制度の全般的な特徴を把握し、ひいては帝国ガバナンスの装置を「受動的制度環境（reactive institutional setting）」として記述する際の手がかりとして、ロバート・ケイガンの「当事者対抗的リーガリズム」を挙げているという点である（7, n. 27）。「統率のとれた政党、強力な国家官僚、そして、信頼に足る社会保険制度が存在しない」アメリカでは、福祉・安全・再分配に対する要求が向かう先は裁判所になる[14]。つまり、本来であれば政治・行政が対処すべき課題に

11）　ギー・ドゥボール（木下誠訳）『スペクタクルの社会』（ちくま学芸文庫、2003年）。

12）　P・L・バーガーほか（高山真知子ほか訳）『故郷喪失者たち——近代化と日常意識』（新曜社、1977年）16頁。意識と制度を連動したものと見る、このような知識社会学の方法論は、批判法学にもしばしば見出される。たとえば、初期のロベルト・アンガーにつき、船越・前掲注3）333頁注6参照。

13）　トクヴィル（松本礼二訳）『アメリカのデモクラシー　第1巻（下）』（岩波文庫、2005年）181頁。

司法が直面させられる。これが意味するのは、アメリカ的な法制度「当事者
対抗的リーガリズムは、典型的には、権威が分散し階統的統制が相対的に弱
いような意思決定諸制度に、関連し、埋め込まれている」ということであ
る[15]。そこでは、法の形成執行を統括する主体と呼べるものが存在せず、公
的意思決定は当事者のイニシアティブに委ねられ、むしろ当事者間の争訟
――リベラル派と保守派の闘技[16]――から法が浮かび上がってくる。マテイ
は、このように分権的・水平的なアメリカ法のあり方こそ、同じく集権的・
階統的なガバナンスを期待することができない（期待してはならない）帝国
にふさわしいと見なしているのであろう。

　さて、アメリカ法は意識面でも大陸法を誇張している。すなわち、大学院
で教育されることが示すように、「科学としての法」というラングデル以来
の信念[17]を徹底的に実現しているスペクタクルな法学がそれである（8-9）。
その本質は、教義学的なタブーに囚われない創造性にあると言えよう（52, n.
228）。それゆえ、ケイガンも指摘するように、「米国のロー・スクールの教
室で用いられるのは、政策分析のために用いられる言語である[18]」というこ
とになる。そして、重要なのは、「アメリカの法的ヘゲモニーは、法的ルー
ルの移植動向などではなく、法意識の変化として理解するほうがよい」（23）
ということである[19]。こうして、帝国統治の鍵を握っているのはアメリカ的
な法的思考様式であり、マテイにおいてもそれは、「法と経済学」に象徴さ
れる「衡量法学（balancing jurisprudence）」だとされるのである（30）。

---

14)　ロバート・A・ケイガン（北村喜宜ほか訳）『アメリカ社会の法動態――多元社会アメリカと
　　当事者対抗的リーガリズム』（慈学社出版、2007 年）69 頁。なお、ケイガンの依拠する新制度論
　　と批判法学の関係につき、船越・前掲注 4) 50 頁注 40、51 頁注 41 参照。
15)　ケイガン・前掲注 14) 31 頁。
16)　ケネディのアメリカ司法過程論は闘技民主主義に接続可能である。船越・前掲注 4) 第 4 章
　　第 1・4 節参照。
17)　Christopher Columbus Langdell, *A Selection of Cases on the Law of Contracts* viii（1871）.
18)　ケイガン・前掲注 14) 90 頁。なお、このような状況を成立させた大きな要因がリアリズム法
　　学であったことにつき、船越資晶「リアリズム法学の再検討のために――公私二元論批判」法学
　　論叢 180 巻 3 号（2016 年）参照。

198　第3部

3　帝国法の思考

　アメリカ的な法的思考様式に関するマテイの議論は、現代派政策分析に関するケネディの定式を抽象的に要約したものになっているように思われる。マテイはまず、アメリカにおいてソフトローが前景化しているという状況を念頭に、現代の「法律家は、実証主義、国家中心主義、そして法的推論における教義学中心主義から抜け出している」(43) と書いている。もはや純粋な法的思考なるものは存在せず——およそ現代の法律家は多元主義者たらざるを得ない——、それは「さまざまな思考様式——その多くは異なる知や異なる法領域での経験から借りられた——の寄せ集めになっている」(43)。ケネディによって補足しよう[20]。現代派の最大の特徴は、それこそドゥオーキンによるハート批判——法をルールに純化することはできない——からも連想されるように[21]、政策を法的推論の素材として「司法化」しているという点にある。このことは次のように言い換えることもできよう。他の学問領域(とりわけ経済学)の知見に基づく政策論は、そのままでは有効な法的言説とは見なされない。そのような法外の政策論を法が「受け止め〔る〕」ための素材として政策はあるのだ[22]、と。こうして、政策が有効な法的言説として

---

19)　ケネディの用語で言い換えれば、グローバル化するのは、個々の法的発話「パロール」(法的ルールの再定式化など) ではなく、それを可能にしている概念・語彙の体系「ラング」のほうである、となる。Duncan Kennedy, "Three Globalizations of Law and Legal Thought: 1850-2000," in David M. Trubek and Alvaro Santos, eds., *The New Law and Economic Development: A Critical Appraisal* 23 (2006). 船越・前掲注4) 149-150 頁参照。マテイによれば、実証主義的傾向を帯びる——特定のテキストに囚われる——ようになると、その法文化は、異なる法文化に属する法律家にとって利用可能なものでなくなるため、知的リーダーシップを喪失する (たとえば、フランスは、ナポレオン法典＝自然法思想によって獲得した知的リーダーシップを、註釈学派の時代に喪失した)。法を理解する仕方、すなわち、法的思考様式のほうが重要だとされる所以である。Ugo Mattei, "Why the Wind Changed: Intellectual Leadership in Western Law," 42 *The American Journal of Comparative Law* 195, 213-214, 217-218 (1994) 参照。

20)　以下本段落の叙述は、Kennedy, supra note 4, at 1071-1075, 船越・前掲注4) 180-181 頁を下敷としている。

21)　ケネディ理論はハート／ドゥオーキン論争の延長線上に位置づけることができる。船越・前掲注4) 11-12 頁参照。

前景化した現代の法的思考は、形式合理的法適用（≒教義学）でもあり実質合理的法創造（≒政策論）でもありながら・そのどちらでもない、ハイブリッドな性格を帯びることになるわけである。

　マテイは続けて、現代の「法的推論とは、論証の技法、つまり、雇われた武器どうしの闘いである」と書いている（43）。そのとおりであろう。ケネディの「法的思考の記号学[23]」によれば、司法化された政策は、使い回しの効く定型的な「断片」（たとえば、「被告には自由に行為する権利がある（Rights as Freedom of Action）」）の形で、「対抗断片」（たとえば、「原告には損害から保護される権利がある（Rights as Security）」）と対になって存在している。そして、これら断片どうしは「操作」法則によって結合している。たとえば、被告の「RFA」に対して原告は「RS」を「対置」することができ、被告はこれを「否定」することができる（「RSは存在しない」）。このような断片の操作があらゆる法領域・あらゆる論点で遂行される状況にあっては、マテイも言うように、「法命題を正あるいは不正によって正当化することはできない」（42）。というのも、現代の法は、二系列の――ということは党派的な――言説の連鎖から成り立っており、ある法が採用されるのは、相手方の主張する法よりも――レトリックとしての――説得力が大きいからにすぎないということになるからである。

　さて、前節でも見たように、このような現代の法的思考においては、「政治的正統性は関心事とならない」（43）、すなわち、法的思考は技術的なものとなる。これもケネディによる補足が可能である[24]。政策に基づく裁定と言うと、民主的正統性を欠くという批判が――大陸の法律家から――投げかけ

22）　藤谷武史「「法政策学」の再定位・試論――「新世代法政策学」の基礎理論の探求」新世代法政策学研究9号（2010年）209頁。この仕事は、わが国の実定法学者が批判法学とパラレルな法的思考理解に到達したことを示す、極めて貴重な成果である。

23）　Duncan Kennedy, "A Semiotics of Legal Argument," in Duncan Kennedy, *Legal Reasoning: Collected Essays* (2008), 船越・前掲注4）第1章第4・6節。なお、「記号学」を自家薬籠中の物としたわが国の実定法学者の仕事として、藤谷武史《多元分散型統御》とは何か？　――法（政策）学への貢献の可能性」新世代法政策学研究20号（2013年）144頁参照。

24）　以下本段落の叙述は、Kennedy supra note 4, at 1067-1068, 1074-1075, 船越・前掲注4）178、184-185頁注61を下敷としている。

られよう。しかし、現代派は、この点をめぐる議論も、裁判所の制度的能力に関する二系列の政策に落とし込んでしまっているのである——「裁判官の役割は法を適用することである（Institutional Incompetence）」／「法は新たな社会状況に合わせて進化する（Institutional Competence）」[25]。そもそも法的決定の民主的正統性なる観念は、古典派の法理解——議会の権限を簒奪せぬよう、それが制定した法をトップダウン式に適用する以外のことを裁判官は行ってはならない[26]——によって生み出されたものであって、古典派はすでに法を根拠づける地位から転落したと見なしている現代派にとっては、当初の批判自体が失当というわけである。

　以上のような現代の法的思考の精神史的地平は、マテイにおいてもポストモダニズムに求められる。というのも、現代の法律家の「ソフトな」態度は、「ポストモダニストの懐疑・アイロニー・信仰喪失（loss of faith）に見られる」ものにほかならないからである（43）。最低限の補足にとどめよう。信仰喪失こそケネディ理論の一方の帰結である。「かつて私は、法素材と推論手続が結果を導出してくれると信じていた。しかし今では、自分の欲する結論を導出すべく、素材に対して私が何ごとかを為すこととして推論手続を経験している[27]」。このように、それがどのような断片であれ操作の対象としか見なせない現代の法律家は、「自らの終極の語彙、したがって自己の偶然性と毀れやすさをつねに意識するがゆえに、自分自身を生真面目に受けとめることがまったくできない」存在、すなわち、アイロニストであるほかない[28]。ともあれ重要なのは、このようなポストモダニズムの盗用に基づくアメリカ的な法的思考様式がヨーロッパにも継受されており、それが実際に機能しているという診断をマテイが下していることである（43）。

---

25) Kennedy, supra note 23, at 96, 船越・前掲注 4) 61-63 頁参照。

26) Duncan Kennedy, "Legal Formality," 2 *Journal of Legal Studies* 351, 351-352, 358-359 (1973), 船越・前掲注 4) 22 頁参照。

27) Duncan Kennedy, *A Critique of Adjudication [fin de siècle]* 311-313 (1997), 船越・前掲注 4) 136-137 頁。

28) リチャード・ローティ（齋藤純一ほか訳）『偶然性・アイロニー・連帯——リベラル・ユートピアの可能性』（岩波書店、2000 年）154 頁、船越・前掲注 4) 184 頁注 61。

4 帝国法をめぐる攻防

とはいえ、「北ヨーロッパと南（Latin）ヨーロッパとでは、アメリカ的な法的思考様式の継受に対する態度が明らかに異なる」——前者は継受に肯定的だが、後者は否定的である（30）。当然、こうした状況は帝国全域で見出される——これまで見てきたことが妥当するのは専ら「中央（core）」においてであり、「辺境（periphery）」においては事情が異なる（1-2）。ここからマテイ論文は、中央のヘゲモニーに対する辺境のラディカルな異議申し立て（「ラテンの抵抗」）に対抗ヘゲモニーの可能性を見出すことを目指すのだが（53-54）、この点は、ネオ・マルクス主義的法モデルを多元化するものとして理解し得るように思われる。以下、帝国に対する「抵抗勢力（counter-forces）」（46）の構造を見ていこう。

マテイがアルベールの議論を導入したのは、抵抗勢力下部構造を「ライン型資本主義」として規定するためであったとも言える（46）。そして、アルベールによれば、「長期的な配慮と、資本と労働を結びつける社会共同体としての企業の優先[29]」を目標とするライン型資本主義は、雇用の安定や充実した社会保障などにより、社会正義と効率性の両者をネオアメリカ型資本主義よりも高い水準で実現していたとされる（46）——「車は、ブレーキがあるからこそ速く走れる」（シュンペーター）からである[30]。

重要なのは、マテイがこのもうひとつの資本主義のことを「社会派資本主義（social capitalism）」と呼んでいることである。すなわち、福祉国家を中心とした——国家の能動的活動を広く認める——「社会派的な行き方（social way）」に、マテイはヨーロッパ本来の法のあり方と帝国法に対する抵抗の可能性を見出しているのである（46）。ただし、この規定が示すように、マテイの言う社会派が、専ら政治的な左派を意味することに注意が必要である（対照的に、「法と経済学」は右派のイデオロギーと見なされる（30-31））。という

---

29) アルベール・前掲注10）108頁。
30) アルベール・前掲注10）197頁。

のは、辺境における法的思考はむしろ伝統的なものであるとされているから
である。すなわち、辺境の法律家は今なお国家中心主義的実証主義に囚われ
た一元主義者であり、それゆえ、法的推論の際に民主的正統性にこだわり、
政策分析を正面から認めることができない。むしろ指導的な法律家ほど、「高
度にフォーマリスティックで解釈を重視する文化」を体現する存在となって
いる（17, 30, 42）。以上を要するに、抵抗勢力上部構造の意識面は左派教義
学によって特徴づけられる、ということであろう。

　残る上部構造の制度面について、マテイ論文は何も語っていない。そこで
さしあたり、中央のその規定を裏返して、ウェーバーの官僚制よろしく「高
度の階統的権威と法的フォーマリティで特徴づけられる」、ケイガンの「官
僚制的リーガリズム」を登録しておいてもよかろう[31]。というのも、「ドイ
ツやフランスの裁判所」がそうであるように、国家中心主義的実証主義を体
現したものとして、そこで「強調されるのは、中央権力が定めたルールが統
一的に適用され、上の権威に対して説明責任が果たされ」ることだからであ
る[32]。

		中央	辺境
上部構造	意識 制度	右派政策分析（「法と経済学」） 当事者対抗的リーガリズム	左派教義学 官僚制的リーガリズム
下部構造		ネオアメリカ型資本主義	社会派資本主義

　こうして、帝国の全体像を得ることができた。それは、抵抗勢力による解
放の可能性を示すようにも見えるが、マテイはそれほど楽観的ではない。む
しろ抵抗勢力は、中央からの圧力を前に全戦線で撤退を余儀なくされている
ようなのである。経済面では、社会派＝ライン型資本主義よりも「ネオアメ
リカ型のほうが非効率的であることがわかってきたこの時期に……ライン型
が後退を始めている[33]」。マテイは、この謎を解き、現在の法状況を説明し

31）　ケイガン・前掲注14）33頁。
32）　ケイガン・前掲注14）33頁。
33）　アルベール・前掲注10）197頁。

得る鍵となるものこそ、スペクタクルという概念なのだと主張する（49-50）。すなわち、ネオアメリカ型資本主義の勝利は、途方もなく長い時間をかけて蓄積されてきた資源を一瞬で使い果たしてしまう、その圧倒的にスペクタクルな消費によるものにほかならないが（たとえば、旧ソ連の崩壊を想起せよ）（51）、これと同様の事態が上部構造においても生じているというのである。すでに見たように、アメリカ法自体、大陸法を誇張することで覇権を握ったのだが、現在グローバル化しているのも、政治権力に挑む裁判官、際限なく実現される権利、人生の成功者としての弁護士など、「アメリカ法それ自体というよりはそのスペクタクルな側面」である——これに比べると、辺境の法は「カフカの官僚制」あるいは「ブラック・レター」そのもので退屈極まりない（52, n. 228）。結果、スペクタクルに目を奪われた辺境は、中央に対する「技術的抵抗」の拠点となるべき官僚制と教義学を、前者を受動的＝当事者対抗的なものへと、後者を政策分析的なものへと、それぞれアップグレードすることで放棄しつつある[34]、というわけである（56-57）。

5　おわりに

　本稿で導き出した図式が文字どおりグローバルに妥当するか否かについて、筆者には検証することはできない。だが、わが国の現在の法状況について言えば、これを読み解く際に活用可能なものになっていると思われる。何よりもまず、帝国は確実にわが国にも来訪している——「近時の商法学界においては法と経済学旋風が吹き荒れている[35]」。この中央の視点からは、辺境の（民）法学は伝統に縛られて停滞しているように見える——「政策論・価値判断の問題と法ドグマーティクに代表される法律構成の問題との関係について、現在の民法学界は何も考えていない[36]」。そして、このような教義学中心主義と結びついているイデオロギー的関心は、連帯と再分配を志向する左派のそ

---

[34]　興味深いことに、前者の例として、わが国の司法制度改革が挙げられている。Mattei, supra note 6, at 56, n. 252 参照。

[35]　得津晶「負け犬の遠吠え——多元的法政策学の必要性またはその不要性」新世代法政策学研究 1 号（2009 年）343 頁。

れであるように見える——（民）法学者は「為された取引の維持よりも、取引の全過程を通じて当事者間の衡平が達成されることにより強い関心を持つ[37]」。さらに、こうした意識を支える制度は、統一性を重視するあまり無個性な機械と化した官僚制であるように見える——「日本では名もなく顔もない裁判官が理想とされる[38]」。なお、ライン型＝社会派資本主義国に日本が含まれることは言うまでもない[39]。だが、以上の展望に沿って図式を実際に活用していくためには、膨大な作業が必要となる。残された紙幅でこれを実施することは到底できない。

　それゆえここでは、図式そのものについて補正が必要となる点を——批判法学の法的思考論の観点から[40]——簡単に指摘しておくことで、本稿を閉じることにしたい。図式が抱える最大の問題は、かつての「根本的矛盾」テーゼながら[41]、思考様式（政策分析／教義学）と根拠（ネオアメリカ型資本主義／社会派資本主義）あるいは結論（効率性／再分配）との間に本質的な結びつきがあると見なしていることである。これに対して、「記号学」が示したのは、現代法の内部では、個人主義（≒ネオアメリカ型資本主義）的言説と利他主義（≒社会派資本主義）的言説が至る所で衝突を繰り返していることであった[42]。言い換えれば、政策分析という方法論を、効率性という特定の政治的結論を導出するためのプログラムとして実体化することはできないということである。ポストモダンの法意識とは、法律家の思考の「場」にすぎないはずであろう[43]——「哲学的見解とはどんなものであれ、多くの異なった

---

36)　得津晶「民商の壁——一商法学者からみた法解釈方法論争」新世代法政策学研究2号（2009年）234頁。この問題提起を受け、いわゆる戦後日本の法解釈論争の続きを構想するものとして、船越資晶「批判法学の実用化のために——錯誤論再論」法学論叢180巻5＝6号（2017年）参照。

37)　棚瀬孝雄「関係的契約論と法秩序観」棚瀬孝雄編『契約法理と契約慣行』（弘文堂、1999年）35頁。

38)　ダニエル・H・フット（溜箭将之訳）『名もない顔もない司法——日本の裁判は変わるのか』（NTT出版、2007年）13頁。

39)　アルベール・前掲注10）30頁、Mattei, supra note 6, at 46 参照。

40)　より根底的には、図式を規定するネオ・マルクス主義を、ポスト・マルクス主義の観点から批判することが可能である。船越・前掲注4）第4章第4節（2）参照。

41)　一般的な理解に反し、同テーゼはケネディ理論にとって傍論にすぎない。船越・前掲注4）12-13頁参照。

42)　Kennedy, supra note 27, at 287, 船越・前掲注4）219-220頁。

手によって使用可能な道具だからである[44)]」。もし帝国が、その名のとおり
どこまでも拡大を続けるものであるならば、その法も、あらゆる言説を
同一平面上の「力」に還元し、それゆえフラット式に生成流動を続けるもの
として描き直さねばならないだろう[45)]。

　もっとも、このようなポストモダニズムのアメリカ的盗用に基づく法理解
は、この思想が生まれた地ヨーロッパで持っていたラディカルさを薄め、「政
治的抵抗」の芽を摘むものだとして、マテイからは断罪されることになるだ
ろう[46)]（60-61）。しかし、外部が消滅した帝国の時代に法を批判するには、
内在的批判をもってするほかなかろう――まさに批判法学は、そのための技
法を提供しているのである[47)]。そして、これはマテイに同意するが、たとえ
帝国が成立しても、そこには辺境が存在し、革新は辺境でこそ発生する。「法
の帝国」の理論は、法と法学を内側から再記述することによって、両者の持
つ可能性を引き出す辺境の試みとしても提起することができるはずである[48)]。

---

43)　このような見方の背後には、ケネディの「法的思考の現象学」がある。Duncan Kennedy, "Freedom and Constraint in Adjudication: A Critical Phenomenology," in Kennedy, supra note 23, 船越・前掲注4）第2章第1節、178頁参照。

44)　リチャード・ローティ（須藤訓任＝渡辺啓真訳）『リベラル・ユートピアという希望』（岩波書店、2002年）78頁、船越・前掲注4）273頁注8。

45)　船越・前掲注4）47-48、187頁参照。

46)　批判法学は、静寂主義（批判のための批判）あるいはエリート主義（知的階層の再生産）に陥る危険性がある、などという。Mattei, supra note 5, at 832-835 参照。要するに、「せいぜい役立たずであるか、最悪の場合危険である」というわけだが、これはポストモダニズム一般に対して向けられる常套的な批判でもあろう。ローティ・前掲注28）140頁、船越・前掲注4）270頁参照。

47)　さしあたり、Kennedy, supra note 27, at 84-91, 船越・前掲注4）41-45頁参照。

48)　船越資晶「批判法学はジェンダーの法理論に何をもたらすか？」法社会学82号（2016年）55-56頁参照。

刑事法学における学問共同体の課題

松田岳士

1　本稿の課題

　(1)　本書はしがきが引用する「グローバル化と法の変容」第1回ワークショップ「呼びかけ文[1)]」は、「グローバル化は、法のみならず、法学研究および教育の分野にも及んでい」るとの認識を示し、そのなかで、「日本の法学者は、誰に向かって、何を語るべきなの」か、あるいは、「日本の法と法学が、世界にどのような貢献をできるのか」との問いを投げかけている。これになぞらえていえば、本稿には、上記標題の下で、「グローバル化」が進行する中で、「日本の刑事法学者は、誰に向かって何を語るべきなのか」、あるいは、「日本の刑事法学は、世界にどのような貢献をできるのか」を論じることが求められているものと考えられる。

　しかしながら、筆者は、グローバル化とは何か、グローバル化が国内（刑事）法あるいは（刑事）法学にどのような影響ないし変容をもたらすのか、といった問題について特別な知識や意見を持ち合わせているわけではなく、また、日本の（刑事）法学が「世界」にどのような貢献をできるのかについ

---

1)　山元一＝横山美夏＝髙山佳奈子・本書はしがきi頁。

て「世界的視点に立って」考えたこともない。たしかに、ヒト、モノ、カネ、情報等の国境を越えた動き、あるいは、国際的な犯罪対策や人権保障の枠組は、（刑事）法制度や実務のみならず、（刑事）法学の研究や教育にも少なからぬ変容をもたらしつつあるのかもしれない。しかし、その間も、「国内（刑事）法」は、日々、具体的事件や人に適用ないし執行され、（刑事）法理論は、それを正当化したり批判したりする根拠として援用され続けているのであり、このような事態を前にして、筆者を含む大多数の（刑事）法学研究者は、「主権国家」の枠組を（少なくともとりあえずの）制度的前提として、「国内（刑事）法」の「解釈」や「立法」のあり方を論じているというのが現状ではないかと思われる。

　（2）　もっとも、「呼びかけ文」は、少なくとも日本の「法学」や「学問共同体」については、「グローバル化」現象に対する関心の低さ、あるいは、「世界的視点」の欠如といったことを問題視しているわけでは必ずしもないようである。というのも、「呼びかけ文」が、法学あるいは法学に携わる者のおかれた「日本の現状」について指摘するのは、むしろ、「年齢・地位・肩書きなどの序列による人間関係の垂直性の強さと水平性の欠如、穏やかな支配従属関係による抑圧移譲、研究者相互の序列意識、研究領域の蛸壺化など」の「構造的ともいえる特質ないし体質」だからである。ここには、このような「特質ないし体質」が、とくに「グローバル化」が進行する中で日本の法学が「世界」に対して担うべき役割を果たす上で桎梏となるとの問題意識がうかがわれ、また、この課題の検討が筆者に上記標題の下で割り振られた背景には、筆者が専攻する刑事法学、とりわけ、刑訴法学の「学問共同体」においても、この種の「特質ないし体質」が認められるとの認識をうかがうことができる。

　上述のとおり、筆者にはグローバル化について論じる能力も資格もないが、刑訴法学の「学問共同体」に関わった経験であれば多少なりともある。そこで、以下では、議論の出発点として、本書の冒頭論文が憲法学について指摘する、国境を越えた〈法の「インテグリティー」要求〉が強化されるなかで「トランスナショナルな次元の人権の理論と実践の質の向上に貢献」すると

208　第3部

いう課題が刑訴法学にも基本的に妥当すると仮定した上で[2]、「学問共同体」の「特質ないし体質」がこのような課題との関係でいかなる問題を孕むかを、筆者が研究・教育を行うに当たって接したいくつかの「比較法研究」の例に触れながら微視的に検討することにしたい。

2　刑訴法学における「比較法研究」の現状

（1）　日本の法学研究においては、欧米諸国から法制度を「継受」したという歴史的経緯を背景に、外国の法制度や理論との比較という手法が多用されてきたが、刑訴法学もその例外ではない。そして、このこと自体、「グローバル化」の一現象として捉えられるだけでなく[3]、比較法研究を経路として他国の法制度や理論をとりこんだ日本の（刑訴）法学は「国際標準」に対応する能力を十分に備えている、との見方も可能であろう[4]。

では、刑訴法学における比較法研究が、実際にこのような機能を十分に果たしえているかというと、ことはそう単純ではない。なぜなら、外国の制度や理論に関する「情報」は、（最近はとくにインターネットを通して）容易に国境を越えうる一方で、多くの場合、外国語により表わされ、また、異なる制度や理論の枠組を前提とするため、これを活用するためには、翻訳し、既成の制度や理論の体系と関連づけてその意義を説明する必要があるからである[5]。そこで、以下では、「中間処分」導入論といわゆる「GPS捜査」の許

2）　山元一「『国憲的思惟』vs.『トランスナショナル人権法源論』」本書16頁以下。同14頁によれば、Waldronが「普遍的規範」として想定する「法」には、死刑制度をめぐる規範的要求、デュープロセス、刑法における比例原則の考え方、正当な自己防衛等、刑事法に関係するものも数多く含まれる。このことからすれば、山元が説く憲法学の課題は、基本的に刑事法（刑訴法）学も共有するものといえよう。なお、小畑郁「グローバル化のなかの『国際人権』と『国内人権』」本書110頁は、「国際人権」と「国内人権」の衝突は、日本においては、刑事裁判における適正手続の保障や被拘禁者の権利の文脈で頻出すると指摘する。

3）　松本英実「グローバル化と比較法」本書24頁参照。

4）　山元・前掲注2）17頁は、国境を越えた〈法の「インテグリティー」要求〉に応える上での「憲法・国際人権法・比較法の連携・協働作業の必要性・重要性」を強調する。なお、髙山佳奈子「グローバル化社会における法学教育」本書223頁以下は、最近の刑事法学における比較法研究の低迷傾向を指摘する。

容性に関する外国判例の取扱という二つの事例をもとに、日本の刑訴法学においてこの問題がどのように顕在化しているかを検証してみることにしたい。

（2）「中間処分」導入論とは、被疑者・被告人の逃亡・罪証隠滅防止の手段として（逮捕・勾留という）「身柄拘束」しか用意していない現行刑訴法の下では、逃亡・罪証隠滅防止の要請の多種多様な内容や程度に必ずしも相応しない身柄拘束が行われるおそれがあるため、出国禁止、当局への定期的出頭、電子監視等の「中間処分」を設けて、個々の事案における手続的要請にきめ細かく対応できるようにすべきではないかという議論である。同制度の採否は、法制審議会「新時代の刑事司法特別部会」においても検討され、その結果、制度化は見送られることになったものの、「このような新しい制度の可能性が本格的に議論・検討されたことは、それ自体、画期的」であり、「1つの貴重な思考実験であったと見ることもできる」との評価もある[6]。

しかしながら、このような「思考実験」の実現は遅きに失した感がぬぐえない。なぜなら、「中間処分」制度は、たとえば、フランスでは1970年に導入されており、日本でも、70年代後半以降、「勾留に代わるもの」、「判決前の拘禁の例外性を高める」もの、あるいは、「未決拘禁を真に例外的なものとするための代替手段」として紹介されていた[7]ことを考えると、遅くとも前世紀のうちには、日本において「在宅か身体拘束か」という二者択一の制度が採られていることの合理性に疑問が提示され、「中間（代替）処分」導入論が登場していてもおかしくはなかったというべきだったからである。

筆者がこのことを実感したのは、いわゆる「東電OL殺人事件」に関する特別抗告審決定（最一小決平成12・6・27刑集54巻5号461頁）に接したときであった。同事件においては、（不法残留の外国人であった）被告人が入管当局により退去強制させられるのを防ぐため（だけ）に（第1審裁判所が犯罪の

5）　くわえて、その際には、「比較における『視線』の意味、すなわちどちらから見て比較するか」（松本・前掲注3）32頁）も問題となろう。

6）　大澤裕「被疑者・被告人の身柄拘束のあり方」論究ジュリスト12号（2015年）88頁。

7）　順に、福井厚「世界の未決拘禁法 フランス」法律時報49巻9号（1977年）107頁、G. ステファニほか（澤登佳人ほか訳）『フランス刑事法〔刑事訴訟法〕』（成文堂、1982年）56頁、水谷規男「フランスの未決拘禁と欧州人権規約」三重法経92号（1992年）232頁。

210　第3部

証明がないことを理由として無罪判決を言い渡した後に、控訴審裁判所により）勾留が行われたのではないかと考えられる事情があったが[8]、最高裁判所は、この点につき、「裁判所は、勾留の理由と必要性の有無の判断において、被告人に対し……退去強制の手続が執られていることを考慮することができると解される」との判断を示した。しかし、退去強制を防止する手段として「勾留（拘置所における拘禁）」を用いるしかないというのでは、「襷に長し」の感は否めない。同決定に付せられた遠藤裁判官と藤井裁判官による反対意見が、退去強制手続と刑事手続の調整に関する規定の不備を指摘した実質的な理由もこの点にあるものと考えられる。

　もっとも、被告人の出頭確保のためにその出国だけを阻止すれば足りる場合は退去強制の場合以外にも考えられ、そうであるとすれば、より一般的に、刑訴法に「出国禁止」の処分を設けるほうがよいのではないかと思われた。そこで、外国の制度を調べてみると、とくに欧州大陸諸国においては、被告人の出頭確保の手段として「出国禁止」を含む多様な処分を用意していることが判明した。筆者が、同決定の評釈において、「被告人の公判廷への出頭確保のためにその必要性に応じたさまざまな態様の手段を用意しておくことの重要性」を指摘したのは[9]、そのためである。

　当時、筆者は、この問題についてより一般的に身柄拘束のあり方と関連づけて検討する必要があると考え[10]、イタリアの制度を紹介しつつ、「今後は、『身柄拘束か在宅か』という二元的発想を離れて、被疑者・被告人による罪証隠滅ないし逃亡の防止という手続上の目的達成のために合理的な制度は何かという観点から、保釈や勾留の執行停止等の制度の意義を見直すと同時に、『比

8）　最高裁平成12年決定に付された遠藤裁判官反対意見は、本件被告人について、仮に「不法残留の外国人でなかったとするならば、……住居不定その他の勾留要件が認められたとしても、控訴審裁判所がその実質的審理の開始前に一件記録を検討しただけで勾留するということは、およそあり得なかったと思われる」と指摘している。

9）　最高裁平成12年決定に関する松田岳士「判評」阪大法学51巻5号（2002年）51頁。なお、一定の犯罪につき訴追されている者等に対する（日本の）旅券発給等の制限について、旅券法13条1項2号参照。

10）　筆者は、2002年に日弁連司法改革実現本部が行ったイタリア刑事司法制度調査に際して、同国の中間処分が比例原則との関係においてもつ意義を指摘した（日弁連司法改革実現本部「イタリア刑事司法制度調査報告書」（2002年）106頁、119頁以下）。

例原則』に適合した立法的措置を論じていく必要がある」と提言し、「東電
OL強盗殺人事件や痴漢冤罪事件における長期身柄拘束の問題を待つまでも
なく、長きにわたって別件逮捕・勾留の問題が指摘されてきたわが国におい
て、身柄保全処分についてこれまでかかる観点からの提言がなされてこなか
ったのはむしろ不思議である」と指摘した[11]が、その背景には、上記のよう
な経緯があった。

その後、外国における「中間処分」制度が正面から紹介され[12]、日弁連に
より具体的な立法案が示され[13]、上述のとおり、法制審議会においても「勾
留と在宅の間の中間的な処分」制度の採否が検討されるに至り、学説におい
ても、この問題が比例原則等の基本原則との関係においてもつ意義が議論さ
れることになったが、仮に最高裁平成12年決定の前に「出国禁止」処分が
設けられていたならば、あるいは、「中間処分」導入に関する十分な議論の
蓄積があったならば、もしかすると同事件の被告人の勾留は避けられた、あ
るいは、判例の内容も変わっていたかもしれない[14]、さらには、法制審議会
における議論の展開も違ったものになっていたかもしれない[15]と考えるのは
筆者だけであろうか[16]。

---

11) 2004年5月開催の日本刑法学会第82回大会における研究報告（松田岳士「刑事手続におけ
る訴訟行為の再現可能性について」刑法雑誌44巻2号（2005年）41頁以下所収）。

12) 水谷規男「未決拘禁の代替処分」刑事立法研究会編『代用監獄・拘置所改革のゆくえ』（現代
人文社、2005年）90頁以下等。

13) 水野秀樹「出頭等確保措置に関する提言について」自由と正義60巻11号（2009年）134頁
以下参照。

14) 退去強制手続と刑事手続の調整に関しては、その後、最三小決平成19・12・13刑集65巻7
号977頁において田原裁判官及び近藤裁判官の補足意見により、「12年判例において遠藤裁判官
の反対意見と藤井裁判官の反対意見がそれぞれこの点を強く指摘したにもかかわらず、いまだに
何らの措置も講じられていない」として非難されている。

15) 大澤・前掲注6) 95頁は、「勾留、保釈、中間処分という3つの制度をどのように整理し、使
い分けていくのか」、「関連問題を含めたその再検討が、特別部会の議論によって示唆される仕切
り直しの課題」であると指摘する。

16) 現在では、「中間（代替）処分」を設けることが「人権の国際水準に合致する」との指摘もあ
るが（水谷規男『未決拘禁とその代替処分』（日本評論社、2016年）256頁）、仮にそうであると
すると、日本の制度が国際水準の要請に合致しないという事実は長い間、「未発見」のまま放置
されてきたことになろう。

212　第3部

（3）　他方、個人の車両に GPS 端末を装着し位置情報を検索・把握するという、いわゆる「（装着型）GPS 捜査」の許容性に関しては、2017 年 3 月に最高裁判所大法廷により判断が示されたが[17]、アメリカ合衆国連邦最高裁判所は、すでに 2012 年に類似の捜査手法の許容性に関する判断を Jones 判決[18]において示していたため、日本でも数多くの論文により同判決が紹介されてきた。しかし、その紹介の仕方には疑問がないわけではない。

すなわち、同判決の紹介のなかには、Scalia 判事執筆の法廷意見が、（「財産」に対する）「不法侵入基準」を援用する点について、「GPS 端末の装着によって当該自動車の燃費効率・最高速度・安全性、あるいは乗員の健康に何らかの悪影響が出る訳でもない」にもかかわらず、端末を車体の「外側に装着したのに過ぎない措置を trespass と評価すること自体に違和感を感じる[19]」と評したり、「監視装置の対象車両への取付けによって生じる主たる被制約利益を、直ちに『侵入』に伴う財産的利益だとするのは、現実に使用収益を害さない限りは難しい」ことを理由に、「日本では採用しにくい」といった評価を下したりするもの[20]があるが、筆者としては、同法廷意見に対するこの種の批評の方にこそ「違和感」を感じるのである。なぜなら、原文を読む限り、同判決法廷意見が「不法侵入基準」との関係において問題としているのは、「財産」の使用上の利益や経済的利益の侵害などではなく、むしろ、「財産」に対する「不法侵入」それ自体、あるいは、「財産」の「排他的支配」に対する侵犯・干渉であることは明らかであるように思われるからである。

筆者は、英語に詳しいわけでも、また、英米（刑事）法の専門家でもないため、同法廷意見を正確に理解できているかは甚だ心許ない。しかし、少な

17）　最大判平成 29・3・15 刑集 71 巻 3 号 13 頁。

18）　United States v. Jones, 132 S.Ct. 945（2012）.

19）　清水真「捜査手法としての GPS 端末の装着と監視・再論」明治大学法科大学院論集 13 号（2013年）178 頁。

20）　緑大輔「監視型捜査と被侵害利益」刑法雑誌 55 巻 3 号（2016 年）7 頁。尾崎愛美「GPS 監視と侵入法理・情報プライバシー」季刊刑事弁護 89 号（2017 年）106 頁も、「磁石による発信器の装着は、通常、車体の損傷を来すものとはいえず、財産権の実質的な侵害を伴う可能性は一般的に小さく、この観点から本件 GPS 捜査が強制処分であると解される余地はない」旨判示する広島高判平成 28・7・21LEX/DB25543571 について、「Jones 判決法廷意見の結論には与さなかった」ものと評している。

くとも上記の点については、同意見が、コモン・ロー上の「不法侵入基準」の意義を説明するにあたり、「我々の法は各人の財産を非常に神聖なものとして扱っており、何人も許可なく隣人の囲い地に足を踏み入れることはできない。踏み入れれば彼は不法侵入者となる。た̇と̇え̇何̇ら̇損̇害̇を̇引̇き̇起̇こ̇さ̇な̇く̇て̇も̇（傍点引用者）。」とする Camden 卿の言葉を引用していることからしても、また、（車の運転に干渉しない小型軽量物体の車体底部への装着という些細なことを重視しているという意味で）「18 世紀の不法行為法」を適用するものとして同意見を論難する Alito 判事執筆の結論同調意見を「曲解（distortion）」として退け、「我々が適用するのは、18 世紀の不合理な捜索からの保護である」としていることからしても、これを、「財産」の使用上の価値や経済的価値に対する「損害」を問題とするものと解するのは無理があろう。さらに、そもそも法廷意見は、「財産」に対する「不法侵入基準」を、同事案における「GPS 捜査」の合衆国憲法修正 4 条にいう「捜索」該当性の判断のために援用しているところ、同条項の淵源が、「極貧な者でも、自分の小屋の中では、国王のあらゆる力に挑むことが許される」とする「城の法理」に求められるとすれば[21]、ここでの「財産」は、「城」の比喩によって表わされ、公権力による侵犯から保護される個人の「聖域」あるいは「排他的支配領域」を画する概念として援用されているものと解するのが素直であるように思われる。

　法廷意見に対する上のような批評は、あるいは、Alito 判事執筆の結論同調意見による批判に倣ったものなのかもしれない。しかし、そうだとしても、法廷意見により「曲解」とされた意見が、日本において少なからぬ賛同者を見出しているという事態をどう理解すればよいのであろうか。

　この点に関して気になるのは、「GPS を用いた捜査手法によって制約される権利・利益の内実に対するアプローチについて、それぞれどのような特徴があるのかについて、議論の蓄積があるアメリカ法を参照して整理することには意味があるだろう[22]」との指摘である。なぜなら、ここに「制約される権利・利益」という表現は、刑訴法 197 条 1 項但書の「強制の処分」につい

---

21)　渥美東洋『刑事訴訟法〔第 2 版〕』（有斐閣、2009 年）24 頁。
22)　緑大輔「GPS 装置による動静監視の理論問題」季刊刑事弁護 89 号（2017 年）93 頁。

て、「相手方の権利侵害をきたす場合」が含まれるとする見解[23]、あるいは、これを「相手の意思に反」して「重要な権利・利益に対する実質的な侵害ないし制約を伴う」処分と定義する見解[24]を思わせるからである[25]。

　しかしながら、Jones 判決が問題とするのは、当該「GPS 捜査」がアメリカ合衆国憲法修正 4 条の「捜索」に該当するか否かであり、同条項は、（日本国憲法 35 条の「母法」ではあるとしても）刑訴法 197 条 1 項但書とは沿革も内容も異にする規定である。実際、法廷意見においては、「財産」や「プライバシー（の合理的期待）」といった概念は、「GPS を用いた捜査手法によって制約される権利・利益の内実」というよりも、むしろ、同条項により保護される個人の「城」あるいは「聖域」（ないしそれに準ずる領域）を画する根拠ないし基準として援用されているように思われ、そうだとすれば、「財産」に対する「不法侵入」の概念を、「強制処分」該当性の判断基準として日本の学説が主張する「（重要な）権利・利益」の「（実質的な）侵害・制約」といった観点から捉えるのは筋違いであろう。

　いずれにしても、このような「曲解」（の共有）の結果、Jones 判決法廷意見が修正 4 条やその系譜に属する憲法 35 条の趣旨や適用範囲を考察する上でもつ意義を再検討する契機が看過されるとすれば、問題であろう。同法廷意見は、「プライバシーの合理的期待基準」と「財産」に対する「不法侵入基準」の関係について、前者は後者に「とってかわったのではなく、つけ加わった」ものとするが、このことは、修正 4 条の保障の中核が、（プライバシー概念の「母国」とされるアメリカ合衆国においてさえ）依然として、18 世紀から受け継がれてきた個人の「プロパティー（固有領域）」を「聖域」とする思想[26]の下で、これを公権力による不合理な侵犯・干渉から保護すること

---

23)　田宮裕『刑事訴訟法〔新版〕』（有斐閣、1996 年）71 頁。

24)　井上正仁『強制捜査と任意捜査〔新版〕』（有斐閣、2104 年）12 頁。

25)　実際、Jones 判決を紹介する論文のほとんどが、同判決において言及される「財産」や「プライバシー（の合理的期待）」といった概念を、「強制処分」性の判断基準としての「被制約権利・利益」と重ね合わせている。

26)　この「思想」の意義（功罪）については、法律学のなかでも分野によりさまざまな角度から検討される必要があろう（「所有権の排他性」が私法の文脈においてもつ現代的意義について、横山美夏「グローバル化時代の市民生活と民法学」本書 131 頁以下参照）。

に求められ、「プライバシー」保護は後につけ加えられたものであることを
改めて確認する意味を持つものと考えられる。そうであるとすれば、このこ
とは、憲法35条の趣旨説明についても、「プロパティー」保護あるいは「城
の法理」のもつ歴史的・現代的意義を再検討することなく「プライバシー保
護」に一元化してしまってよいのか[27]、「住居等」の「プロパティー」の「不
可侵」と「プライバシー」保護との間にはいかなる関係が認められるのか、
さらには、憲法33条や「人身の自由」との関連をどう考えるか[28]等の問題
を改めて検討し直す契機となるはずである。

　最高裁は、平成29年大法廷判決において、憲法35条の保障する権利の内
容について判示したが、この問題を認識しているかどうかは定かでない[29]。
だとすれば、主として英米法を比較法研究の対象とし、数多くの論考におい
てJones判決を紹介ないし検討してきた刑訴法学の「学問共同体」が、判例
に先んじてこの問題を「発見」し、憲法学や基礎法学を巻き込んで議論を積
み重ねておくことができなかった[30]のは、やはり残念なことと言うべきであ
ろう[31]。

---

27)　刑訴法学においては、憲法35条の保障の重点を「プライバシー」保護に移す、あるいは一元
　　化する方向で議論が展開されてきたが（井上・前掲注24）62頁、渥美東洋『刑事訴訟における
　　自由と正義』（有斐閣、1994年）168頁、堀江慎司「令状主義」法学教室268号（2003年）14頁
　　等）、その前提として、「固有」性と「私事」性の間の関係についてより綿密な検討を加える必
　　要があるように思われる。
28)　この点に関しては、修正4条が、「身体」の「押収」たる「逮捕」にも適用されること、そし
　　て、自由主義政治体制をとる国々の法秩序の基調となっているとされるJohn Lockeの政治哲学
　　における「プロパティー」概念には、狭義の「財産」だけでなく「生命・自由」も含まれていた
　　ことも想起すべきであろう（今村健一郎『労働と所有の哲学』（昭和堂、2011年）参照）。広義
　　の「プロパティー」に「身体」も含まれるとすれば、その意義が「プライバシー」保護に還元さ
　　れ得るものではないことは明らかであるように思われる。なお、渡辺修「修正四条とプロパティ
　　ー概念、プライバシー概念」神戸学院法学14巻2号（1983年）207頁以下参照。
29)　最高裁平成29年大法廷判決に関する松田岳士「判評」季刊刑事弁護91号（2017年）99頁以
　　下参照。
30)　関連問題について憲法学との「協働」がなかったわけではないが（小特集「強制・任意・プ
　　ライヴァシー」法律時報87巻5号（2015年）58頁以下）、その関心はもっぱら「プライバシー」
　　に限定され、「プロパティー」や両者間の関係には向けられていない。

216　第3部

3　（刑訴）法学における学問共同体の課題

　(1)　これらの例からもうかがわれるように、「比較法研究」には、国内の既成の制度（規範）や理論（概念）の死角に入って見えなくなっていた問題を「発見」し、その解決策を考察するための契機や知見を提供する可能性が備わっているものと思われるが、同研究が実際にこのような機能を果たすには、単に外国の制度や理論に関する情報を得るだけでは十分ではなく、そこに内在する規範や原理を解明し、その観点から既成の制度や理論に光を当て直してこれを再構築する必要があると言えるであろう。ところが、上記事例における「比較法研究」は、日本の制度や理論の枠組を暗黙の前提として、外国の制度や理論をその枠組や文脈に収まる範囲内においてのみ理解し、あるいはそこに収まるように「曲解」して紹介ないし検討したために、（部分的にしか）新たな問題・規範の発見や理論・制度の再構築につなげることができなかったものと考えられる。

　(2)　上記「比較法研究」の事例に、このように、既成の制度や理論を確立した「標準」と見て、それが通用しない可能性のある外国の制度や理論についてさえこれを前提とする傾向が看取されるとすれば、それは、個別の論文や事例に特有の偶発的な問題というよりも、むしろ、刑訴法学における「学問共同体」の「構造的ともいえる特質ないし体質」に起因する問題として捉えられるべきであるように思われる。なぜなら、このような傾向の背後にあるはずの国内の「既成の制度・理論」の妥当性・通用性に対する信頼（精神的依存度）の高さあるいは懐疑（批判的精神）の欠如といった心性は、（刑訴）法学の「学問共同体」を取り巻く次のような事情とも無関係ではないように思われるからである。

---

31)　最高裁平成29年大法廷判決に関する井上正仁「GPS捜査」井上正仁ほか編『刑事訴訟法判例百選〔第10版〕』（有斐閣、2017年）64頁以下、伊藤雅人＝石田寿一「時の判例」ジュリスト1507号（2017年）106頁以下の関心も（前者はJones判決にも言及するが、その紹介・援用の仕方を含め）ほぼ「プライバシー」一辺倒である。

第一に、（刑訴）法学において、研究者が自説の正当性を主張するには、これを（「実証」することはできず）「論証」するしかないが、これに成功したか否かは、結局のところ「学問共同体」の構成員相互の評価に委ねられ、外部からの評価にさらされることはほとんどない。法律学における学説は、非専門家による評価からは「専門用語・知識」という壁によって、外国の専門家による評価からは「日本語」という壁によって保護されているからである。「実務家」からの評価はありうるが、その主たる担い手である法曹三者による評価は、それぞれの立場や利害が反映されたものとも考えられるため、その意味づけ自体が曖昧となる。

第二に、（刑訴）法理論は、さまざまな権限・権力行使の正当化に用いられるため、ある種の「無謬性」が求められやすい。ここに権限・権力とは、公的・法的なものに限られない。（多くの場合、法学部や法科大学院における教育にも携わる）法学研究者にとって最も身近な権力は、指導、採点や成績評価のそれである。とりわけ実定法学の試験の採点・評価においては、（他の社会科学と比べても）司法試験を筆頭として正解志向が強く、ある種の「無謬性」が求められるため、その基準の根拠が「通説」や「有力説」に求められやすく、また、一度そのような権限・権力行使の根拠とされた見解については、問題が指摘されても――それが根本的なものであればあるほど、波及効果が大きいため――受け入れられにくい。

このような環境の下におかれた「学問共同体」に、「呼びかけ文」が指摘するような「構造的ともいえる特質ないし体質」が加われば、どのような事態が生ずるかは火を見るより明らかであろう。「集団学説」化である。実際、刑訴法学においては、特定の学説が、同門あるいは仲間内の複数の研究者の間で相互に――ときには、その歴史的意義の強調や歯の浮くような言辞による称賛を伴って――支持され、あるいは、実質的に同趣旨の主張が「異口同音」に提示されることも少なくなく、これが、とりわけ有名大学出身・所属の研究者の間で行われるときには、論文や教科書・教材等においてほとんど自動的に「通説」ないし「有力説」として扱われる。そして、「集団学説」間の議論はかみ合わず、これに対する個人による批判や異論は、集団的な反撃か、あるいは黙殺によって迎えられることを覚悟しなければならない。

218　第3部

　もちろん、これらの見解に与えられる「支持」や「権威」が、その内容の説得力に由来するものであるならば、このような事態も問題視するには及ばないのかもしれない。しかし、なかには、有名大学出身・所属の複数の研究者が、一定の概念や他の見解を自説の問題関心の枠組に押し込んで「誤解」ないし「曲解」した上で「異口同音」に批判し、多くの教科書・教材類においてそのような見解が「通説」ないし「有力説」としてほとんど無批判に反復されることにより、批判対象となった見解や概念が持っていた問題関心が封殺されていく例もあり[32]、このような事態を目にすると、筆者としても、さすがに「赤信号、みんなで渡れば怖くない」的な状況が進行しているのではないかとの不安を抱かざるをえない。そして、上記「比較法研究」の例も、このような「学問共同体」の集団力学や「空気」のなかで、研究者の間で国内の「既成の制度・理論」の妥当性・通用性に対する楽観的な信頼が蔓延し、（「信号が赤である」ことに気づくための）批判的精神が希薄となっている現状を象徴するものであるように思えてならないのである。

　(3)　本稿を含む本書第3部には、「グローバル化による法学研究の変容と学問共同体の課題」という標題が掲げられている。ここには、「グローバル化」が進行するなかで形成される「世界標準」に対応するために、日本の法学に関する「学問共同体」にはいかなる課題が課されるか、との問題関心をうかがうこともできるように思われる。

　しかし、日本の法学が、「国境を越えたトランスナショナルな次元」の「理論と実践の質の向上」に貢献する上で重要なのは、むしろ、「グローバル化」が進行するなかで現実に生ずる種々の問題を適切に「発見」ないし「特定」し、それに対応するための理論（概念）や制度（規範）の再構築の例を真摯かつ地道に積み重ねることにより、よりよい「世界標準」の形成に必要な経

---

32)　このような現象は、古くは「審判対象論」における「公訴事実（の同一性）」概念抹消論において、最近では「おとり捜査の違法性の実質論」による「二分説」や「人格的自律権侵害説」批判において、典型的に見ることができるように思われる（松田岳士「刑事訴訟法三一二条一項について（一）～（三・完）」阪大法学60巻2号（2010年）85頁、同61巻5号（2012年）25頁、同63巻5号（2014年）27頁、同『刑事手続の基本問題』（成文堂、2010年）151頁以下参照）。

験や知見を蓄積し、提供することなのではないか。もとより「比較法研究」により「外国から学ぶこと」は、そのための重要かつ有益な手段であるが、唯一の選択肢というわけではない。上記課題を達成するために必要なのは、むしろ、既存の制度や理論を踏まえつつもそれに囚われずに（むしろ、反省的にその妥当性を問い直すことにより）問題を発見・特定し、これに柔軟に対応する健全な批判的精神と想像力＝創造力なのであって、実際、それがなければ「比較法研究」を行っても、「外国から学ぶこと」はおろか、「世界標準」の意味を理解することすらできないはずである。

　その構成員たる個々の研究者が、上記のような「学界」の集団力学的磁力に安易に引き寄せられることなく、自律的で創造的な研究を行うに足りるだけの倫理的・知的条件を整えること、これが、「グローバル化」に対応するための「学問共同体の課題」に関する本稿のとりあえずの結論である。

第4部

グローバル化社会における法学教育

グローバル化社会における法学教育

髙山佳奈子

1 問題の提示

(1) 役に立たない法学

本書第4部は、本共同研究企画の一環として執筆された論考を収める。共同研究全体の問題意識は、2014年の座談会「グローバル化による法の変容」として公表し[1]、本書はしがきにも援用されているとおりである。筆者個人がとくに重視している点のひとつとして、社会のために真に役立つ比較法研究の探求があった。本部の他のすべての論考も、「真に社会に役立つ法学」を教育する必要性を説いている。

明治時代に近代化が進められるようになる以前には、一般に近代法として観念されるような内容についての法学は日本に存在せず、「権利」のような単語も新しく作られたほどである。その頃からの法学は「輸入学問」として、外国人を招へいして習うもの、または、欧米に留学して修めるものであって、それらの手段によって得た知見が立法作業に生かされた。この時代にはおそらく、法社会学的な比較研究は日本を対象としても可能であっただろうが、

---

1) 法律時報86巻11号（2014年10月号）76頁以下。

現在想定されている意味での比較法研究は、外国法同士の比較としてしか成り立たなかったと思われる。それでも、外国法を相互に比べる作業も、日本の立法にとって不可欠といいうるほど有益であった。

その後も、フランス法やドイツ法、英米法を中心に、諸外国の法制度が熱心に学ばれ、その優れた点が日本法の立法や解釈に生かされてきた[2]。戦前と戦後の間の断裂がどの程度のものかは分野によろう。筆者の主たる研究分野である刑事実体法についていえば、1907年制定の刑法の解釈・適用については両者を通じての連続性が高く、日本国憲法の導入による不敬罪や姦通罪の廃止といった改正は小さな部分にとどまった[3]。これに対し、憲法の条項の具体化ともいえる刑事訴訟法は、アメリカ法の影響を受けたパラダイムシフトを経験した（パラダイムの「転換」には至らなかった）。

前世紀後半のある時期までは、「横のものを縦にする」学問としての比較法が批判の対象になっていた。主要先進国の立法を翻訳して紹介し、日本が学ぶべき点（多くの場合には成功例からであり、まれに失敗例から）を示唆するというスタイルのものである。批判にはいろいろな次元のものがあった。多かったのは、公表される成果の大部分を外国法の紹介が占め、日本法への示唆が具体的提言に至っていない（あるいは、示唆すらない）とする批判である。他に、翻訳の不正確さや、条文ないし判決文を読むだけでは社会的背景がわからないことの指摘もあった。たまに開催される国際研究集会では、各々が自国の法制度を紹介し合って、わからないところを質問するのが関の山であった。

日本で行う外国法研究においては、基礎にできる情報が制約されていても、それ自体はある程度やむをえない。できる範囲で、深く正確な理解を目指せばよいのである。ところが、外国語能力が十分でない、あるいは、網羅的な情報収集の余裕がない、といった理由で、満足のいく研究が実現できそうも

---

2) 外国法・国際法からの日本刑法への影響の略述として、髙山佳奈子「メディアとしてのドイツ法」文明と哲学（日独文化研究所年報）7号（2015年）155頁以下。

3) 髙山佳奈子「家族関係の刑事的規制」法律時報85巻5号（2013年5月号）19頁以下。強姦罪が女性のみを被害者とするなどの性による取扱いの相違が残存していたが、性犯罪に関する2017年の刑法改正により、被害者の性にかかわらない「強制性交等罪」が創設されるなど、一部の差別的取扱いが是正された。

ないことを過大に問題視する立場から、逆に「日本の法学はすでに高度に発展しており、これからは国内法だけに関心を集中して議論すればよい」とする「開き直り」が生じた。一時は大勢であった欧米への留学者は激減した。「横のものを縦にする」研究すら、行われなくなってしまった。

(2) ガラパゴス化[4]

　これが日本の法学の発展を促進したはずがない。1億人で考えるよりも10億人で考えたほうが多様なアイディアが出、1億人から集めるよりも10億人から集めたほうが多様な事例が素材として提供されることは明らかである。外国から学ぶことをやめると法学の営みは縮小再生産にしか向かわなかった。およそ外国人に説明することの困難な、あるいは日本人が読んでも理解できない謎の流儀で書かれたものも論文としてカウントされた。裁判員制度の導入前には法制度が市民にとって疎遠なことは等閑視されており、市民にもわかるような明確な説明など期待しようもなかった。

　これに対して、諸外国では、同時期に、国際的な学術交流が華やかに展開していった。ヨーロッパではエラスムス・プログラムなどによる学生の大移動がEUとともに拡大し、ボローニャ・プロセスによって教育課程の統一が進められて、欧州評議会と同等の地域的広がりをもって運用されるようになった。ヨーロッパとアメリカとの間での留学生の往来も盛んになった。1990年代まではあまり留学生を送り出していなかった中国が全世界に有望な若手を派遣するようになり、植民地法制度から出発したアジア、ラテンアメリカ、さらにはアフリカ諸国からも、「画餅」であった法制度を現実のものにして人権保障や経済発展に結び付けようとする意欲的な人材が多数、外国に出て学ぶようになってきた。

　日本はこの流れから取り残された。このことに危機感を抱き、年齢にしておおむね30代から50代の法学研究者が集まって本共同研究企画を開始した。すぐ上の世代の平均的な法学研究者らがしてきた（してこなかった）ことに

4）　国際規格に合わないものが日本だけで発達している現象を、刑事司法制度について「ガラパゴス的状況」と形容した先駆的・代表的な業績は、松尾浩也「刑事訴訟の課題」ジュリスト増刊『刑事訴訟法の争点〔第3版〕』（有斐閣、2002年）7頁である。

226 第4部

対する強い不満と、これからの世代の国際的な活躍への強い願いを、参加メンバーは共有している。本企画の参加者は、さまざまな形で内外の法学研究者と対話の機会を持ち、国籍や専門分野の枠を超えて議論を重ねてきている。法はルールであり、三段論法はおそらく世界共通である。欧米から学んだ内容をアジア諸国に横流しすることが日本の法学者の使命ではない。多方向的な切磋琢磨こそがグローバルな法学であり、その能力の習得を可能にすることが、今、法学教育に求められている。

(3) 各論文の視点

　本部は、上記の共同研究のメンバーにご参加いただき、各自の研究・教育経験を踏まえた現状分析と提言をお示しいただいたものである。その出身や専門分野は多様であるが、問題意識を共有し、すでに数次・数年にわたり研究集会を実施してきた。出身国の相違にかかわらない法律家同士の議論の成立については、五十君論文がきわめて興味深い実例を提供している。須網論文は、真に社会の役に立つ法学の実践として、臨床法学が世界の各地域で広がりを見せていることを描き出す。注目に値するのは、実務教育においても、各国の教育方法に共通性がみられるとの指摘である。

　ジャマン＝クシファラス論文は、フランスで近年、先駆的な国際的法学教育を実践している著者らが、自らに厳しい態度で同国の従来の制度のあり方を批判的に検討するものである。同稿は、企業人をも含めた法律家を育てる場所としての日本の法学部・法科大学院の意義を問う論考にもなっている。筆者が受けた教育の課程では、大学の初めの2年間で、法解釈論の科目として、法学入門、憲法、民法、刑法の四つ（16単位）しか学ばせてもらえず、大部分の学習時間はフランス語と周辺諸科学に割かれていた。3年次で卒業に必要な法学の全科目を取得し、4年次では基礎法学を始めとする内容の高度な（日本法の基本的な内容を知らなければ理解できない）選択科目を主に履修した。このようにかなり短期集中型の学習課程でも、研究者になることができているので、同稿が指摘するとおり、コアな法学自体の学習には2年間のカリキュラムで足りるようにも思われる。しかし、重要なのは法学の学習期間ではなく、他の学問分野を知ることのほうである。法科大学院の未修者

コースは多様な法律家を一定数養成できたが、期待された程度の成果は上げられていない。法学の発想方法になじみにくいタイプの学生が多く入学していることにも一因があるように思われる。高校生や一般市民に、法学について広く知ってもらう事業を拡大してはどうか。

2　比較法研究に臨む姿勢

(1)　日々展開する国際情勢

　筆者は学生時代までは海外での経験がほとんどなく、外国語を話すこともできず、辞書を引きながらドイツ語の論文や判例を読み進めて文字どおり「横のものを縦にする」研究生活を送っていた。教師としての就職後、1998 年からドイツへの留学の機会を得、その頃本格的に立ち上がった国際刑法学会（International Association of Penal Law）若手部会に参加するようになる。2000 年の帰国後、日独法学会の若手部門ともいうべき勉強会「ドイツ法フォーラム」の運営に携わり始め、2004 年からは国際刑法学会で若手部会を卒業するとともに本部役員[5]に選ばれている。2005 年からは毎年、国立大学として九州大学と並んで英語のみで修了できる大学院の課程を設置している名古屋大学において、非常勤講師として留学生向けの比較刑事法の講義を担当してきた[6]。2006 年からは日本学術会議連携会員、2017 年からは同会員となり、グローバル化と法の問題を検討している[7]。京都大学の自分の研究室でも、主としてアジア諸国からの留学生を積極的に受け入れるようになり、

---

5 ）　同学会での日本人の活動には、髙山佳奈子「團藤先生の死刑廃止論」刑事法ジャーナル 34 号（2012 年）62 頁以下で触れた。

6 ）　概要は、2011 年 2 月 14 日に国際法学会と日本学術会議とが共催したシンポジウム「グローバル化の時代における法と法学教育：国際関係法を中心に」
http://www.jsil.jp/annual_documents/2011/globalization_symposium/
（国際法学会ウェブサイト）に掲載されている。

7 ）　日本学術会議法学委員会「グローバル化と法」分科会での検討成果の一部は、「グローバル化の中の法　何が問題か」（2008 年）
http://www.scj.go.jp/ja/member/iinkai/kiroku/1-0728.pdf
（日本学術会議ウェブサイト）、松宮孝明＝新倉修＝髙山佳奈子「刑事法教育におけるグローバル化への対応」学術の動向 2012 年 3 月号 76 頁以下に紹介している。

常時、日本人若手研究者よりも海外からの留学生・客員研究員のほうが多い状態になっている。2012 年以降は国際社会防衛学会（International Society of Social Defense and Humane Criminal Policy）等を通じて中南米諸国の刑事法研究者・実務家との共同研究の機会も得ている。全世界にいるドイツ刑法の専門家との学術交流も継続している。2016 年にはドイツ語圏比較法学会の連携会員になった。これに対して、英米法系諸国やアフリカ、西アジア諸国の法律家との接点は相対的にわずかである。本稿も偏った視点からの分析であることをおことわりする。

限られた範囲ではあっても、継続的に国際学術交流に携わっていると、かつての知識で現状についてコメントすると前提を誤ることがよくわかる。EU は権能を経済から外交にまで拡大し、法人格を備えて（2009 年）、欧州人権条約への加盟が論じられるまでに至った（欧州人権条約第 14 議定書、2010 年）。国際学会では東欧出身の役員が急増した。アジアの留学生たちに教えている間にその母国の法制度は変革され、ミャンマーでは新憲法が成立して（2008 年）政治体制が変わった。ブータン（2004 年）、フィリピン（2006年）、キルギスタン（2007 年）、ウズベキスタン（2008 年）、モンゴル（2012 年）が死刑を廃止した。ポルポト政権後にすでに死刑が廃止されていたカンボジアには訴訟法がなかったが、日本の支援もあって両訴訟法が導入された（民事 2006 年、刑事 2007 年）。中南米では、事実上の死刑廃止国（アムネスティ・インターナショナルが、10 年以上死刑執行のない国をこのようにグループ化する）にもなっていないのはセントクリストファー（セントキッツ）・ネイビスだけになった。以前は、中国で開催される大規模な国際会議では長老ばかりが発言し、若手研究者の発表する機会はほとんどなかったが、最近では留学経験者を中心に海外でも国内でも活躍する者が増えている。中国では、筆者より少し若い世代の研究者を中心に、役に立つ比較法研究への意欲のみなぎっているのが感じられる。

(2) 言語の問題

ガラパゴス化を招き、国際学術交流に消極的となる口実として、日本法の議論は日本語でしかできないというものがある。あるいは、そこまで行かず

とも、ヨーロッパ大陸法の概念と英米法の概念がうまく対応しないことが指摘される。確かに、法概念は地域や言語により異なって観念されている。しかし、だからこそ、そもそも完全な相互理解など無理なのだ、と大きく考え、可能な限度で気後れすることなく対話を続ければよい。たとえば、英語は、世界で千差万別の人々が千差万別な形で用いている。多様な相手と接していかなければコミュニケーション能力も向上しない。(1)で見たような海外の動きも、決して言語の障壁なく進んでいるわけではない。

　留学生に教える身である筆者は英語圏に住んだ経験がまったくない。学生であるアジア諸国の若手法律家らも、英語のネイティブ・スピーカーではない。各国の法制度は、英独仏といった旧宗主国の法や、ソビエト法、あるいはイスラム法の要素を色濃く残しているので、それらを手がかりに、必要であれば何度も言い換えを工夫して、相互理解を深めるのである。国際会議などでは、ラテン語が有用である場合もある。たとえば、筆者が研究の対象にしている「故意」は、ヨーロッパ大陸法系で、犯罪事実の認識の有無によって犯罪の形式を二つに大分した場合に、より重い刑事責任を基礎づけるほうの要素であるが、各国でどのような単語がそのために用いられているのかはよくわからない上、誤解を生む余地もある。「dolus」と呼ぶことにより、何が意図されているのかが明確化する。手続法分野でも、ラテン語の法原則は便利なものとしてよく使われている。

　異なる言語間での単語の対応関係などを論じる以前の問題として、そもそも日本人は日本人に対しても、理解できる形で議論をしてきたのかが改めて反省される。相手に伝わる言葉でなければ使う意味はない。このことは、非法律家との対話が職務の重要部分をなす弁護士や検察官にとっては当然であろうが、学者が十分に意識してきたのかには疑問がある。外国人に何かを伝えようとすれば、相手に理解可能な言い方をする必要がある。自分の考え自体が混乱したままではそれは不可能である。

　グローバル化していなかった時代の頭では、相手がわからないのは相手が悪いという態度が平然ととられている。たとえば、わいせつ物頒布罪（刑法175条）におけるわいせつ性について、最高裁判所はいわゆる「チャタレイ事件」で、「徒らに性欲を興奮又は刺激せしめ且つ普通人の正常な性的羞恥

心を害し善良な性的道義観念に反するもの」を本条の客体とした[8]。この「普通人」とは、「同時代の日本における平均的な市民」という意味ではないのだろうか。先般、同罪の成立を肯定した「ろくでなし子事件」第一審判決[9]で、東京地裁は、「健全な社会通念とは、その時代における一般市民の意識・感情そのものではなく、それらを一つの有力な資料として定められる普通人の持つ健全な集団意識である」と述べた。同罪については、そもそも青少年保護のため以外に存在意義があるのかが問題となるが、仮にこれを認めたとしても、調査すればある程度わかる「その時代における一般市民の意識・感情」ではなく、調査しても担当裁判官本人以外には絶対にわからない「健全な集団意識」なるものを可罰性の基準としてよいのか。

　憲法上、罪刑法定主義の一内容をなす「刑罰法規の明確性」の原則につき、最高裁は、「徳島市公安条例事件」で「ある刑罰法規があいまい不明確のゆえに憲法31条に違反するものと認めるべきかどうかは、通常の判断能力を有する一般人の理解において、具体的場合に当該行為がその適用を受けるものかどうかの判断を可能ならしめるような基準が読みとれるかどうかによってこれを決定すべきである」としている[10]。ここにいう「一般人」は裁判官ではなく平均的な日本人であるはずである。そのような人に処罰の有無がわからない基準は、罪刑法定主義に反する。また、「わいせつ性」に関する主観的犯罪成立要件としても、チャタレイ判決のいう「普通人の正常な性的羞恥心を害」するという社会的意味の認識が、故意を肯定するために必要である（内容を知らない外国人には意味の認識がない）。これに対し、裁判官が独自に設定する基準は、実在しない性道徳秩序という政策目的を追求するものである。そうだとすると、故意の要件としては、そうした政策目的の実現に対する抽象的危険の認識がなければならないことになろうが、そもそも裁判官が政策目的実現のために設定した基準などは誰も知りえないであろう。

8）　最大判昭和32・3・13刑集11巻3号997頁。
9）　東京地判平成28・5・9判タ1442号235頁。控訴審判決の東京高判平成29・4・13（裁判所ウェブサイト掲載）はこのような基準を採用せず、「社会の平均的一般人」を基準とし、第一審の結論は維持している。
10）　最大判昭和50・9・10刑集29巻8号489頁。

グローバル化社会における法学教育　　231

　ドイツでは前世紀の後半まで、娘の婚約者が娘と共に自宅に泊まることを許容した親を淫行周旋罪（Kuppelei）で有罪とするなど[11]、実在しない性道徳秩序を追求しようとする裁判例があった。これは、婚前交渉はわいせつであるとするもので、社会の実態から大きく乖離していた。こうした処罰は、同性愛行為の処罰などとともに、激しい批判にさらされた後、克服され、現在は人身売買罪や弱者の性的濫用のみを処罰する形態に変わっている。

　説明されても意味がわからず、調査しても知ることのできないような基準には、「反論可能性」がない[12]。本来あるべき法律論は、国民にわかるものである必要があり（とくに裁判員対象犯罪で）、外国人に対してでも、説明すれば基本部分が理解されるようなものでなければならない。

　「国民の規範意識」「処罰感情」を基準とする学説、また、「社会通念」を基準とする判例が、実際には何の社会調査をも受け入れる用意なく、単に結論だけを述べる意味しか有しないのであれば[13]、「そういう意識や社会通念が日本には存在しているのか」を外国人から問われたときに、何と答えるのか[14]。諸外国の仲間に向かって説明しえない主張は、国内でも少数者を排斥する結果になるおそれがある。

---

11)　BGHSt 6, 46（v. 17.2.1954）.

12)　平井宜雄『法律学基礎論覚書』（有斐閣、1989 年）66 頁以下参照。

13)　髙山佳奈子「『国民感覚』と刑事責任」棚瀬孝雄編『市民社会と責任』（有斐閣、2007 年）90頁以下参照。

14)　これと区別しなければならないのは、事実として存在する社会通念が制度の一内容を構成し、保護の対象となっている場合である。たとえば、飲食店の客席に荷物が置かれたままになっているときに、日本であれば「ある客がその席を使用するつもりである」ことが示されていると受け取られるが、治安の悪い国であれば、直ちに忘れ物であると観念されるかもしれない。財産犯における占有について、判例は「刑法上の占有は人が物を実力的に支配する関係であつて、……必ずしも物の現実の所持又は監視を必要とするものではな」いが、「その物がなお占有者の支配内にあるというを得るか否かは通常人ならば何人も首肯するであろうところの社会通念によつて決するの外はない」としている（占有下にある物と遺失物との区別につき、最判昭和 32・11・8 刑集 11 巻 12 号 3061 頁）。また、死体損壊罪・墳墓発掘罪・儀式妨害罪（刑法）で保護されている内容も、制度としてある程度確立した埋葬文化であり、そこでは実際の社会通念も意味を持っている。単なる感情と、制度化された文化的秩序との相違につき、髙山佳奈子「『感情』法益の問題性──動物実験規制を手がかりに」髙山佳奈子＝島田聡一郎編『山口厚先生献呈論文集』（成文堂、2014 年）25 頁以下参照。

232　第 4 部

3　学術交流のダイナミズム

　先進国でも途上国でも、法学分野における国際学術交流の状況は刻一刻と
変化しており、網羅的な情報収集は困難である。例として、筆者が関心を寄
せる、国際人権水準の向上について、最近の興味深い各地での動きをいくつ
か挙げてみたい。

　ヨーロッパ諸国は、欧州人権条約を始めとする国際条約を手がかりに、世
界の人権保障をリードしようとし[15]、条約加盟国以外へのはたらきかけも進
めている。一例は死刑廃止・執行停止[16]である。その動機は、自国の法制度
を輸出して経済的影響力を強めようとすることでは必ずしもなく、むしろ死
刑がなくてもやって行けることを示し、国際的な尊敬を集めるためであろう
（それが結果として良好な経済関係をもたらすとしても）。一方、欧州評議会の
オブザーバー国である日本では、法務省の研究が、死刑になりたくて凶悪事
件を起こす者の少なからぬ存在を報告している。それによると、無差別殺傷
事件（「分かりにくい動機に基づき、それまでに殺意を抱くような対立・敵対関係
がまったくなかった被害者に対して、殺意をもって危害を加えた事件」）の犯人と
して調査対象者となった者のうち、自殺企図歴のある者が 44.2％を占め、死
刑願望を犯行の動機とした者が 11.5％もいた[17]。ところが、内閣府の世論調
査では、「死刑がなくなった場合、凶悪な犯罪が増えるという意見」に賛成
する者の割合が依然として 57.7％を占めている[18]。死刑が抑止力を持つどこ
ろか逆に凶悪犯を助長している疑いが濃厚であることは、市民に知られてい

---

15)　髙山佳奈子「国際社会（EU・国連）における刑事法」ジュリスト 1348 号（2008 年）183 頁
　　　以下参照。
16)　国連の動きについては、ウィリアム・A・シャバス（北野嘉章訳）「国際連合と死刑廃止」福
　　　井厚編『死刑と向きあう裁判員のために』（現代人文社、2011 年）191 頁以下参照。
17)　法務総合研究所研究部報告 50「無差別殺傷事犯に関する研究」（2013 年）82 頁、88 頁。
　　　http://www.moj.go.jp/housouken/housouken03_00068.html
18)　内閣府「基本的法政度に関する世論調査」（2014 年）2(2)。もっとも、5 年前の調査から 5 ポ
　　　イント近くも下落している。
　　　https://survey.gov-online.go.jp/h26/h26-houseido/2-2.html

ない。しかし、実際にどうなのかは、調べればある程度わかることである。こうした情報が市民に十分に行き渡っていないことは、法学教育というより法教育の不足を示していよう。

　ヨーロッパの人権水準にはほど遠いところにいるが、国際的なイニシアチブによって人権水準を高めようとする動きが、東南アジアから出てきた。2010年から年次国際大会を開催しているカンボジア比較法学会（Cambodian Society of Comparative Law）[19]では、ASEAN諸国の法学研究者や実務家が集まり、国際人権条約に向けたアイディアとしての人権綱領を策定する可能性を話し合っている。また、そのための素材として、英語で読むことのできる各国の文献資料や統計のデータベース（リンク集）を作る試みも提案されている。実は、同学会とは名古屋大学がパートナーになっており、名古屋大学の留学生プログラムの修了生たちがその主力メンバーなのである。また、大会には中国や日本からも研究者・実務家が参加している。日本における留学生教育が、こうした形で実を結んでいるのは特筆すべきことである。もちろん、これに先がけて、アジアにおける日本からの法整備支援が、直接の目的とはしていなかった外交関係の向上をもたらしたことも、重要な成果である。

　ASEANで興味深いのは、すでに一国内にも多文化・多民族を抱えるところが少なくなく、全体として見るとヨーロッパよりも多様性に富むことである（とくに、宗教文化的伝統）。それでも、欧米や日本への留学経験者が増えており、みな母語ではない英語で議論することによって、地域全体でよりよい法制度の実現を図ろうとしている（それが経済発展にもつながる）。

　同じく地域的な取組みで国際人権水準の向上を目指しているラテンアメリカ諸国では、ヨーロッパ法を継受し、文言上は立派な法令ができた。しかし、実務運用がそれに伴っておらず、人権侵害が多発し、法律家は頭を抱えている（たとえばメキシコでは、殺人発生率がOECD諸国の中で群を抜いて高く、官憲による人権弾圧も報告されている）。現地の法律家の目には、日本で第二次世界大戦期までは人権弾圧が多く起こっていたにもかかわらず、現在は治安

---

19)　2010年からはCambodian Yearbook of Comparative Legal Studiesを刊行している。

が良く、死刑執行以外の職務上の殺害の例がきわめて少ないことが魔法のように映る。どのような努力によってこれが実現できたのかをぜひ知りたいと考え、ヨーロッパ大陸法という共通の伝統をも有する日本に高い関心を寄せている法律家は中南米に多い。

こうしたグローバル化のダイナミズムの中で、日本における法学教育に期待されることは、諸外国ないし国際社会の動向についての知見を与え、これを継続的に追っていく関心を持たせることを含むであろう。一方には、そうでなければ外交や国際ビジネスの面で不利になるという「尻に火のついた」状態もあるものの、他方では、日本法の優れた点や成功経験を各国の法律家と共有する積極的な方向づけも考慮されるべきであろう。

4　おわりに

筆者が本稿を作成している時点で、日本では法治主義が崩壊しかけている。救出の試みが手遅れであったのか、なお一筋の望みをつないだのかはわからない。もし前者なら、少なくとも海外に生き延びた教え子たちには、何年かかってもよいから、将来、日本に対する法整備支援をして、この地に再び法を芽生えさせてほしい。

須網論文に指摘されるように、かつて日本の法学者は、政府の審議会に委員として参加する場合を除き、法制度の直接の形成にほとんど関心を寄せてこなかった。しかし、今、諸般の要因により、官僚機構の能力が著しく低下するとともに、学者委員の発言権も低下し、内容に問題のある法案が、十分なチェックもないままに次々と提出・可決されるようになっている。こうした現状においても、悲惨な立法を阻止するため、あるいは少しでもましなものに修正するために、審議会の学者委員の役割は残存しており、また死守すべきである。政府の外からの批判は相対的に小さい効果しかないのが現状だからである。素案に対して、意味のある批判的検討をまったく行うことのできない委員がしばしば見られるが、これでは立法過程に対する国民の信頼を獲得することにすら役立っておらず、税金の無駄である。

法科大学院制度発足後、研究者と弁護士とを兼ねる法学教員が増加したと

思われる。実務経験を踏まえての教育にはさまざまのメリットがあろう。ただ、このことが判例や法実務に大きなインパクトを与えるには至っていない。

　筆者が大学に入学した 1987 年に、田中英夫＝竹内昭夫『法の実現における私人の役割』が単行本化されて[20]話題になっていた。当時は「日本人の訴訟嫌い[21]」が研究テーマとして注目されており、表立った争いを好まない文化的伝統のためであるのか、コスト回避のための合理的行動であるのか、あるいは、弁護士費用などが高すぎるために提訴を断念しているのかなどが論じられていた。日本人は経済的合理性の比較的高い国民であることと、勝算がなくても政治的アピールのために提訴される事件は少数であることを考えると、少なくとも現在は、大部分の事件で、コストと勝算との相関関係によって、提訴されるかどうかがおおむね決まっていることが推測されよう。今世紀の司法制度改革により、利用しやすい訴訟制度や、法律相談への方策が執られてきた。しかし、なお、事件を見つけると弁護士が当事者を追いかけてくる、と評されたアメリカのような社会と、日本とでは、大きな相違がある。

　日本には憲法裁判所がないので、法律家は、不当な摘発や立法を目のあたりにしても、自分自身で争うことができない。勇気ある当事者が立ち上がらなければ裁判所の判断を仰げないのである。筆者が専門とする刑事法分野では、罰金 100 万円までに相当する罪は、当事者が了承すると、正式の公判を開かずに略式手続で有罪が認められてしまう（刑事訴訟法 461 条）。つまり、裁判で争うコストが大きすぎると感じた被疑者は、たとえ有罪となることに本当は納得がいかなくても、泣き寝入りしていることがある。「法の実現における私人の役割」は、現時点の日本について見ると、泣き寝入りせずに当事者が立ち上がることであり、また法律家や市民がそれを支援することであろう。クラウド・ファンディングのような民間からの新しい促進手段も生ま

---

20)　東京大学出版会。著者はいずれも存命であった。初出は田中英夫＝竹内昭夫「法の実現における私人の役割」法学協会雑誌 88 巻 5=6 号（1971 年）521 頁以下、89 巻 3 号 241 頁以下、8 号 879 頁以下、9 号 1033 頁以下（1972 年）。

21)　代表的な研究として、川島武宜『日本人の法意識』（岩波新書、1967 年）125 頁以下、John O. Haley, The Myth of Reluctant Litigant, *Journal of Japanese Studies* Vol.4, No.2, 1978, 359ff. など。

れてきた[22]。法学研究者には、意見書の提出や証人尋問で参加する余地がある[23]。当事者の並々ならぬ決意と費用投入がなければ、法を守り生成できないというとき、法の実現過程をも視野に入れた比較法の視点が、自国の法学教育には求められており、それと同時に、諸外国の法律家への有益な示唆ともなりうるのである。

---

22) 2018 年 3 月 1 日に、注 23 に掲げる大阪 TATTOO 裁判の控訴審弁護を支援するクラウド・ファンディング「タトゥー裁判をあきらめない！　日本初、裁判費用をクラウドファンディングで集めたい」が立ち上がり、順調に資金を集めた。注目すべきなのは、参加者のうち、刑事弁護活動にもともと高い関心を寄せていたと見られる者は比較的少なく、むしろ、この事件で初めてクラウド・ファンディングに参加した少額支援者の多かったことである。

23) 筆者は現在、罰金刑の賦課が問題となったが正式裁判で争われている刑事事件のいくつかに参加している。改正前風営法における「ダンス営業」の罪で起訴がなされた「NOON 裁判」（第一審大阪地判平成 26・4・25 裁判所ウェブサイト掲載、控訴審大阪高判平成 27・1・21LLI/DB 判例秘書登載 L07020031、Westlaw Japan 文献番号 2015WLJPCA01216007 とも無罪、最決平成 28・6・7LLI/DB 判例秘書登載 L07110115、Westlaw Japan 文献番号 2016WLJPCA06076008 が上告棄却）や、上記「ろくでなし子裁判」（被告人上告）、そして、入れ墨に対する全面的な罰則が廃止されて青少年保護規定だけになったのにもかかわらず、医師法違反が第一審で認定された「大阪 TATTOO 裁判」大阪地判平成 29・9・27LLI/DB 判例秘書登載 L07250944、Westlaw Japan 文献番号 2017WLJPCA09276012（被告人控訴）である。また、自由刑が問題とされている事件として、CG 絵画の制作時に実在の児童モデルがいなかったにもかかわらず児童ポルノ製造・提供罪で公訴が提起された「CG 児童ポルノ裁判」第一審東京地判平成 28・3・15 判時 2335 号 105 頁、控訴審平成 29・1・24 高刑集 70 巻 1 号 10 頁（被告人上告）がある。

法学教育における理論と実務
グローバル化する臨床法学教育と日本

須網隆夫

1 はじめに

　日本の現行法学教育は、法学部の法学教育、研究大学院の研究者養成教育と法科大学院における法曹養成教育の3種類に分れている。法学教育の理論又は実務指向性は、それらのいずれでも議論の対象となり得るが、学部・研究大学院で法実務が意識されることは少ない。これに対し、実務法曹の養成を任務とする法科大学院教育は実務を強く意識している。したがって本稿は、法科大学院教育を念頭に置いて考察を進める。法科大学院の制度設計は、「法学教育と法律実務の乖離」という認識を基礎に、「理論と実務の架橋」を強く意識して進められた。法科大学院制度が機能不全に陥っている現在、この問題意識が顧みられることは少ないが、本稿では、臨床法学教育をめぐる世界的動向を素材に、その意義を再検討する。

　なお、「法学教育と法律実務の乖離」という視点は、現状の批判的認識に有用ではあるが、そのような認識を無条件に前提とすることはできない。そもそも、大学教育が専門職教育であるべきか自体争点であるが[1]、それを前

1）　J. S. ミル（竹内一誠訳）『大学教育について』（岩波文庫、2011 年）12 頁。

238　第4部

提としても、実務の必要に法学教育がすべて応えることは物理的に不可能であり、その妥当性にも疑問がある。なぜ実務家が研究者の基礎研究の成果を利用して、実務の必要に対応できないかも問題であり、そこでは、研究者と実務家が極端に分化した現状が問われねばならない。

2　日本の社会科学研究・教育の実務軽視

　法学教育の実務指向性を検討するためには、法学教育の基礎となる法学研究の実務指向性から議論を始めざるをえない。日本の社会科学の実務軽視を鋭く批判したのは、1976年に公表されたOECD調査団報告である。同報告は、日本の社会科学の立ち遅れの原因を、社会科学研究が実社会から切り離されていることに見出し、大学研究者と実社会との接触の不足を反映して、「日本の大学組織が、さまざまの形で生起している社会問題に対してきわめて緩慢にしか適応できない」と批判した[2]。確かに、研究者と実社会との接点の不足は、日本では長所と認識されることも少なくなかった。そして、同報告が指摘したように、研究者の多くが、審議会等を除き、比較的最近まで社会に積極的に係ろうとしなかったことは事実であろうし、その結果、研究成果の有効利用に必要な実務家と研究者の信頼関係も欠けていた[3]。報告は、教育についても、「現実の社会問題の処理においては、他の多くの先進諸国に比べて遅れている」と、その非実務指向性を指摘した[4]。同報告の中心は、社会科学教育ではなく社会科学の在り方であったが、研究は教育の基礎であると理解して、社会科学自体の実務軽視が、社会科学教育の実務軽視に帰結すると考えたのである。同報告の内容には批判もあったが、同様の批判は国内にも存在していた[5]。

---

2)　OECD調査団報告（文部省訳・矢野暢解説）『日本の社会科学を批判する』（講談社学術文庫、1980年）70頁。報告はさらに、「研究の大部分は抽象的であって、政策決定者や行政官が現代的な社会科学的な考え方を利用しているという印象はほとんどない」（同19頁）、「研究は、（中略）抽象的で現代社会の現実の諸課題から遊離したものになる傾向がある」（同120頁）と指摘している。

3)　同88頁。

4)　同32頁。

3 法曹養成制度改革と実務教育——大学に期待される役割の変化

(1) 専門職業人養成から法科大学院へ

　日本の法学教育に、実務指向が明確に表れるのは、1990年代前半であったと考えられる。複数の大学で、研究者養成と区別された、専門職業人養成のための大学院修士課程が設置され、研究者養成大学院の内部に社会人向けのコースを設置する大学も現れた[6]。これらは OECD 報告が提言していた改革であったが[7]、それらの課程・コースの規模は概ね小さく、その法学教育全体への影響も限定的であった。その後、1990年代末に始まった司法制度改革の一部として、法科大学院構想が登場する。

　それまでの法学部教育は、法曹養成と直接に連携しておらず、旧司法試験の合格者を多数輩出していた大学でも、司法試験準備以上の教育がなされていたわけではない。このことは、日本型法曹養成の特徴であった。アメリカだけでなく、ヨーロッパ大陸諸国、またカナダ・オーストラリア等の諸国でも、大学は法曹養成を中心的に担っているからである。しかし、大陸法とともに大陸法型の法学教育を継受したはずの日本では、法学部定員と司法試験合格者数が隔絶したために、法学部教育と法曹養成の関係は切断され、法曹養成と無関係な法学部教育の存在意義が市民社会との関係で模索された[8]。このような日本型法曹養成は次第に行き詰まる。司法試験と司法修習を柱とする法曹養成は、法曹養成に費消される社会資源の量の点で、諸外国に比して貧弱な制度であったが、合格者数が増加した1990年代後半には、司法試験予備校への過度の依存から、質的にも教育内容の不十分さが危惧されるに至った。旧制度では、法曹に必要な事案分析力・法的思考力の養成は、法学

---

5) 経営法友会「現在の大学（法学部）教育に望む——企業法務部門からの提言」商事法務998号（1994年）200頁。

6) 西尾勝「大学院における職業人教育——成果と課題」NBL512号（1993年）3頁。

7) OECD 調査団報告・前掲注2）127頁。

8) 現在でも、その種の試みは続いている（池田真朗「新世代法学部教育の実践—今、日本の法学教育に求められるもの、第1回・マジョリティの法学生のための、専門性のある法学教育」書斎の窓643号（2016年）18-22頁）。

240　第 4 部

部・予備校・司法研修所のいずれでも、正面からは教育の目的に位置づけられていなかったからであり、そのような構造的欠陥を考慮すると、法科大学院に主たる役割を果たさせようとする構想は十分に説得的であった[9]。法科大学院には、従来の欠陥を克服できる可能性が存在し、これにより日本の法曹養成教育の水準は著しく高まると期待されたのである。

(2)　法曹養成制度改革と「実務と理論の架橋」

(a)　法曹養成制度改革の基本理念

　2001 年 6 月に公表された司法制度改革審議会意見書は、法曹養成制度の全面的改革を構想し、それ以後今日までの 17 年間の法学研究・法学教育に大きな影響を与えた。改革のキーワードは、「実務と理論の架橋」である。意見書の特徴を、本稿の主題から整理する[10]。

　第一は、法学部・法学研究科において行なわれていた法学教育への法曹養成の観点からの批判的評価である。意見書は、既存の法学教育のあいまいな性格と実務との乖離を批判する。すなわち意見書は、従来の法学教育を、基礎的教養教育・法学専門教育の両面で不十分であった上、学部は法的素養を持つ者一般の養成を主目的とし、他方大学院は研究者養成を主目的としたため、「プロフェッションとしての法曹を養成するという役割を適切に果たしてきたとは言い難い」と述べる。第二は、現状を改善するための「実務と理論の架橋」という法科大学院教育の理念の提示である。意見書は、法科大学院における法曹養成教育を、「理論的教育と実務的教育を架橋するもの」と定義した上で、その教育目的を、専門的な法知識の確実な習得とともに、それを批判的に検討・発展させる創造的思考力、事実に即して具体的な法的問題を解決するために必要な法的分析能力・法的議論能力の育成、さらに「実際的な見聞、体験を基礎」にした法曹としての責任感・倫理観の涵養と特定する。ここには後述する臨床法学教育との親和性が明らかに窺える。第三は、

---

9)　経団連「司法制度改革についての意見」（1998 年 5 月）、須網隆夫「現行法曹養成制度の批判的分析における法科大学院論の位置づけ」月刊司法改革 3 号（1999 年）33-37 頁。

10)　「司法制度改革審議会意見書——21 世紀の日本を支える司法制度」月刊司法改革 22 号（2001 年）68-70 頁。

制度設計の基本的考え方としての「実務との融合」である。高度の専門的教育とともに、「実務との融合を図る教育内容とする」、「教員につき実務法曹や実務経験者等の適切な参加を得る」など、実務との密接な連携を図り、さらには実社会との交流への配慮が述べられている。これらの点が言及されたこと自体、従前の法学教育にそれらの要素が乏しかったことを示している。

(b) 「実務と理論の架橋」を実現する具体像

意見書による法曹養成教育の具体像は、「法理論教育を中心としつつ、実務教育の導入部分（たとえば、要件事実や事実認定に関する）をも併せて実施することとし、実務との架橋を強く意識した教育を行うべきである」と表現されている。

この具体像をさらに分析すると[11]、第一に、独立した実務教育科目が、実務家教員の担当科目として予定されている。「実務家教員の参加が不可欠」との記述が示すように、変化は、第一次的には教員組織に表れる。従来の研究と実務の距離を考慮したせいか、意見書には、実務家と研究者の担当分野を区分する発想が強い。第二に、しかし意見書は、研究者教員の担当科目に実務的要素を組み込むことをも要求する。意見書は、個々の法律科目で、「実務上生起する問題の合理的解決を念頭に置いた法理論教育」を行うべきであるとした上で、「授業内容・方法、教材の選定・作成等について、研究者教員と実務経験を有する教員（実務家教員）との共同作業等の連携協力が必要である」と両者の融合を強調する。

(c) 審議会意見書の課題

意見書の考え方には見るべき部分が多い。前述の特徴に鑑みれば、意見書は、法科大学院制度を契機にして、日本の法学教育をほぼ全面的に改革することを目指していたとも言える。今日、法科大学院制度への批判は強く、制度は危機に瀕している。社会科学の有効性は、現実への適用によって検証されねばならず、予想に反した現状には謙虚でなければならない。しかし、正当な改革が現実社会の力関係の中でしばしば挫折を余儀なくされることもまた事実であり、全体としてみれば、意見書の問題提起には、現在でも慎重に

11）同・69-70頁。

検討される意義がある部分が少なくない。

　もっとも、意見書には幾つかの欠点がある。第一は、その実務の認識である。意見書以後もしばしば見られるのは、「実務に必要な細かい知識・技術を教育するのが実務教育である」という誤解である。確かに、研究が一般的な認識枠組・普遍的理論の探求を目指すのとは対照的に、実務の要点は細部にある。しかし、その差異を学生に認識させることの重要性は、詳細な知識・技術を、法科大学院で教育すべきことを必ずしも意味しない。とくに、司法修習が存置された現行制度では、それらは修習の担当事項でもあるだけでなく、必要な知識・技術は批判に曝されて絶えず変化・発展するところ、発展の契機・発展が実現するメカニズム抜きに、ただ既存の知識・技術を詰め込むことは、その絶対視に繋がりかねず、不適当でもある。第二に、意見書は、法理論教育について語る部分が少なく、その具体的内容が不明確である。意見書は、教員組織の項で、「将来的に、少なくとも実定法科目の担当者については、法曹資格を持つことが期待される」と述べるにとどまる。研究者・実務家どちらか一方の経験しか持たない多くの審議会委員には、実務と融合した法理論教育を具体的にイメージすることが困難であったと推測できる。要するに、研究者又は実務家である審議会委員は、これまでの実務と理論の乖離を批判的に認識しながらも、その乖離を反映して、法理論教育の内容を十分に煮詰められなかったのであろう。

4　法学教育と実務──臨床法学教育のグローバル化

(1)　法科大学院における臨床法学教育

　意見書の限界を補うために、意見書後の具体的な制度設計の段階で意識されるようになり、実際にも、相当数の法科大学院が実施した教育方法が、アメリカのロースクールが盛んに実施しているリーガル・クリニック教育の影響を受けた、「臨床法学教育（Clinical Legal Education）」である。2007～2008年時点では、後述するライブクライアント型のクリニックに限定しても、法科大学院74校中39校（52.7%）が実施しており[12]、2008年には、クリニック教員の学術組織である「臨床法学教育学会」も発足した。今日クリニッ

ク教育は、法実務教育に止まらず法学教育一般の文脈において、世界的に、その高い実効性と有用性が評価されており、法学教育の実務指向を議論しようとすれば、これを無視することはできない。なお本稿に言う「臨床法学教育」は、ライブクライアント型クリニックに加え、シミュレーション・エクスターンシップ等を含む、経験学習の要素を含む教育方法一般を意味している。

(2) アメリカのクリニック教育

　現在各国で行なわれている臨床法学教育の起源はアメリカにある。ロースクールにおける臨床法学教育はすでに 100 年以上の歴史を有するが、とくにクリニック教育は、1960 年代より、法学教育が社会との密接な関係を指向する中で、貧困者への法律扶助活動と結合し、その後出現した批判法学の潮流とも共鳴して全面的に普及した[13]。クリニック教育とは、学生が、ロースクール付設の法律事務所で、クリニック教員の綿密な指導監督の下、現実の依頼者に法律サービスを提供しながら、実体法の理解・解釈・適用とともに、依頼者との面接、証拠の収集・選択・評価、相手方・関係機関との交渉・説得等の法曹技能を学習し、合わせて法曹の価値観を涵養するという教育手法である[14]。

　クリニック教育の意義は、以下の諸点にある。第一に、実務教育として、実務への適応力を学生が体得するのにきわめて有効である[15]。実務では予想

---

12)　須網隆夫「臨床法学教育の実践と展望——法科大学院制度動揺の時期に」法曹養成と臨床教育 2 号（2009 年）2-7 頁。

13)　マーガレット・マーティンバリー、ジョン・C・デュビン、ピーター・A・ジョイ「ミレニアムの臨床教育：第三の波」日弁連編（道あゆみ・大坂恵理訳）『ロースクール臨床教育の 100 年史』（2005 年、現代人文社）5-17 頁；批判法学を主導したハーバード・ロースクールのダンカン・ケネディは、社会変革への意識を高める教育方法として臨床法学教育を支持した（船越資晶『批判法学の構図』（勁草書房、2011 年）146 頁）。

14)　デニス・E・カーティス（四宮啓訳）「法律家を育てる——臨床プログラムと法律専門職」法律時報 79 巻 2 号（2007 年）6-16 頁、チャールズ・D・ワイゼルバーグ（佐藤裕則訳）「アメリカにおける臨床法学教育の理論と実務へのインパクト」臨床法学セミナー 10 号（早稲田大学臨床法学教育研究所、2011 年）116-124 頁。

15)　ワイゼルバーグ・前掲注 14）116 頁。

244 第4部

外の事態が頻出するが、クリニック教育は、前例のない状況を分析して法的問題を抽出・解決する方法、経験から将来への教訓を得る方法を教育するのに最適である[16]。第二に、理論教育としての有用性も高い。クリニックを通じて、教室で教授された実体法理論を現実の場面に適用する経験を通じて学生が理論を効果的に習得できることは当然であり、クリニック教育は総合的な実体法教育であることが最近は強調される[17]。そして第三に、クリニック教育により、学生は法制度の改善に不可欠な批判的思考を学ぶことができる。クリニックは、現行理論・実務の課題を発見し、改善する法理論を新たに作り出す場でもある。訴訟クリニックが新しい判例の獲得を目指すだけでなく、立法による法自体の改革もクリニックの射程に入る。それゆえ、クリニック教育は学問的業績に結実することが少なくないのである[18]。

　要するに、クリニック教育は、単に既存の法実務を教育する場ではない。クリニック教育は、法システム全体の構造的連関を理解させる機会であるとともに、社会に必要な法律サービスを供給し、さらに法理論と法実務の発展・改革の契機を作り出す。そこでは「実務＝固定的」、「研究＝発展的」という二分法は克服されている。多様な機能を果たすクリニック教育は、現行実務の習得を目的とする実務訓練とは本質的に異なり、それゆえ、司法修習のような実務訓練制度の有無と係りなく、各国で普及するのである。

(3)　臨床法学教育のグローバル化

(a)　臨床法学教育の世界的普及

　1960 年代には、アメリカだけでなく、イギリス、カナダ、オーストラリアでも低所得者への法律扶助活動と結びついた、初期のクリニック教育が開始された[19]。そして現在までに、クリニック教育を中核とする臨床法学教育は、各国の状況に応じて変容しながら、南北アメリカから、ヨーロッパ・ア

---

16)　キース・A・フィンドレー（原口佳誠訳）「アメリカにおけるイノセンス・プロジェクト」臨床法学セミナー 10 号（早稲田大学臨床法学教育研究所、2011 年）130・133 頁。

17)　カーティス・前掲注 14) 10-13 頁・16 頁。

18)　カーティス・前掲注 14) 11 頁。クリニック教育は、「現実世界への探測機」であり、「弁護活動と研究のための新たなアイデアを生み出す」場であると指摘される（フィンドレー・前掲注 16) 127 頁、ワイゼルバーグ・前掲注 14) 124 頁）。

フリカ・オセアニア、そしてインド・中国を含むアジアにまで、先進国・途上国を問わず、広く普及している[20]。たとえば、英連邦諸国の臨床法学教育関係者のフォーラムとして機能している「国際臨床法学教育ジャーナル会議」の 2010 年会議には、19 カ国から 140 名以上の参加者があった[21]。

(b) ヨーロッパの臨床法学教育

アメリカと異なり、ヨーロッパでは、大学教育と専門職教育は基本的に区別されている。しかし、そこでも、臨床法学教育は受容されつつある。一部の大学でクリニック教育が早期に開始されたイギリスから[22]大陸に目を転じると、まず体制転換後の中東欧諸国で、アメリカ法曹協会、フォード財団、ソロス財団等の支援を得て、クリニック教育が開始され定着している。たとえばポーランドでは、1998 年にアメリカ型のライブクライアント・クリニック教育を開始したヤゲロニアン大学を嚆矢として、現在ではすべての法学部でクリニック科目が提供されている[23]。

これに対し、伝統的な法曹養成制度が確立している西欧の大陸法諸国は、概して、大学における臨床法学教育に消極的であったが、そこでも大学改革の動きに連動して、各国でクリニック教育が開始されるようになる。すなわち、ヨーロッパの大学教育は、1990 年代末以降、EU 統合を背景にして、いわゆる「ボローニャ・プロセス」によって改革されてきたが、その過程で、

---

19) Jeff Giddings, Roger Burridge, Shelly A.M. Gavigan, and Catherien F. Klein, The First Wave of Modern Clinical Legal Education, The United States, Britain, Canada, and Australia, in *The Global Clinical Movement, Educating Lawyers for Social Justice*, 3, 3-9 (Frank S. Bloch, Oxford University Press, 2011).

20) 詳細は、*The Global Clinical Movement, Educating Lawyers for Social Justice* (*supra* note 19) によって知ることができる。

21) 須網隆夫「専門職としてのアイデンティティー構築のために──第 8 回国際臨床法学教育ジャーナル大会参加報告」臨床法学セミナー 10 号（早稲田大学臨床法学教育研究所、2011 年）156-166 頁。

22) フィリップ・プラウデン、リチャード・グランセイ（林陽子訳）「英国における臨床法学教育」法律時報 79 巻 2 号（2007 年）24-31 頁、須網隆夫・宮川成雄「欧州に見る臨床法学教育(1)：イギリスの最近の状況」法学教室 305 号（2006 年）6 頁。

23) マリーナ・ベチーナ（中網栄美子訳）「ポーランドにおける臨床法学教育」法律時報 79 巻 2 号（2007 年）32-38 頁；Mariana Berbec-Rostas, Arkady Gutnikov, and Barbara Namyslowska-Gbrysiak, Clinical Legal Education in Central and Eatern Europe, Selected Case Studies, in *The Global Clinical Movement, supra* note 19, at 53, 54 and 57-59.

実務に連携した教育が指向され、各国でクリニック教育の導入が始まった[24]。たとえばスペインでは、フランコ時代の法学教育がそのまま 1990 年代も存続していたが、同プロセスを契機に、その全面的改革が企図され、改革の目的を達成する手段として、相当数の大学がクリニック教育を導入した[25]。また、クリニック教育とはほぼ無縁であったフランスでも、大学院レベルの教育機関であるシアンスポ（パリ政治学院）・ロースクールは、2012 年からクリニック教育を開始している。シアンスポ・ロースクール自体、伝統的なフランスの法学教育モデルに代わる、「生ける法（law in action）」を教育する機関として設立されたが、そのクリニックは、やはりアメリカのクリニックをモデルとし、理論と実務を連結させる経験的学習の考え方に依拠して、「司法アクセス」、「企業の社会的責任」、「人権・経済発展・グローバル化」の 3 プログラムを編成し、クリニックをベースにした学際的研究も強化されている[26]。シアンスポの試みは、最近の西欧大陸法諸国での臨床法学教育への関心の増大を反映していると言えよう。

(c) アジアの臨床法学教育

臨床法学教育はアジアでも受容されている。インド・東南アジア諸国だけでなく[27]、2000 年前後に中国・モンゴルのクリニック教育が、アメリカの援助（フォード財団・ソロス財団）を得て始まった[28]。韓国でも、法科大学院制度の導入に伴い、司法研修所に相当する司法研修院の教育を廃止するという選択がなされたため、否応なく、クリニック教育を含む臨床教育が開始さ

---

24) Diego Blázquez-Martín, The Bologna Process and the Future of Clinical Education in Europe, A View from Spain, in *The Global Clinical Movement, supra* note 19, at 121, 125; Richard J. Wilson, Western Europe: Last Holdout in the Worldwide Acceptance of Clinical Legal Education, 10 *German Law Journal* 823, 828 and 839-845 (2009).

25) Diego Blázquez-Martín, *supra* note 24, at 125-131.

26) Jeremy Perelman, Transnational Human Rights Advocacy, Clinical Collaborations, and the Political Economies of Accountability: Mapping the Middle, 16 *Yale Hum. Rts. & Dev. L.J.*, 89, 125-142 (2013).

27) Bruce A. Lasky and M.R.K. Prasad, The Clinical Movement in Southeast Asia and India, in *The Global Clinical Movement, supra* note 19, at 37-51.

28) 李仸明「中国における臨床法学教育の現状と課題」法律時報 79 巻 2 号（2007 年）39-48 頁、藤井靖志「モンゴルにおける臨床法学教育」法曹養成と臨床教育 5 号（2012 年）5-18 頁。

れた[29]。このように、日本と同様、これまで大学の法学教育と法曹養成制度が連結していなかった東アジア各国でも、法曹養成制度改革と並行してクリニック教育が展開しつつある。

(d) 小　括

詳細は省略するが、日本を含め、各国のクリニック教育は、重点の置き方・細部の設計に相違はあるものの、クリニック教育の意義に対する共通の認識を基礎に、その基本理念と具体的な教育方法において驚くほど共通性があり、その普遍性が認識できる。日本における臨床法学教育は、司法制度改革の文脈で誕生したが、同時に、法学教育の分野で生じつつあるグローバルな変化の一部を構成していることが認識されねばならない[30]。

5　理論教育と実務教育の統合

(1)　理論教育と実務教育の峻別

これまで、大学における法学教育に実務的指向が乏しかった背景には、日本社会に内在する二つの分断があると考えられる。その第一は、実務家と研究者の分断である。両者の分断は日本に特有の現象ではないが、OECD調査団報告も指摘したように、日本の場合、その程度は諸外国に比してより顕著であった。法科大学院開設後、多くの実務家教員がその教員集団に加わり、両者の意思疎通は改善したが、両者の関係はなお基本的には変化していない。第二は、第一の分断を反映した実務と理論の峻別であり、それを前提とした、法理論教育と法実務教育の分断である。両者の区分は、法科大学院教育と司法修習の区分を根拠づけ、教育の担い手の区分にも対応している。法科大学院教育は、専門職教育として医学部教育と対比されるが、これらの分断により、医学部教育との差は歴然としている。

---

29)　文在完（金亮完訳）「韓国における法曹養成および臨床教育の発展」臨床法学セミナー9号（2010年）120-124頁、尹南根（金亮完訳）「韓国における臨床法学教育の実践的課題——高麗大学校のリーガル・クリニックを中心に」法曹養成と臨床教育3号（2010年）20-34頁。

30)　多くの法科大学院が学生募集を停止するまでに展開された日本の臨床法学教育の概観については、宮川成雄「日本型臨床法学教育の形成と展望」早稲田法学85巻3号（2010年）1137-1159頁を参照。

248　第4部

(2)　理論教育と実務教育の統合

　本報告のタイトル自体、理論と実務を二項対立的に認識しているが、臨床法学教育は、そのような認識の枠組自体に疑問を提起している。「事実と法との間にはそのような二分法は一切存在せず、法は事実を抜きにして絶対的に無意味である」と指摘されるように[31]、クリニック教育の経験は、理論と実務は人為的区分にすぎず、理論と実務を対立概念として把握すべきではないことを裏づけている。それゆえに、臨床法学教育の場面でも、法理論教育と法実務教育の統合が真摯に検討される。

　訴訟クリニックと訴訟手続法の学習との関連は密接であるが、アメリカでも実体法教育とクリニックの関連は、当初は明確には認識されなかった。しかし、その後の教育実践の蓄積を通じて、クリニックでの実体法教育が形成されていく[32]。その結果、クリニック教育は「実体法教育の統合された局面」であり、「法の機能に対する本質的な洞察、その前提、その適用、その効果」の点で、法理論教育とクリニック教育は共通すると認識されるようになる[33]。このようなアメリカでの到達点は、日本の臨床法学教育関係者にも概ね共有され、臨床法学教育学会の第一回研究大会は、すでに法律専門科目と臨床教育科目の有機的連携を議論していた[34]。個々の法科大学院を見ても、立命館大学の民法演習[35]、共同してクリニック教育を実施していた国学院大学・東海大学・獨協大学・明治学院大学による、理論教育と実務教育の関係を意識した共通的到達目標の設定等、貴重な取り組みは少なくない[36]。

　分断の克服は、臨床教育と理論教育の間だけでなく、臨床教育と法学研究

---

31)　フィンドレー・前掲注16) 131頁、キャロル・スズキ（中村良隆訳）「アメリカのロースクールの苦境——志願者減少と修了生の就職難にいかに対応するか」比較法学47巻3号（早稲田大学比較法研究所、2014年）125頁。

32)　カーティス・前掲注14) 8頁、10-12頁。

33)　同・11頁、16頁。

34)　全体シンポジウム「臨床教育と基本科目——民事法を素材に」法曹養成と臨床教育1号（2009年）67-91頁。

35)　松本克美「実定法教育への臨床的視点の導入——立命館大学法科大学院・民法演習での試み」法曹養成と臨床教育5号（2012年）163-167頁。

36)　花本広志「四大学で検討中の問題解決志向型民法コア・カリキュラム（共通的到達目標）について」法曹養成と臨床教育5号（2012年）168-173頁。

双方にとっての課題でもあるが、日本でも、両者を統合する実践がすでに始まっている。研究者教員と実務家教員の協働の下、判例集に登載された新たな労働法判例の獲得に成功した例や[37]、学生の参加を得ながら進めている、東日本大震災復興支援の活動から、多くの学問的業績が生まれていることが報告されている[38]。法学が、現実社会に生起する現象と法との係りを探求する学問である以上、実務指向性と理論指向性は、法学研究内部で本質的に共存し、融合する必要がある。理論は、必ずそれが適用される具体的事実を前提として成立する以上、事実と切り離されて法理論が一人歩きすることはできないからである。

　最後にクリニック教育には別の効用もある。法制度が不断の改善を必要とする以上、法学研究・教育には、現状改革的な要素が不可欠であるが、現在の研究・教育には、その種の要素が組み込まれる契機が乏しい。様々な問題を抱えた現実と直面するクリニック教育に本質的に内在する、改革への志向性を研究・教育に組み込める可能性も積極的に評価されるべきだろう[39]。

6　最後に──グローバル化と法学教育・研究

　法実務のグローバル化は確実に進んでいる。多国籍企業による国際取引の分野だけでなく、福島原発事故による被害者救済のような一見すると国内的な問題ですら、グローバルに活動するローファームの関心対象となっている。そのようなグローバル化の影響は法学教育の分野にも当然に及ぶ。弁護士資格の相互承認が実現しているEUでは、法学教育は必然的に卒業生の国際移動を前提とせざるを得なくなっている[40]。近時、アメリカ・ヨーロッパのトップ・ロースクールは、自らをグローバル・ロースクールと位置づけて、世

---

37)　島田陽一「労働法における臨床法学教育──早稲田大学労働クリニックの例」労働法律旬報1687・88合併号（2009年）79頁。

38)　須網隆夫「東日本大震災被災者支援と『法の支配』──東日本大震災復興支援法務プロジェクトの活動と浪江町」早稲田大学・震災復興研究論集編集委員会編『震災後に考える：東日本大震災と向き合う92の分析と提言』（早稲田大学出版部、2015年）188-199頁。

39)　キャロル・スズキ（石田京子訳）「東日本大震災の被災者支援におけるクリニック・プログラムの可能性」法曹養成と臨床教育4号（2011年）90-92頁。

界のための法曹養成を担おうとしている。クリニック教育の世界的普及も、グローバル化する法学教育の一断面であり、その内容を見ても、現在、欧米の国際人権クリニックは、単独または相互に協力して、途上国の人権問題・企業の国際的事業活動の規制に取り組み、活動範囲をグローバルに拡大させている[41]。

　他方日本では、法科大学院制度のここまでの失敗により、法曹養成教育には過去への回帰の傾向すら看取でき、グローバルな問題関心はほとんど見いだせない。もちろん、日本の法学教育が、国内だけを対象に、グローバル化と逆方向の一国完結的な教育に閉じ篭り、グローバル化が必要とする教育をすべて国外のロースクールに任せる選択肢もあり得るが、それは世界への貢献とは正反対の道である。もっとも、近時、国際社会に貢献する法学教育を目指そうという動きも復活している。すなわち、2017年6月、自由民主党政務調査会は、「司法外交の新機軸、5つの方針と8つの戦略～拡大する国際司法空間で、ひときわ輝きを放つ日本型司法制度へ～」と題する最終提言を採択した。同提言は、「司法外交」という概念の下に、政府の司法政策の諸側面を再定位するものであり、今後の政策はこの提言に沿って進められると思われる。最終提言の内容は、前述の司法制度改革審議会意見書の延長線上にあり、法学教育についても、「世界で活躍する国際司法人材」を養成するために、法科大学院における国際性の獲得を強化した教育を提言する。これからの日本の法学教育に問われているのは、東アジアにおいても、国際的な大学間競争がすでに始まっている今日、「誰に対して、何を教えるのか」を明確に意識すべきことであろう。

---

40)　須網隆夫「EUにおける高度技能者移動の権利——弁護士の自由移動を中心に」岡部みどり編『人の国際移動とEU』（法律文化社、2016年）40-53頁。

41)　Jeremy Perelman, *supra* note 26, at 113-124 and 134-142.

九州大学におけるグローバル・ローヤー育成の22年とこれから
多様性の中の普遍性を求めて

五十君麻里子

1　九州大学大学院法学府国際コース（法律学）のあゆみ

(1)　背　景

1994年10月、九州大学大学院法学研究科LL.M.（以下九大LL.M.、九州大学大学院国際コース（法律学）の総称としても九大LL.M.を用いる）は、4人の教員と6人の学生でスタートした。ソ連崩壊から3年、九大LL.M.の歴史は「失われた20年」に重なる。それはまだ、「グローバル人材育成」などが、大学に求められる以前のことである。

バブル期、日本の経済力が世界を圧倒し、ジャパニーズ・ビジネスマンが海外に活躍の場を広げた時代、それでも日本は、世界にとって謎の地であった。謎は疑心暗鬼を生み、誤解を生む。ジャパン・バッシングが激しかったのもこの頃である。なかでも日本法は、日本とのビジネス上必要とされながら、日本語という障壁は抜き難く、ほとんどアクセス不能であった。

(2)　九大LL.M. 始動

このような状況に対応し、わが国ではじめて、英語のみで修士（法学）の学位を取得することのできるコースとして設置されたのが、九大LL.M.で

図1　九大 LL.M.20 周年記念同窓会のエクスカーションにて[1]

ある[2]。したがって、授業はもちろん学位論文もすべて英語、主な分野は国際経済ビジネス法、そして対象となる学生は、すでに法学を修めた外国人となった。しかし、このコンセプト自体「グローバル」であるがゆえに、直ちにグローバルな競争にさらされる。しかも日本経済には、かつての勢いはない。そのような中、優秀な学生を集めるため、修士の在籍期間は通常 2 年であるところ、世界の LL.M. の趨勢に合わせて 1 年としたり、奨学金創設のため地元企業の協力を依頼したり学生のリクルートのため各国を訪れたりと、多大な苦労があったと聞いている。また、九大 LL.M. は国際関係法学の少数の講座に設置されたものであったため、部局から少なからず独立した存在となる。

初期の学生にはミュンヘンの老舗書店フーゲンドゥーベルの現共同経営者マクシミリアン・フーゲンドゥーベル氏の姿もあった[3]。

(3)　プログラムの充実：LL.D.、YLP、BiP

バブル崩壊にともない、日本への興味も失われ、苦戦が予想された九大 LL.M. であったが、歴代の教員の努力とコースのユニークさによって拡大を

---

1)　photo by Antonio Formacion
2)　http://www.law.kyushu-u.ac.jp/programsinenglish/llm/index.html
3)　https://www.hugendubel.com

続け、1999年には博士課程LL.D.を併設することとなる[4]。国際社会における博士の学位の重要性は、日本におけるそれを大きく凌駕するため、九大LL.M.は、このようなニーズに応えたのである。

さらに2001年には、文部科学省のヤング・リーダーズ・プログラム（YLP）唯一の法学コースに指定された[5]。YLPとは、YLP推進協議会で選定された国の特定の推薦機関により「アジア諸国等の指導者として活躍が期待される行政官、経済人等の若手指導者」として推薦された候補者の中から、在外公館の協力を得て学生を選抜し、通常のLL.M.の学生と切磋琢磨しながら「1年程度の短期間で学位を授与するプログラム」である[6]。このYLP指定にともない、従来日本への留学が困難だった国からも、将来を嘱望される留学生を受け入れることとなり、出身国の観点からも、またキャリアの観点からも、多様性が飛躍的に拡大した。

これまでのYLP出身者には、モンゴル国初代鉱物エネルギー相のゾリグト・ダシュドルジ氏もいる。なお、同氏は2016年4月現在、LL.D.に在籍し「国有企業におけるコーポレートガバナンス」に関する研究に従事している[7]。

このように九州大学法学府（大学院研究科を2000年より改称）国際コースは、グローバル・スタンダードの法学コースとして成長してきたが、他方、日本に存在するユニークさを十分には生かし切れていなかった。すなわち、欧米のLL.M.に匹敵する質と実績を有する国際経済ビジネス法の教育を実践しているものの、ではなぜ、欧米ではなく日本なのか、という問いに、十分には答えてこなかったのである。そこで2009年日英両語のバイリンガルコースBiPを設置し[8]、日本語に堪能な外国人留学生の受入に踏み切って、従来の英語のみのコースをIEBL（International Economic & Business Law Program）と改称した。BiPでは、英語で開講される授業科目履修により卒業単位を満たすことができるが、加えて日本語で開講されている授業の履修

4） http://www.law.kyushu-u.ac.jp/programsinenglish/llm/index.html

5） http://www.law.kyushu-u.ac.jp/~ylp/download/ylpleaflet.pdf

6） http://www.mext.go.jp/a_menu/koutou/ryugaku/ylp.htm

7） http://geopolitical-info.com/en/expert/zorigt-dashdorj

8） http://www.law.kyushu-u.ac.jp/programsinenglish/bip/index.html

が奨励されている他、修士論文提出の要件として学部ゼミへの所属が求められ、法学部生と同等の日本語による読解・ヒアリング・プレゼン・ディスカッション能力が必要とされる。そのような BiP 学生の存在は日本人学生にも刺激となっている。さらに、修士論文は日英両語でそれぞれ執筆することとなっており、ハードルは高いが、充実したコースとなっていて、修了生には、後述の GV プログラム担当教員として、九州大学に採用された者もいる。

2 九大 LL.M. の特徴

　九大 LL.M. はその成立から一貫して、英語のみで運営されるコースであり、BiP を除けば、日本語能力は一切要求されない。授業はもちろん、論文や論文指導、教員間の会議に至るまで、すべて英語で実施されており、さながら、日本の中の海外の様相を呈している。また、ターゲットは設置以来、外国人留学生となっている。これらのコンセプトから、日本人修了生はこれまで 3 名に止まり、国内ではあまり認知されていないのが現状である。他方、国外での評価は高く、各国の大学からのみならず、外国機関や国際機関からも、提携やインターンシップをオファーされており、学生のモビリティーに寄与している。ダブル・ディグリーや交流協定に基づく受入留学生等には、英語で開講される LL.M. の授業科目が魅力となるため、多くの相手大学は派遣に積極的で、九大からの受入にも前向きな、好循環が生まれているのである。

　九大 LL.M. の特徴は何と言ってもその多様性にある。日本への留学生が比較的多い、中国、韓国、タイ出身者はもちろん、先進国、旧社会主義国、発展途上国の垣根を超えて、5 大陸すべてから学生を集めている。このような学習環境は、世界的にも稀有であり、多様な背景、価値観、文化を持った学生同士がここで共に学び、経験を共有することが、グローバル社会の安定と平和に寄与するものと信じたい。

　学生の研究テーマは、主に国際経済ビジネス法に関連する各分野であるが、知的財産法、国際法、海商法、競争法、ADR、租税法など、多岐にわたっている。これらの指導にはすべて専任教員があたるが、この他に、各分野を牽引する著名な研究者を世界中から招いて、集中講義や特別講義を実施して

図 2　九大 LL.M. 修了生の出身国（濃いグレーの部分）[9]

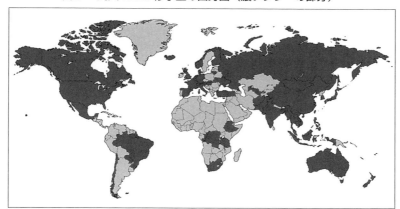

おり、これも九大 LL.M. の大きな魅力となっている。とりわけ、ハンブルグのマックス・プランク・インスティテュートとは関係が深く[10]、2013 年以来、同研究所所長の一人であるユルゲン・バセドー教授および同研究所出身の研究者らによるリレー講義が実施されている[11]。また、2007 年以来毎年、特に LL.D. 学生の研究テーマを中心に、当該分野の第一線で活躍する研究者を内外から招聘し、カンファレンスを開催して、九大 LL.M. の学生すべてに、最先端の議論に触れる機会を与えるとともに、優秀な学生には、国際学会での報告の場を提供している[12]。

3　「進化」する九大 LL.M.

　九大 LL.M. はその成立以来、進化を続けてきた。これまでも、LL.D.、YLP、BiP をそれぞれ設置した他、ダブル・ディグリー協定の締結やアニュアル・カンファレンスの実施にも、いち早く取り組んできた[13]。また、学生

---

9) http://www.amcharts.com/visited_countries/ にて作成。
10) 後述の 2016 年アニュアル・カンファレンスでは、いま一人の所長ラインハルト・ツィンマーマン教授によるメッセージが寄せられた。http://www.law.kyushu-u.ac.jp/programsinenglish/conference2016/message.html
11) http://www.law.kyushu-u.ac.jp/programsinenglish/MPlectures.htm
12) http://www.law.kyushu-u.ac.jp/programsinenglish/conferences.htm

256　第4部

の研究意欲を向上させるため、優れた研究を公表する場として独自のeジャーナルを発行している[14]。これをさらにすすめ、2016年末から、法律学関連としては我国初となる英文書籍シリーズ、"Perspectives in Law, Business and Innovation" を、Springer 社から公刊する。

　さらに特筆すべきは、タイ裁判所ならびに弁護士会に提供しているディプロマプログラムである。これは、同機関からの受託事業として、バンコクと福岡で集中講義を行い、修了者にはディプロマを授与するもので、法曹の専門性向上に力を入れるタイ国の要請に応えたものである。また、ディプロマを機に、博士号の取得を目指す若手裁判官も積極的に受け入れている。このようなノウハウを生かし、サマースクールを試行、2017年には本格的に開始する[15]。2016年4月現在、ホームページを立ち上げたばかりであるが、すでに国外の機関から問合せを受けている。

　他方、ダブル・ディグリーを含む交流協定の充実により、各国の学年歴と日本のそれとのギャップが顕在化してきたため、2015年秋から全学に先んじてクオーター制を導入している。法律学の基礎については、学生が新しい概念や考え方を自分のものとできるよう、継続的な教育が可能なセメスター制が望ましいが、九大 LL.M. では、ほとんどの学生がすでに本国の法曹資格を持つことから、特定の応用的なトピックについて集中的に学ぶことが教育上も有効である。加えて、2016年度以降、LL.M. の授業科目を九州大学法科大学院の「展開・先端科目」として認定し、九大 LL.M. は日本の法曹の国際化にも一役買うこととなった[16]。

---

13)　2016年4月現在、レウヴェン・カトリック大学（ベルギー）、ティルブルグ大学（オランダ）、アテネオ・デ・マニラ大学（フィリピン）、マラヤ大学（マレーシア）、国立台湾大学（台湾）とのダブル・ディグリー・プログラムが成立している。

14)　http://www.law.kyushu-u.ac.jp/programsinenglish/journals.htm

15)　http://www.law.kyushu-u.ac.jp/programsinenglish/summerprogram/summerprogram.html

16)　http://www.law.kyushu-u.ac.jp/lawschool/images/2015program.pdf　6枚目以下の「グローバル法曹養成プログラム」参照。

4　法分野におけるグローバル人材——グローバル・ローヤー

　ところで、近年、グローバル人材育成が大学の大きな使命とされているが、我国で育てるべき「グローバル人材」には２種あるものと思量する。ひとつには、現在の少子高齢化社会、人口減に対応するための移民政策である[17]。外国から若い学生を受け入れ、大学で専門分野よりもむしろ日本語や日本の習慣等を身につけさせ、外国人アレルギーの強い日本社会にも比較的スムーズに受け入れられる外国人を育て、人口減にともなって不足する中堅労働層をこれで埋めようとする試みである。同時に、これら外国人と日本人とを同じ大学という空間で共に学ばせ、一般の日本人と外国人との仲介役となる日本人を育てることで、終局的には日本人の外国人アレルギーをも解消しようとしているように見受けられる。

　これに対して、いまひとつのグローバル人材とは、日本人、外国人を問わず、日本で身につけた高い専門性を武器に、国境を越えて活躍する人材であり、かような人材が世界で活躍することにともない、日本の世界的プレゼンスまでもが高められるような人材である。したがって彼・彼女らには、移民政策の一環としてのグローバル人材に求められるのに比べ、言語運用の面でも専門性の面でも、格段に高い能力が求められる。ここでいう言語とは、現在の国際社会で共通語となっている英語であり、日本語の運用能力は、付加価値となり得ても、必須ではない。

　このような二重のグローバル人材像を前提とするとき、法学教育はいずれを選択すべきであろうか。当然、後者であろう。古代ローマ以来、法律家は市民の相談を受け、忠告を与える存在であり、社会のシステムを構築し、運用し、管理する存在である。そのような役割を果たす者は少数精鋭でよい。

---

17)　2015年9月15日、安倍晋三首相は、国連総会での演説の後、記者から日本による難民受け入れの可能性について問われ、人口減に対応するには移民受け入れ以前に為すべき対策がある旨答えて（Reuter, World: Tue., Sep. 29, 2015）、移民と難民とが区別できていないとの失笑を買ったが、同時に、政府内で少子化対策としての移民受け入れが政策課題として検討されていることを推測させた。

図3　マラヤ大学法学部におけるワークショップでのグループディスカッション[18]

これこそ、九大 LL.M. が 1994 年当初から一貫して目指してきた、法学教育であり、グローバル・ローヤーの育成であるといえるのである。

5　学部との連携──GV プログラム

(1)　法学部の課題

　他方、法学部段階では、日本の大学は従来、法律の専門家ではなくいわゆる「つぶしのきく」ジェネラリストを養成してきた。法学部の専攻教育を通じて、法の基本的枠組みを理解し、論理的思考を身につけた法学部卒業生は、どの部署でもその能力を発揮できるとの社会的コンセンサスの下、専門性は、就職後オン・ザ・ジョブ・トレーニングや、会社派遣の留学などにより身につけられるものとされ、法学部ではその基礎を教授することが求められてきたのである。

　しかしながら、経済の長期的低迷を機に、企業は即戦力を求め、また社会は職業に直結する教育を求めるようになっている。かつては、採用後の教育が重視されていたのに対し、教育にかかる経済的・時間的コストを縮小する必要が企業等に生じ、採用時点ですでに一定の専門性を身につけた人材が望

---

18)　photo by Antonio Formacion

まれるようになった。また、とりわけ保護者が、就職の確実な学びを子どもに求め、キャリア教育の低年齢化も進んでいる。このため、法学部でも明確な「職業イメージ」に結びつく教育が求められてきているのである。

図4　大学の世界展開力強化事業ショートターム交流でのGV学生（於　アユタヤ）[19]

(2) 日本のグローバル・ローヤーを育てる

そのようななか、九州大学法学部は、法学分野での「グローバル人材」グローバル・ローヤーを育てるため、2015年度から「GV (Global Vantage) プログラム」を開始した[20]。GVプログラムは、日本人学生を対象に、法学部＋修士課程（LL.M.）の実質5年間で、各国の法律家に伍して、英語で交渉し、契約書を起草し、各国での法適合性を調査し、国際ルールの策定に参加するなど、国際ビジネスの最先端で活躍する人材を育成するプログラムである。少子高齢化により国内市場が縮小する日本では、大企業のみならず中小企業や地方公共団体など、グローバル化の波があらゆる分野に押し寄せ、グローバルに活躍できる法律専門家はかつてないほど、嘱望されている。かような社会的ニーズに、九州大学が有する九大LL.M.という強みを生かして、応えるのがGVプログラムであるといってよい。

(3) GVプログラムの教育内容とAO入試

GVプログラムには、プログラム独自の必修科目はない。まずは、通常の法学部教育により、LL.M.の英語環境で各国の法律家と十分に切磋琢磨しう

---

19)　photo by Antonio Formacion
20)　http://gv.law.kyushu-u.ac.jp/

るためにも、法学の基礎を日本語で身につける必要があるからである。その一方で、英語力や国際性を養う特定の科目を選択し、かつ専任アソシエイツによるチュートリアルを受けることで、九大 LL.M. に進学するに足る英語能力と専門性を備えることができるよう、設計されている。さらに、九州大学法学部は、文科省により 2012 年度に「スパイラル型協働教育モデル——リーガルマインドによる普遍性と多様性の均衡を目指して」と題するプロジェクトで「大学の世界展開力強化事業」に採択されたが、この枠組みや交換留学制度等を利用して、短期派遣のみならず、より長期の交換留学やインターンシップも経験させる[21]。GV プログラムにおいて、留学は学生にとっての「義務」ではなく「権利」である。その権利を保障する義務は教員の側に課せられているのである。

なお、GV プログラムには、英語能力試験のスコア、センター試験、独自の英語学力試験と日英 2 カ国語での面接を課す、専用の AO 入試を経て入学することになる[22]。本来、AO 入試とは、大学がアドミッションポリシーを高校に丁寧に説明し、その理念に合った受験生を見出し、個性を見極めて選抜するものだが、GV プログラムの入試はこのような本来の姿に立ち返り、グローバル・ローヤーにふさわしい志と資質を持った学生を選抜する、ハードルの高いものとなっている。

6 多様性のなかの普遍性を求めて

⑴ 日々の研究・教育の中で

私事になるが、筆者の専攻する分野はローマ法であり、「国際経済ビジネス法」に重点化された同コースにおいて、自らの専門分野をどう反映させれば良いのか、長く自問自答してきた。ビジネスに関する最先端の法について学ぼうと世界中から集まる学生に対し、古代の法を研究する筆者が、何を提供できるのだろうか。

---

21) http://www.law.kyushu-u.ac.jp/sekaitenkai/　なお、平成 26 年度に実施された中間評価では最高ランクの S 評価を受けた。

22) 2016 年 4 月現在、学内選抜についても検討に着手している。

その答えは、法学部と LL.M. の共同開講授業を担当する中で、突然導かれた。この授業は学部1年生対象に書かれた法学入門の英語翻訳をテキストとして、法学部2～4年生の日本人学生と LL.M. の留学生が、憲法、商法、刑事訴訟法、知的財産法などのグループに分かれ、日本法の論点とその論点をめぐる各国の状況についてプレゼンテーションし、議論するものであった。当初、国の体制や先進国か途上国かの別、アジア人対欧米人、あるいは大陸法対英米法、などで意見が分かれるのではないかと予想されたが、実際には、法律学を修めた者といわば非法律家とに分かれることが多かった。すでに本国では法曹として活躍している LL.M. の学生はもとより、一部3年や4年の学部生が比較的似通った見解を示し、他方、低年次の法学部生や学部で日本学を専攻していた BiP の学生の見解とは異なっていたのである。文化圏の違いや法システムの違いよりも、法律家か否かの方が、少なくとも同授業で扱った法律に関する論点については、大きな影響を与えていたと言って良い。逆に、法律家の見解には、出身国による意見の違いは比較的少なかった。

(2) 時間的普遍性

実はこれは、我々ローマ法研究者が日頃の研究で、常に史料に見出していることである。筆者は主に古典期ローマを研究対象とし、紀元前後から3世紀ごろの法学者の著作をユスティニアヌス帝が6世紀に編纂させた『学説彙纂』を主史料としているが、今から約1800年前の法学者たちが扱う事例や考え方は、現代となんら変わらない。むしろ、法文から、現在の法律家にとっても合理的と思われる事例やその解決が導き出せない場合は、読み手側の法文理解が不十分なことが多い。人間社会での紛争は、長い時を隔てても普遍的な側面を持ち、またそれに対する適切な法的判断も普遍的でしかあり得ないのである[23]。

---

23) ローマ古典期はほぼ300年の長きに渡り、法学者の出身地もローマ帝国各地に広がるが、法学者たちの見解に、優劣の差こそあれ、時代による差異や出身地による違いがみられることはごく稀である、とされる。

図5　2016 年のアニュアル・カンファレンスで質問する LL.M. の学生[24]

(3) 空間的普遍性

翻ってみるに、「現代」という時代を切り取り、法律家同士が法を論じるとき、その出自がいかに多様であろうとも、向き合うべき問題やそれに対応するためのアプローチには接点があるはずである。一定の法システムを絶対視し、個々の法政策的立法にとらわれれば、確かに違いばかりが目につく。しかし、より広い視野で眺めれば、共通の課題と法の普遍性が見えて来るはずである。ローマ法を介して法の時間的普遍性を学ぶことは、空間的普遍性の認識に寄与するであろう。

2016 年のアニュアル・カンファレンスでは "Messages from the Antiquity. How can Roman Law Contribute to the Current Debates in Law?" をテーマに、内外の研究者と九大 LL.M. の学生が、現代的課題についてローマ法の観点から議論した[25]。準備の当初、とりわけコモンロー諸国出身の学生は、ローマ法への糸口が見つからず戸惑っていたが、混合法を採用する国出身の学生らの積極的な働きかけにより、学生たち自らが、例えばイスラム法へのローマ法の影響などといった多彩な論点を提示し、興味深い議論を展開した。多様性に満ちた学生たちは、空間のみならず時間をも超え

---

24)　photo by Zed Ditucalan
25)　http://www.law.kyushu-u.ac.jp/programsinenglish/conference2016/

る法の普遍性を見出したのである。

⑷　そして、第 20 回比較法国際アカデミー国際会議へ

2018 年 7 月 22 日〜 28 日、法律学関係の国際学術団体としては最も格式高い団体のひとつである比較法国際アカデミーが[26]、東アジア初の記念すべき国際会議を、九大 LL.M. のディレクターでもある河野俊行教授を組織委員長として、福岡で開催される[27]。比較法国際アカデミーの研究集会の特徴は、40 を超えるセッションで、それぞれ各法分野における現代的課題について、各国のナショナルリポーターが報告し、これが結果として比較法となっていることにある。まさに、空間的普遍性を持つ法的課題に対して、多様な各国のアプローチを披瀝することで、互いに議論し、理解し、グローバルに通用するより良い解決を導こうとするものと言えよう。

同アカデミーにとっては、福岡大会がアジア初の全体会議となる。実務家・研究者を問わず、多くの法律家の参加を、福岡の地でお待ちしている。

---

26)　1924 年に創立。本部はパリ。国内委員会の委員長は北村一郎先生がお務めである。
27)　研究集会は 4 年に一度開催される。http://iuscomparatum.info/general-congresses/next-general-congress/?lang=en

フランスにおける法律家の養成について
検討のための序章[1]

クリストフ・ジャマン　ミカイル・クシファラス
（訳）金塚彩乃

　法学教育は現在、分岐点に差し掛かっており、その未来についての全体的な検討を避けて通ることはできない[2]。法学教育は、現在20万人を超えるという学生の人数の増加、学生の殺到を前になす術を持たない大学教育一般の危機、資格を必要とする法律専門家養成の法学部による独占体制に対する疑問の提起、少なくともビジネスローの分野において優秀な法律家を輩出するビジネス・スクールの台頭、かつてない実務の変革に対応しなければならない法律実務家の変化[3]、古くから批判のある規範のインフレだけでなく、さまざまな知のモデルが伝播し相互に影響を与え合う世界の中で、法についての理解の仕方が変容を迫られるという点に特徴づけられる、法の内容と法的論証の方法の根源的変化などに翻弄されている。

　このようなさまざまな変化は、フランスにおいてどのように法律家を養成するか、それはどのような哲学に基づくべきか、その方法は満足のいくものであるか、あるいは他により望ましい方法があるのではないかという疑問を

1）　本論文は、もともと COMMENTAIRE, N° 150, ÉTÉ 2015 において公表されたものである。

2）　たとえば、とりわけ《Les enjeux contemporains de la formation juridique》, dossier coordonné par Myriam Ait-Aoudia, L. Israël et R. Vanneuville, *Droit et Société*, n°83, 2013, p.7-107 を参照のこと。

3）　弁護士については、wTh. Wickers, *La Grande Transformation des avocats*, Dalloz, 2014 を参照。

提起する。

1　私たちの大学で行われていること

　歴史学者や社会学者は、フランスの法学部について歯に衣着せずに語る。医学部同様、彼らにとっては、たとえば文学部のような知的探求のための学部（facultés dites《intellectuelles》）とは異なる法学部は、いわゆる職業人養成のための学部、つまり「実務家」を養成する場所である。法学部で育てるのは実務家であって、学識者や学者ではない。

　しかしこのような見方には少し修正が必要である。法学部は、法学部の教員も養成するし、それらの中には、知識人 intellectuels であり続けようとする者もいる。そこでは、すばらしい知的な学説も主張されている。また、「実務家養成」が法学部の目的となったのは、20 世紀の終わりになってからにすぎない[4]。1960 年代以降は、さまざまな法律専門職はその将来のメンバーを養成するための職業専門学校を作るようになっていた。多くの場合法学部を卒業してから学生が入学する弁護士養成学校や国立司法学院という、二つの学校がその典型例である。

　しかしながら、他の社会科学に比べより技術的でより実務的であるとされる法学の「特殊性」の名の下に、他のいわゆる知的探求のための学部と同一視されることに抵抗感を感じているのは、法学部の教員たちである。これらの教授たちによれば、法律家というのはまず専門家、あるいは法学者でなければならず、法律に関する知識は、法律を生み出すことに貢献するのでなければ、発展しないという。おそらくこうしたことのために、法学部の教員たちは、他の社会学者たちからは話の通じない相手だと思われてしまっている。

　法学部の教員は、一定程度、実務と近い距離にあり、彼らと議論を行うのは、同僚や法律実務家である。大学における仕事の大半は、実務的な内容の論文や記事を書くことである。法学部の教員の著作はまず教育目的のもので

4）　E. Audren et J.-L. Halperin, La Culture juridique francaise, Entre mythes et réalités（XIXᵉ - XXᵉ siécles）, CNRS Editions, 2013, p. 59 et s. を参照。

あり、学生にとっては必要な知識を与えるもの、実務家にとっては「概説（compendium）」たるべくあることを目指す。誇張していえばその仕事の中心となる二つの分野は、法律のポイントに関する技術的な研究（記事や時評）と全体的なパノラマ（教科書や基本書）である。技術的な研究は法学部の教員を超専門家とする。全体的なパノラマは、法学部の教員を「システムの構築者」[5]とする。かかるシステムは、現行の法体制を、それ自体秩序づけられた一般原則に包摂する。あるいは、法学部における支配的なモデルの擁護者たちの言葉を借りるなら、法律は、「知らなくてはならないテキスト、理解しなくてはならない判例解釈、その必要性と発展を捉えなければならない実務」によりできているということになる。これら法的素材は、「階層化され、組織化され、分野によって細分化される」知識を構築するため、学説により調整されなければならず、かような知識の獲得のためには「長期に渡る学習」[6]が必要とされる。したがって、法学は、「学説」の知識であり、その役割は法的素材を「調整」するものである。そして法学の生成は集合体が「法理論（doctrine）」として理解されるような法学部の教員に担われている[7]。法の生成において、「法理論」は、法律の内的合理性を保証し、「システム」の整合性と完全性を、そして、立法者や裁判官によって害されることもある明快さという特性を維持するという重要な役割を担うこととなる[8]。

　高名な教授である Pierre Catala は、これを次のようにうまくまとめている。「立法者やおそらくは裁判官以上に、法理論は、神殿の守護者である。[9]」。つまりここには神殿と守護者があり、これは、「法の神官」という古い比喩に対応する。多くの大学教授は、自らを知識人や実務家よりも、ドグマティ

5）　J. Rivero,《Apologie pour les faiseurs du système》, Rucueil Dalloz 1951, Chronique, p.99 et s. を参照。

6）　O. Beaud et R. Libchaber,《Où va l'Université ? Les chemins de la liberté》, La Semaine juridique, Edition générale, 2014, I 1264, n°7, p.2227.

7）　Ph. Jestaz et Ch. Jamin, *La Doctrine*, Dalloz, 2004. 参照。

8）　P.-Y. Gautier,《The influence of scholarly writing upon the courts in Europe", *The Internationalisation of Law*, M. Hiscock and W. Van Caenegem (éd.) Elgar, 2010, p202. をとくに参照。

9）　《Discours de M. Pierre Catala》, in *le Droit privé francais à la fin du XXᵉ siècle. Mélanges en l'honneur de Pierre Catala le 13 juin 2001*, la Documentation francaise, 2012, p. 47.

ックな知識に仕える者と捉え、この比喩の中に自らの姿を見出す。そしてこのような装置を再生産するため、学生に対して提供される知識は結局この手のものとなる。

したがって、法を学ぶことは、技術およびシステムの習得を意味することとなる。技術は、具体的なケースにシステムを適用することであり（これは、判例評釈や具体的なケース解釈というような少人数のゼミ形式の授業を通じて学ばれる）、システムは、法の各分野ごとに学ばれるが、このような学習の方法は、すべての部分を知ることなしに全体を知ることはできないとの理解に基づく。したがって、憲法の次には行政法総論、行政法各論、財産法、契約法を学び、また、家族法を学び、その次に債権法、財産法を学ぶということとなる。自ら頭で考えるということは、「研究」の方法により教育し始めることが可能となるとされる5年目以降（修士課程2年目）にしか行われない。

誰もが、このような装置はあまり「賢い（intellectuel）」ものではないと認めている。しかし、一般には、これが必要な法的知識を得るための方法であり、自ら考える力を得るための前段階であると理解されている。最近になり、2人の著名な教授が、法学部のはじめの3年は、修士課程になってから法律を本当に学ぶことに適している少数の学生を選抜するために活用されるべきであるということを率直に主張した。学士課程のはじめの3年は、より大切なことが始まる前の「保育園」のようなものだというのである[10]。

したがって、選抜を生き抜いた学生は、学士課程の後になってようやく、実際の生活の中における法律は適用のための方法がすでに決まっているかのような規則や原則の細かい分類に従うものではないということ、裁判官は自ら行っていることを常に口にしているわけではないこと、口にしていることを実際に行っているわけでもないこと、原則は時にはそこから適用可能な規則を見出すにはあまりに漠然としすぎていること、あるケースの解決のためには、政治的、価値的な判断や、利害関係、人々の思い、物語、妄想、つまり人々の通常の行動を基礎づけているものを取り込むことが必要であること、概念の分断は通常不可逆的ではないこと、法的思考は必ずしも合理的なもの

---

10) O. Beaud et R. Libehaber, art. cité, n°6, p. 2227.

ではないこと、法と事実の区別は必ずしも明確ではないこと、その他、法は
十分に合理的かつ一貫性のあるシステムではなく、ゲームや戦いに似ている
ということを発見する。これらすべては、法を忠実に適用しようとする者を
戸惑わせる。おそらく彼らは、それまで教えられてきた「本の中の法」が、
実際の実務の中の「行動の法」と大きく異なることを発見するだろう。ドグ
マティックなシステムとして法を理解することと、法律家が本当に何をやっ
ているかを理解するための理論的道具や方法が全く異なるものであることも
発見するだろう。そして、その段階で彼らは、それまでの長い年数を、その
道具や方法を学ぶために費やしてこなかったことを後悔するにいたるだろう。

　神殿やその守護者にとって幸いなことに、そのようなことはあまりに遅く
にしか気付かれない。それまでの大学での期間（それでも4年もある）にお
いて学生たちは、大変な思いをして身につけた技術的およびドグマティック
な視点を、他の社会科学の知識も用いつつ、実際に使われている法を理解し、
理論化する方法と取り換えなくてはならないことをあらかじめ教えられてい
る。多くの学生は、純粋な「技術家」（すでにやりたいことがわかっており、し
かし、何か問題が起きた時に嫌なサプライズがないようにしたいと思う人たちが
必要とする者という意味において）として法を扱うようになり、実際に彼らが
働く場所において、戦略的な役割を担えないことを残念に思うことになるだ
ろう。学生のうちの何人かは教員になり、神殿を守る役割を担い、守護者の
再生産を行うだろう。この役割は単に知的なものにとどまらず、政治的な意
味合いを持つものであることから、彼らはより喜んで自らこの役割を担うだ
ろう。この立場は彼らをして、「学術的権威」たらしめ、民主的制度下にお
いて、裁判官、行政官、立法者というような法を作る者に対抗して、法の合
理性を維持する者という意味における「実質的な立法者」としての地位を与
える。「法理論」に自らを同一視し、ドグマティークに法的思考を閉じ込め
ることにより、過去一世紀以来、法学者は、彼らの栄光や政治的影響力を与
えてきたものを維持しようとしてきたのである。

　このことにより、法学者たちは（もちろん例外はあるにせよ）、多くの「現
実的転換点」、言語学的アプローチ、記号学的アプローチ、分配的分析など
の20世紀において法の理解を大きく変革した重要な知的な瞬間を逃してし

まっている。

2 新たな天職？

　法を形式的かつ一貫性のあるシステムとして捉えることは常に可能である。そこでは、学説が法をそのように捉えるための守護者となるよう、それぞれの部分が階層化され、組織化され、細分化されている。しかし今、そのような神殿に対する信仰をわれわれが失い、その守護者となることを希望しないとしたらどうだろうか？　法が原則により支配されるものではなく、また、その原則自体が多くの場合不安定で、相互に矛盾し合うというような法の理解を私たちの理解としてみよう。また、法的理性は、一貫性を持たず、あいまいで、人の活動に内在する弱点から逃れられるものではなく、法的論証は、いずれもほぼ可逆的であり、多くのケースは法により決定づけられることができないものであるということを認めよう。法の奉仕者は、判決の客観性を未だ信じようとするものの、これまでよりも、法的思考の理想である三段論法の価値や意味を疑うということを考えてみよう。また、大学で「法学部の教員の法」を教える代わりに、それを実際に用いる法律実務家から見た法律（また、法を前述のように考えることの批判も）を教えることを想像してみよう。別の言い方をすれば、明快かつ合理的と言われる書物の中の法をいったん横に置き、行動の中にあらわれ、実際の事実関係や政治的戦略的配慮、価値観やイデオロギーにより混沌としたものとされる法について集中して考えてみよう。このような「行動の中の法」を、そこから論証のリストや、ある計画や利害関係、政治的なものに用いるための要素を多少の厳格さと才能とで引き出すような道具箱として見てみよう。これらを仮説として捉え、このような思考の寄せ集めを学生に大学のはじめから説明できるように、私たち自身これらを興味深いものと考えてみよう。

　もうひとつの方法として考えられるのは、イギリスにおける実践である。イギリス人は、合理的な一般原則により階層化され、秩序づけられ、細分化された法体系の存在をかつて一度も本当に信じたことはなく、したがって、法学部において法学教育を受けることの必要性を感じたことはない。イギリ

スでは長年にわたり、法学部に登録することすら不要であり、他の知（歴史や医学、哲学や経済学など）を学んだ後に、実務を知ることで十分とされてきた。イギリスにおいてもここ数十年の間で状況は変わり、法学士の資格は必要とされるようになったものの、法律家の世界において高い地位を認められない大学の教員によって教えられる法律の授業が相対的に不要であるという考え方がなくなったわけではない。たとえば、前に学んでいたことと、実務家として活動をすることとの間に法学の基礎を1年学べば済むというような、他の特別なルートも多々用意されている。

　このようなシステムをフランスに導入することはできないと批判する人もいるだろう。なぜなら、このシステムは、大陸法的と言われる私たちの法の伝統とあまりに異なるコモンローの精神を受け継ぐものであるからである。しかし、そのように考えることは間違いである。実際、私たちのエリート法律家は、すでにそのような教育を受けてきている。コンセイユ・デタの構成員には、法学部を出ていない、あるいは短期間登録していたにすぎない人も多い。その他のビジネスローを専門とする弁護士も同様である。すでに、多くの著名なビジネス・スクールが法学部と協定を結び、弁護士資格試験の受験資格を取得するためには、マスター2年に1年在籍すればよいものとされてから久しい。

　このような現象を説明するためには、厳しい選抜を経た最も優れた学生のみが、長い教育課程を免除されているのだともいうことができる。しかしながら、それはあまりに早計に失する。もし最も優秀な学生が免除を受けられるのであれば、彼らの実務上の活動に、学術的な法の理解は不要ということとなる。そうであるとすると、なぜその他大勢を教育するために、学術的な法の理解が必要となるのだろうか。確かに、これら学生が「良い」あるいは「本当の」法律家となるわけではないともいうこともできるだろう。しかし、そのような評価は、大学の教員だけから出てくるものであり、この教員たちこそ、法律家はシステムを知らなくてはならず、システムを知るためには各部分すべてを知っておかなければならないと考える人たちなのである。

　イギリス的モデルは、私たちの大学の支配的モデルと異なる唯一のものではなく、ここで他の代替手段のカタログを作ろうという話でもない。また、

例外的とされているような教育課程がすでに多く存在し、他の方法を用いて法を教えたいと望む人にとって十分な分析の手がかりを提供している以上、検討のためにフランスから出てみる必要もない。

このように、人文科学や社会科学といった他の基礎的な知識を学んだ後に法学教育が行われるようなシステムを考えることができる。その中では、法は人文科学の中で教育されるだろう。学生たちがより成熟し、より物事が理解できるようになり、短い期間にその本質を理解できるようになる4年目以降というより遅い時期から法的技術や思考を教えるということは考えられないだろうか。

すでに述べたように、また公的な見解においては認められていないが、上手に実施できていないものの、すでに現在の状況はこのようなシステムと大きく異なるものではない。学士課程での教育は、行動する法と実質的な関係のない「一般教養」に類するものとなっているし、漠然としすぎ、法的教科にのみ無駄に集中している法的ドグマティークは、人文および社会科学に関する複数の科目の教育の代わりになりえていない。法学部において、社会学、経済学あるいは歴史が少し教えられているからといって、このような評価が変化するものではない。これらの強化は、それ自体として掘り下げて教えられているものではなく、法的ドグマティークに資する形で用いられ、そのためにしばしばこれらの学問は「法の補助的学問」とまで言われてしまうほどである。

次に、すでに見てきたように、率直に言うならば、大学のはじめの年数は「大学に来るべきではない学生」を排除することを中心的な役割とする「保育園」として捉えられるものであると認めるところから始めなければならない[11]。

法学部入学者の3分の2は失敗し、大学のはじめの年数は、これら学生に知を教えるのではなく、法学を本格的に学ぶ者と、屈辱的な経験の記憶だけが残ることになる他の学生とを選別することを目的としているということを私たちは知っている以上、学士課程修了後に就職口があるわけでもない専攻

---

11) O. Beaud et R. Lebehaber, art. cité, n°7, p. 2227.

課程に20万人も（！）の学生を受け入れるシステムがいかに乱暴なものであるかということは強調しても強調しすぎることはない。この過酷さを前に、ある者はその過酷さを緩和するために何らかの手段を用いようとし、ある者は黙認し、ある者はこれを歓迎する。いずれにせよ、皆これらを変革することは不可能であると考えている。

　したがって、現在のシステムは、本当の法学教育はマスターからしか始まらないというようなシステムとなっているが、これは口にすることのできない恥ずかしい事実であるだけに、その結果は、三つの意味において、批判されるべきものとなっている。まず、このシステムは、生き延びた学生に対して、彼らによりよく世界を知ることを可能にし、より十分に知識を高めることを可能にし、場合によっては、博士課程まで続けた場合、いわゆる知的探求のための大学の名にふさわしい法的現象の理論化を可能にしたかもしれない人文科学や社会科学に基づく理論的道具や方法を提供しない。

　次に、退屈と抽象化の結果、多くの学生のやる気をそぎ、現在よりもよりよい教育を受けられたであろう貴重な彼らの時間を無駄にさせる。このようなロジックを回避するために、教員が行う努力も多くの場合失敗に終わる。よかれとして行うことも（そのようなことがあるとして）、その他大勢が運命づけられている過酷な状況から何人かを救いだすことができるにすぎない。私たちの職業の中で、もっとも共有された思いが失望であるということをおわかりいただけることと思う。

　そして、このシステムは、将来法律を扱うために必要となるノウハウや作法を教えるために優れたものとなっていない。職はそれを実践することによってしか学びえない以上、大学は、法律実務家に必要なものをすべて与えるような教育を目的とするものではないと理解される。法学部の修了証書が法律家を作るわけではなく、多くの事件を扱い、多くの文書を検討し、交渉し、多くの契約書を作成し、法的な戦略を立て、実務のさまざまな面に触れることにより、法律家は作られる。そのためには、5年、7年、10年……といった年数が必要である。しかしながら、法学部において行われる授業は、これまで、医学部で同じような過ちが繰り消されてきたのと同様[12]、このようなことを行うために必要な準備とならない。法学部においては、原則から結論

を導き出すことを学ぶが、実務家は、事実関係から出発し（その事実関係の一部も彼ら自身が構築するものである）、到達したい目的に応じて、その性質決定を行う。教員が上から下へと教えるのに対し、実務家は下から上へと物を見るのである。そして、この違いこそが、そしてそれが学生たちに生じさせる欲求不満の感情が、「リーガル・クリニック」に対する人気を一部説明する。そこでは、大学で教えられることの優先事項がひっくり返される。つまりは、保育園、あるいは学問もしくは実務のための予備的教育としてであれ、もっとできることはあるはずなのである。

たとえば、この失敗から、法律を「あまり真面目に」考えないということを学び、学生たちに5年もの教育を強要せず、たとえば、文学や理系の学問をまずはじめの3年間は学ばせるというようなことが考えられる。このはじめの3年は、知的能力の発展のためにはきわめて重要である。歴史や哲学、工学などに3年間を費やすことは（その一部は外国でもできるし、留学も夢ではなくなってきている。）、人の活動のすべての領域に関わる法を将来実務で実践するにあたって、決して無駄な時間ではない。このようなシステムは、したがって、より成熟し、より知識を持つ、かつより少数の学生により良い選択を行うことを可能にし、その結果、失敗をする学生の数を減らすことができるものであると思われる。要約すれば、法律の勉強をマスター1年から始めることは不可能ではないのである。

3　法学課程を2年間で？

後は、法学の課程を2年間でどのように行うかということである。それは非現実的なことだろうか？　この2年は、将来の法律家にとっては教育課程のすべてを意味するものではないということを指摘しておきたい。弁護士や、裁判官、検察官、公証人は、その後数年にわたる補完的課程がある。また、この課程を2年に短縮しようということは別の国でも言われている。（かつて法学を教えていた）オバマ大統領は、2013年夏に学生を前に行ったスピー

---

12)　A.C. Masquelet, *Le Raisonnement médical*, PUF, 1er éd.,1996, p.17

274　第4部

チで、法学の教育課程を2年に短縮することに賛成していることを明らかに
した。

　しかし、このようにいうことは、また自分たち自身に対する攻撃の種を蒔
くことにほかならない。これを望まない人々がわれわれに対していうであろ
うことは簡単に想像がつく。イギリス人の後はアメリカ人か！　彼らはフラ
ンス人でありながら、外国からフランスのシステムと矛盾するようなものを
持ってきて、われわれの伝統を破壊しようとしている！　などということで
ある。

　法的伝統や、それぞれの実際に違いがあるのかないのかということについ
ては、多くを述べることができる。現在多くの法の成文化を行い、法を「上
から」合理化しようとするアメリカは私たちとそう異なるものではない。し
かしいずれにせよ、この議論の本質を見失ってはならない。アメリカの追随
者だと批判をする一方、私たちの国においても大学の年数をどのようにすべ
きかということは長年議論されてきた問題であるということを忘れてはなら
ない。著名な伝統の破壊者であるデュギーは、1888年にすでに、法の教育
課程を長いものとしてはならず、それは学生の精神を発展させることなく疲
弊させるだけのものであり、「その活動におけるイニシアティブやアイデア
の独創性を阻害するような講義を増やしてはならない」と言っていた[13]。

　話をフランスに戻そう。今日、現在のシステムに満足している者は、実定
法を学ぶためには、その部分部分を学ばなければならず、そのためには5年
の教育が長すぎることはないという[14]。

　しかし、法的素材が部分に分けられることに馴染まないものであるだけで
なく、ここ数十年継続する実定法の増加は、必然的に大学での教育年数を長
期化させる。1954年にすでに、学士課程（その後修士課程となったが）が3
年から4年に延長されたという経験を私たちは有している。システムすべて
を知るという幻想を追いかけるのではなく、本質的なことに集中し、たとえ

---

13)　L.Duguit,《De quelques réformes à introduire dans l'enseignement du droit》, *Revue internationale de l'enseignement*, t.15, 1888, p.154.

14)　たとえば、CL.Lucas de Leyssac,《1000=2000 ou l'égalité troublante d'une équivalence douteuse》, *Petites Affiches*, 20 avril 2007, n°80, p.7 et s. を参照。

ば、法的論証や立論の重要な方法、ノウハウや作法を学ぶなどということが考えられる。アメリカの有名な裁判官であるジェローム・フランクも、特段挑発的な意図を持つこともなく、私たちと同じ考え方から、重要な問題点を深く具体的に学ばせるのであれば、学生を教育するのに6か月あれば十分であると主張した。

　長い年数をかけるシステムから2年の学習へのシステムに移るということは、さまざまな選択を必要とする。つまり、新しいシステムにおいては、高いところのもの（原則）から低いところのもの（その効果）という順に教える学説的モデルよりも、低いところのもの（事実）から、高いところのもの（その解決方法）という順に考える「クリニック」モデルを選択し、法的解決を学生に教えるのではなく、法的解決を構築することを教えることになる。また、この新しいシステムにおいては、可能な限り多くの実定法の領域を教えるのではなく、学びはじめのときから、具体的なケースの学習を通じて、法律家にとって必要とされる分野を細部にわたって学ばせ、「法律家として思考すること」を可能とするような批判的方法の習得を強化し、学生の戦略的思考や批判的能力を発展させ、批判的能力を用いることを学ばせることとなる。

　他方では、大学でのはじめの3年を法学以外のものを学ぶことに用いることは、人文科学や社会科学に基づく法的現象の理論化のための道具をより早く、またよりよく獲得することを可能とする。

　このようなことをすることにより、大学の教員が長年望んできたように[15]、法学部はまさに、現在自ら距離を置いてしまっている「intellectuelle」な学部たり得るものとなる。

　また、人文科学や社会科学も、この見返りに大きな変革を得ることとなるだろう。法的現実に対してはあまり開放的ではないこれら学問は、一般的に、「システマティック」かつ一貫性のある法に対する抽象的かつ形式的な視点しか有していない。このような法の見方の中において、ある著名な社会学者

---

15)　E. Millard,《Sur un argument d'analogie entre l'activité universitaire des juristes et des médecins》, in *Frontières du droit, critiques des droits. Billets d'humeur en l'honneur de Danielle Lochak*, Dalloz, 2007, p. 344.

276　第 4 部

は「法律家は、その役割から、原則に基づいた一貫性を導入するために、事実関係を合理化することしかしない」などと主張する[16]。確かに、これらの学問はその行為者を描き出し、社会における法の役割やその有効性や正当性を問うが、法的ドクトリンが提供する法の機能の理想化された見方を再生産しがちである。その理由は明快である。つまり、法に関心のある社会学者は、ドグマ的ジャンルの最たるものである基本書をまず手に取るからである。法律家の養成方法を変革することにより、この分野の研究者たちの関心を法の内側からの批判に向けさせることを可能とする。この内側からの批判は、そのしきたりや装置、その思考方法や論証方法に関するものであり、これらに関しては、いまだ非現実的な対象を論じることに終始してしまっている。

　したがって、私たちは次のことを言うことができる。法学教育の長さやその出発点、教育内容に関する私たちの考えは、私たちの国における法律家養成のための、（あまたあるうちの）ひとつの代替的方法を示す。それは、高等教育の前期課程に引き続き行われる教育であり、少なくとも大学の教育課程においては、より短い期間のものとなる。この教育は、リーガル・クリニックの発展を通し、そして、「教室の外」でのさまざまな教育方法を通じ、学生に対し、法やその使い方、またそれだけでなく実務に関し、明快かつ批判的な視点を持つことを可能にするために、より論理に重要な地位を与える。この教育はまた、実質的な法の、システム化された表象よりも、法律家の具体的な思考方法を重要なものと捉える。

4　支配的モデルの力

　このような方向性が日の目を見ることができるかどうかは定かではない。高等教育省が法学教育の開始をマスターからとすることを許可する段階にないだけでなく、このような方向性は、大講堂での講義やゼミ形式の講義の内容ややり方、基本書の講読といった、長年行われてきた慣習に対立するもの

---

16)　J. Donzelot, L'Invention du social. Essai sur le déclin des passions politiques, Seuil,《Points Essais》, éd. 1994, p. 89.

だからである[17]。この方向性はまた、大学教授資格を持った教員に対し期待されるものの見直しを迫る。これまでは、教員は技術やドグマに精通する一方、哲学の本を一度も読んだこともなく、費用と利益のバランスを理解することもできず、生涯一人の実務家とも会ったことがなくてもかまわないような「ゼネラリスト」であることが求められてきた。このような状況下においては、法の経済学的分析や法と文学の交流を本気で取り上げることが困難であること理解できる。また、（特殊なノウハウを必要とする）リーガル・クリニック的プログラムを実施することや、（法学以外の）複数の分野にまたがる問題に取り組むこと、さらには（とんでもないことであるが）複数の分野の視点から法を学ぶために、法律家以外を雇用するなどということがなぜ困難であるかということも理解することができる[18]。

　フランスにおける法律家の養成が今後どのようなものとなっていくのかという問題は、制度的な問題にとどまらない。この問題は、よい実務家を養成する法学部の能力評価にとどまらず、法とその教育に関する考え方にも関わってくる。より具体的には、この問題は、階層化され、秩序づけられ、法理論により部分に分けられた法の技術的・ドグマティックな捉え方、そして、法学部の教員が夢見ている法が記された、書物の中の法のみを教える教育を中心とする養成課程をも問題視することとなるのである。

---

17) この批判については、Ch. Jamain, "Le droit des manuels de droit ou l'art de traiter la moitié du sujet", in A.-S. Chambost, Histoire des manuels de drfoit, LGDJ, 2014,p.9 et s. を参照。

18) このテーマについては、D. Jutras et Ch. Jamin, 《A quoi servent les études de droit ? Correspondance outre-Atlantique》, *La semaine juridique*, Edition générale 2014, 639, p. 1098 et s. を参照。

執筆者・訳者一覧（執筆順）

山元　　一（やまもと・はじめ）	慶應義塾大学教授
松本　英実（まつもと・えみ）	青山学院大学教授
齋藤　民徒（さいとう・たみとも）	金城学院大学教授
棟居　快行（むねすえ・としゆき）	専修大学教授
江島　晶子（えじま・あきこ）	明治大学教授
興津　征雄（おきつ・ゆきお）	神戸大学教授
小畑　　郁（おばた・かおる）	名古屋大学教授
近藤　圭介（こんどう・けいすけ）	京都大学准教授
横山　美夏（よこやま・みか）	京都大学教授
西谷　祐子（にしたに・ゆうこ）	京都大学教授
松尾　　弘（まつお・ひろし）	慶應義塾大学教授
齊藤　真紀（さいとう・まき）	京都大学教授
船越　資晶（ふなこし・もとあき）	京都大学教授
松田　岳士（まつだ・たけし）	大阪大学教授
髙山佳奈子（たかやま・かなこ）	京都大学教授
須網　隆夫（すあみ・たかお）	早稲田大学教授
五十君麻里子（いぎみ・まりこ）	九州大学教授
クリストフ・ジャマン 　　　　　（Christophe Jamin）	シアンスポ〔パリ政治学院〕法科大学院教授)
ミカイル・クシファラス 　　　　　（Mikhail Xifaras）	シアンスポ〔パリ政治学院〕法科大学院教授)
金塚　彩乃（かねづか・あやの）	弁護士、仏国弁護士

編著者紹介

山元　一（やまもと・はじめ）
慶應義塾大学教授・放送大学客員教授
［主要著書］
『現代フランス憲法理論』（信山社、2014 年）
『概説憲法コンメンタール』（共編、信山社、2018 年）

横山美夏（よこやま・みか）
京都大学教授
［主要著書］
『物権 エッセンシャル民法2』（共著、有斐閣、2005 年）
『債権 エッセンシャル民法3』（共著、有斐閣、2010 年）

髙山佳奈子（たかやま・かなこ）
京都大学教授
［主要著書］
『故意と違法性の意識』（有斐閣、1999 年）
『共謀罪の何が問題か』（岩波ブックレット、2017 年）

グローバル化と法の変容

2018 年 7 月 25 日　第 1 版第 1 刷発行

編著者　　山元　一・横山美夏・髙山佳奈子
発行者　　串崎　浩
発行所　　株式会社日本評論社
　　　　　〒 170-8474　東京都豊島区南大塚 3-12-4
　　　　　電話 03-3987-8621（販売）　　-8592（編集）
　　　　　FAX 03-3987-8590（販売）　　-8596（編集）
　　　　　振替 00100-3-16　　https://www.nippyo.co.jp/
印刷所　　平文社
製本所　　松岳社
装　幀　　神田程史
検印省略　Ⓒ H. YAMAMOTO, M. YOKOYAMA, K. TAKAYAMA
ISBN978-4-535-52341-8　　Printed in Japan

JCOPY〈（社）出版者著作権管理機構　委託出版物〉
本書の無断複写は著作権法上での例外を除き禁じられています。複写される場合は、そのつど事前に、
（社）出版者著作権管理機構（電話 03-3513-6969、FAX 03-3513-6979、e-mail: info@jcopy.or.jp）の
許諾を得てください。また、本書を代行業者等の第三者に依頼してスキャニング等の行為によりデジ
タル化することは、個人の家庭内の利用であっても、一切認められておりません。